武桂霞　张墨林　著

为官师表

范仲淹

辽宁人民出版社

© 武桂霞　张墨林　2017

图书在版编目（CIP）数据

为官师表范仲淹 / 武桂霞，张墨林著. —沈阳：辽宁人民出版社，2017.6（2024.1重印）
ISBN 978-7-205-08986-3

Ⅰ．①为… Ⅱ．①武… ②张… Ⅲ．①范仲淹（989-1052）—传记 Ⅳ．①K827=441

中国版本图书馆CIP数据核字（2017）第052339号

出版发行：辽宁人民出版社
　　　　　地址：沈阳市和平区十一纬路25号　邮编：110003
　　　　　电话：024-23284321（邮　购）　024-23284324（发行部）
　　　　　传真：024-23284191（发行部）　024-23284304（办公室）
　　　　　http://www.lnpph.com.cn
印　　刷：辽宁新华印务有限公司
幅面尺寸：170mm×240mm
印　　张：20.5
字　　数：300千字
出版时间：2017年6月第1版
印刷时间：2024年1月第3次印刷
责任编辑：贾　勇
装帧设计：琥珀视觉
责任校对：刘再升
书　　号：ISBN 978-7-205-08986-3

定　　价：98.00元

写在前面

"本朝忠义之风，是由范文正公兴起来的。"这是南宋著名的理学大师朱熹对范仲淹的评价；"范仲淹开辟了一条天下正人之路。"这是范仲淹的亲密战友韩琦对他的评价。树一代忠义之风，辟天下正人之路，这正是千百年来人们对范仲淹高山仰止的重要原因之一。

说范仲淹树一代忠义之风、辟天下正人之路，不能不讲一下五代以来的士风。

"士大夫忠义之气，至于五季，变化殆尽。"五代，朝代更迭频繁，子弑父、臣弑君，兄弟相残，如家常便饭。而臣与君好像是雇佣的关系，今天事唐，明天事晋，转而事汉、事周，走马灯一般。什么君臣之义，什么廉耻之节，统统抛诸脑后。提到此事，史学家们都爱拿一个人说事。他叫冯道，历事五朝四姓十君，纵然如此，他不但不以为耻，反以为荣，对自己的经历津津乐道。

不过，五代士大夫不忠不义之风，在宋初并没有引起足够的重视。相反，很长一段时间里，大家习以为常，不以为非。宋初大臣薛居正奉诏撰写《五代史》（后称之为《旧五代史》），对冯道不但没有批评之意，反而给予他很高的评价，体现了当时士大夫普遍的世界观、道德观和价值观。

但是，宋太祖赵匡胤立国之初就有意树立忠义之风。有这样一个小故事：

建隆元年（960），宋太祖黄袍加身后，淮南节度使、镇守扬州的李重进谋划造反，宋太祖带兵亲征。不久李重进兵败，举家投火而死。宋太祖顺便在南唐家门口的长江上搞了一次军事演习，这一举动让南唐主李璟十分恐惧，以为宋朝大军要向他们开战。就在这当口，南唐一个名叫杜著的小臣，假扮成商人，偷偷地过江来，投奔宋太祖。另有一个叫薛良的南唐彭泽县令，因为犯事被贬官，因此怀恨在心，也投奔了宋廷，而且还献上了《平南策》，详细地介绍怎样攻打南唐。

按理说，有人来投诚，宋太祖应该高兴才是。可是，宋太祖不但没有重用这两个人，反而把杜著斩了，把薛良发配从军。这个举动当然有战略目的，但是，宋太祖也传达了这样一个信息：做臣子的一定要忠诚，否则，杀无赦！

从五代一路杀伐而来，赵匡胤深知臣子不忠对于江山社稷的危害之大。然而五代士大夫这种不良风气，绝非一朝一夕可改。宋初田锡、王禹偁秉公直谏，面折廷争，为改变士风做出了榜样，但是，他们基本上属于孤军奋战，附和者微。范仲淹入朝为官以后，坚持"先天下之忧而忧，后天下之乐而乐"的人生理想，秉承"公罪不可无，私罪不可有"的担当精神，不顾人微言轻，为了维护国体，先后把矛头对准刘太后、仁宗皇上和当朝宰相吕夷简，三起三落，无怨无悔。在他的带动下，欧阳修、尹洙、余靖、蔡襄、富弼、孔道辅等一大批正义之士，并肩战斗，直言敢谏，形成一股强大的正气流，为改变五代礼义廉耻之风殆尽的局面，树一代忠义之风，做出了重要贡献。

欧阳修在他撰写的《新五代史》中，对冯道的寡廉鲜耻行为给予了批判。后来，司马光在《资治通鉴》中保留了欧阳修对于礼义廉耻的论述。此后，《宋史》《续资治通鉴长编》这些南宋人撰写的史书纷纷对五代士风进行反思和批判，其影响之深远，意义之重大，远非笔墨可书。

司马迁说："国有贤相良将，民之师表也。"范仲淹自己说："师表百僚，经纬百事，此宰辅之职也。"诚如斯言，范仲淹这样一位千古贤相，是百官的师表，是万民的师表。

目录
Contents

目录
Contents

目录
Contents

目 录
Contents

目录

Contents

第一章

苦读岁月

— KUDUSUIYUE —

  范仲淹两岁丧父，四岁时母亲改嫁，没有任何背景和资本可言。从一个穷书生，成长为一代大家，他靠的就是勤学二字。"划粥断齑""五年未尝解衣就枕""独不见皇帝"，范仲淹给无数学子留下了勤学样本。尤为可贵的是，他志存高远，在读书期间，便在内心深处种下了"先天下之忧而忧，后天下之乐而乐"的种子。

一

青年学子　独不见皇帝

　　宋真宗驾临应天府，群情振奋，万人空巷。可是，在应天书院里，一位青年学子却不为所动，依然静静地捧书苦读。"他日再见皇帝也不迟啊！"十四个月后，皇上殿试，他如愿以偿与皇帝面对面……

　　大中祥符七年（1014）正月下旬的一天，位于北宋京城开封东南约三百里远的应天府异常热闹。大街上熙来攘往的人们，似乎多了一份祈盼，在不经意间，总是把目光投向城南方向。茶楼酒肆的生意似乎也比平时更好一些，人们三五成群聚在这里小酌，而说话间也少不了谈论一个话题。位于应天府正中心的府衙里更是非同寻常，官员们倒是没有时间谈论什么——他们有的是工作要做——但是，他们的心里个个都打着小算盘……总之，这座离皇城最近的州府里，人们个个心里美滋滋的，因为有一个重要人物马上就要来这里了。

　　这个人不是别人，正是当朝皇上宋真宗赵恒。他从亳州太清宫祭祀老子回来，路过应天府，要去供奉宋太祖赵匡胤遗像的圣祖殿瞻仰祭拜。

　　虽然应天府近在天子脚下，是离京城最近的州府之一，但是，天子是"真龙"，不是谁想见就能见到的。普通百姓在自己的家门口有机会见到皇帝陛下，这自然是一件值得期待、值得炫耀的大事。亳州在应天府的正南方，所以，听到皇帝要驾临的消息，应天府的百姓便异常地兴奋，他们翘首以待，巴不得真龙天子早一天到来。而应天府的官员自然也有兴奋的理由，因为皇帝来巡幸，并不是来巡视工作、检查得失，也不是考察廉贪、检验工作能力如何。皇帝的后勤与保卫工作，也早已由钦差大臣办得万无一失，无需他们小心地跑前跑后、大费周章。他们这些地方官员和老百姓一样，盼望着皇帝陛下大驾光临。届时，皇上一高兴，那加官晋爵、物资赏赐，自然是少不了的。后来的事实也证明，这些地方官的高兴是完全有理由的，祭祀太清宫后，亳州增加了七十万的公用钱，那可是白给的真金白银啊！

祭祀太清宫最直接的危害是浪费财物。大中祥符六年（1013）八月，朝廷议定第二年的春天祭祀太清宫。主管财物的三司从内藏库借钱五十万贯，作为祭祀太清宫的专项经费。同时，要求各地官员主动上献财物，以资助这项活动。这项活动还带坏了风气。亳州官员纷纷上言祥瑞之事，大家明知天书降临、符瑞频现，这都是假的，是人为编造的，可是却没有人说破。大臣们假戏真唱，不遗余力。一时间，朝廷上下迷信之风盛行，全国各地道场遍布，宋太祖、宋太宗建立起来的清明之气，开始被乌烟瘴气笼罩。

当然，真宗皇帝在这些活动中也特别注意尽量做到节俭，尽量不扰民，尽量不给老百姓增加负担。比如，从内藏库借钱作为专项经费；路过的州县，如果有践踏土地、损坏苗木的，要照价补偿；路过城门时，如果仪仗过大，不必拆毁城门重建，而是从城外绕行；亳州及车驾所经的州县，流刑以下的轻刑犯全部释放回家；免除百姓一年半的赋税，一年半以后所缴岁赋永远地减少十分之二；亳州因此升为集庆军，太清宫所在的真源县改称卫真县，全县百姓免除两年赋税徭役。不独如此，就连活动场所所在地的生态也得到保护。祭祀太清宫之事确定后，真宗就曾下诏，要求太清宫方圆五里的范围内不得砍柴，车驾从开封起程之日起，十日内天下不得屠宰，猪羊也因此延长了寿命。

有利可图，还能一见真龙天子，何乐而不为呢？难怪这些天应天府的空气中都弥漫着兴奋的味道。

从亳州到应天府大约有一百四十里的路程，所以只用了两天时间，大队人马便在官民的祈盼中隆重地抵达应天府。繁华的大街上，快速涌入无数卫兵，他们五步一哨，十步一岗，迅速地在街道两侧站好。临街的商铺里都进驻了警卫，他们仔细搜索着每一个可疑的角落，确定安全后，便派弓箭手占据有利地形，像鹰一样巡视着街面上可能出现的危险人物。可是，严厉的警卫阻挡不了人们看皇帝的热情。虽然时值正月，天气乍暖还寒，人们还是争先恐后地走上街头，伸长着脖子，朝着皇帝要来的城南方向观望。

应天府大街的两侧，楼堂馆舍林立，且大都是二三层的木质楼房。坐在楼上，推开窗户，大街上的过往情况一目了然。平时，三五好友聚会，或品茶谈诗，或喝酒聊天，人们都愿意选择临窗的位子。可是，皇上来了，这种待遇却没有了。因为按照朝廷的命令，皇上车驾经过的地方，如果有楼阁的，所有的窗帘都要卷起，窗户都要敞开，不许有任何遮挡。在二楼以上的人员，一律不准探头观看，否则，有可能成为弓箭手的射击目标。人们只能站在大街的两侧观看，而且不许大声喧哗，不许来回快速地走动。

"皇帝来了！皇帝来了！"人群中突然一阵骚动，呼喊声此起彼伏，一浪高过一浪，人们似乎早已把朝廷的禁令抛到九霄云外去了。每个人的脸上都洋溢着复杂的表情——幸福、激动、兴奋、羡慕……难得一闻的皇家礼乐，从应天府南门外升腾而起，飘荡在春日里蓝蓝的天空中。礼乐声由远及近，越来越大，真宗皇帝的仪驾缓缓而来。

只见仪仗前面是随驾的马队，分左右两侧导引，左边的马队共有七十六人，其中，二十四人在驾前左边引驾，五十二人再分作两队在皇帝的驾后左侧随从。右侧的马队共有七十七人，有二十四人在驾前右边引驾，其余五十三人再分作两队，一队二十六人，一队二十七人，在驾后右侧随从。此外，还有内殿警卫五十四人，散员六十四人，散指挥六十四人，散都头五十四人，散只候殿侍十八人，最后，还有乐队三十一人。马队的卫兵分别拿着弓箭在东西两侧高度戒备，仅端茶送水的侍者便有一百五十七人之多，加上各种类型的警卫人员，整个仪仗人员超过了千人。"真是太威武了，一生当回皇上，没白来这世上一遭！"人们被皇帝威武的仪卫震慑得不自觉屏住了呼吸，内心却强烈地翻涌着这样的念头。

威武的仪仗卫士前拥后护，但又与皇帝的乘舆保持着合理的距离，街道两侧看热闹的人们不用太费力气，便能看到皇帝的大驾。大概是为了显示圣恩吧，宋真宗皇帝命令中使把车帘打开，他不时地把头扭向车窗的两侧，挥挥手回应着虔诚的子民。"皇帝万岁！皇帝万岁！" 对皇帝的顶礼膜拜自古而然。在到应天府之前，真宗封禅泰山的时候，当地百姓和闻讯赶来的邻近各州县的百姓，达到了数万人，道路被堵得水泄不通，甚至连皇上的卫队都不能通过。

奴性，说穿了还是对权力的崇拜。刚刚不知是谁喊出了"皇帝万岁"的口号，人群沸腾了，刚刚还保持着安静的人们，开始了一阵骚动，不少人突破警戒线，身边的警卫立时紧张起来，开始大声地呵斥，有的甚至挥动手中的长鞭了。

当年秦始皇出巡，项羽见了那场面，说了一句大逆不道的话："这个人将来我可以取代他！"吓得他的叔叔项梁连忙用手把他的嘴堵上了。而另一个英雄人物刘邦看到了秦始皇，则心生羡慕，他说："大丈夫立世，应该像秦始皇这样啊！"

真宗来到应天府，看光景的人中有没有人说这样的话不得而知。但是，有一个人说了一句话，虽然没有项羽、刘邦那样的志向，却也道出了他对未来建功立业、报效国家的自信。他就是当时在应天书院读书的青年学生范仲淹，不过，当时他还不叫"范仲淹"，而是叫"朱说"。

"朱说，朱说，快走，看皇帝去，皇帝马上就要到了！"一位同学兴奋地喊着朱说的名字，可是朱说并未起身，只是笑呵呵地回了一句："你们急什么？皇上早晚能见到，他日再见也不迟啊。"然后继续埋头读书。同学见他这样，便一个人飞也似的跑了出去……

范仲淹为啥叫"朱说"？对于范仲淹来说，这里有一段伤心的往事。

宋太宗端拱二年（989），范仲淹的父亲范墉在成德军（即真定府，今河北正定）掌书记，这年的八月二十九日，范仲淹在父母的期盼中降生了。然而，不幸的是，这个小生命刚刚来到这个世界两年，甚至还没能喊父亲一声，范墉便因病离世。范仲淹的母亲谢氏生活没有着落，在范家又过了两年后经人介绍，改嫁给时任平江府推官的山东长山（今山东省邹平县）人朱文翰。范仲淹随母亲到继父的老家长山生活，并改名朱说。

大中祥符三年（1010），范仲淹离开长山到应天府书院求学。应天府注定是一个与众不同的地方，辖宋城、宁陵、柘城、谷熟、下邑、虞城、楚丘等七县，府衙设在宋城（今河南商丘市）。同时，应天府还是京东西路路治所在地，管辖兖州、徐州、曹州、郓州、济州、单州、濮州等七州。

宋太祖赵匡胤在后周曾任归德节度使，治所在宋州。建隆元年（960），赵匡胤发动陈桥兵变，即皇帝位，国号"宋"，这正是"宋"开国命名的由来。毫无疑问，宋州是大宋的发祥地，是给赵家带来至福的地方。宋真宗景德三年（1006）二月，因赵匡胤曾于乾德元年（963）受群臣尊号为"应天广运仁圣文武至德皇帝"，宋州被升格为应天府。

应天府距离开封不到三百里，是离京城最近的一个州府。它濒临著名的汴河。汴河把黄河和长江两大水系连接起来，使各地的粮食、物资源源不断地运进京城。这条河上商旅往来，舟船如织。河的两岸，土地肥沃，物产丰饶，城镇林立，风光秀美。当然，汴河最重要的作用还是漕运和通商，这也正是包括应天府在内的汴河流域经济发展迅速、人文资源荟萃的重要原因之一。

宋真宗到应天府后，又将应天府升格为南京。从此，应天府成为北宋的一个陪都，因此也有叫应天府为南都的。宋真宗新建南京归德殿，追赠太祖幕府元勋僚旧，作鸿庆宫，这一系列的举动让应天府的名气更大，地位也更重要了。

范仲淹庆幸能够到应天府这个都会城市来求学。而他更庆幸的是这座城市里有一座著名的书院——应天书院。

五代后晋时，商丘出了一个教育家，名叫杨悫，他在归德军将军赵直扶助下聚众讲学。杨悫去世后，他的学生戚同文继承师业，继续办学，培养出宗度、许骧、陈象舆、高象先、郭成范、王砺等后来成为台阁重臣的一批著名人物。但戚同文病逝后，学校曾一度关闭。

大中祥符二年（1009），应天府富人曹诚出资三百万金，在戚同文旧学之地，造舍150间，聚书1500余卷，广招学生，并于第二年聘请戚同文的孙子戚舜宾为院长，以曹诚为助教，建立了书院。应天书院博延众生，讲习甚盛，声名大震。但是，随着生员的扩大，学校的日常开支也不断增加，成为办学者的沉重负担。曹诚斟酌再三，决定将学校捐给官府。曹诚的举动得到了真宗皇帝的赞许，当即批准了曹诚的请求，并下诏对曹诚表彰，请端明殿学士盛度写文记其事，赐名"应天府书院"。从此，应天书院取得了官学地位。

应天书院根据每个学生不同的特点、不同的专长和爱好因材施教。教学的内容以《诗》《书》《礼》《易》《乐》《春秋》六经为主。老师在讲授的时候，也不是"满堂灌"，而是提纲挈领，重在答疑解惑。应天书院系统的教育让范仲淹有一种拨云见日、豁然开朗的感觉。六经，特别是《易》让范仲淹找到了人生的新坐标。

楼钥说范仲淹在应天书院"五年未尝解衣就枕"，这话当然是夸张，但是，正像欧阳修后来评价的那样，范仲淹从长白山醴泉寺僧舍的学堂来到应天府这座闻名遐迩的著名书院，他如饥似渴，手不释卷，夜以继日，刻苦攻读，达到了痴迷的程度。别人受不了学院艰苦的条件，他却以苦为乐，这却非溢美之辞。因为是寄读在书院里，虽然继父和母亲也会千方百计地给自己捎来生活费，但是，毕竟远隔千里，交通不便，范仲淹的生活十分拮据。可是，他并不屑于此。早上起来，简单地洗漱后，胡乱地吃一口早餐，便开始认真地研读起来，常常是读到太阳偏西，才感觉到有些饥肠辘辘。同舍的学友赠送他一些好吃的，他总是拒绝不受。好心的同学劝他，身体要紧，不要光顾了学习，把身体搞坏了；也有人嘴上不说，内心却讥讽他，话里话外瞧不起他的寒酸，范仲淹却不愠不恼，不以为意。

真宗皇帝来到应天府时，应天府万人空巷，书院也照例放了假，可是只有范仲淹依然静静地坐在学堂里读书。应天书院的老师特意在全体学生面前表扬了范仲淹："能成大事者必勤学，在古代，有车胤囊萤、孙康映雪，有头悬梁的、锥刺股的，他们无不青史留名，朱说四年前来到我们书院，冬天的时候，学习晚了，打起了瞌睡，他便用冷水洗脸，清醒了继续学习；早上起来读书，太阳快落山了才想起来吃'午饭'；朱说的刻苦大家有目共睹。今天，朱说能够独不见皇帝，相信日后他一定会学有所成，一定会像古代勤学的典型一样，青史留名。希望大家都能以他为榜样，苦学不辍，为书院争光。"

范仲淹的一位同窗回到家中，向时任南京留守的父亲说起了范仲淹苦学的事，南京留守也夸赞不已："孟子曰，天将降大任于是人也，必先苦其心志，劳其筋骨，饿其体肤，空乏其身，行拂乱其所为，所以动心忍性，增益其所不能。此子将来必有大成啊！"并嘱咐他的儿子："孩子，你虽然生在官宦之家，每天不必为衣食发愁，但是，要想成才，还要靠自己努力，将来科举及第，少不得封妻荫子，光宗耀祖。你要向朱说学习……"说罢，吩咐下人做点好吃的，让儿子回书院时带给范仲淹。可是，过了很久，南京留守的儿子发现自己好心带给范仲淹的美味佳肴，原封不动地放在范仲淹的书桌旁，便生气地质问范仲淹："朱说，我父亲好心让我带给你这些吃的，你却丝毫未动，这是何意？"范仲淹连忙说："老兄，你别误会，你们的好意我早已铭记在心，只是，我已经习惯了粗茶淡饭的生活，有道是由俭入奢易，由奢入俭难，一旦我吃了这么好吃的饭菜，恐怕以后再吃不了苦。艰苦对我的意志是一个考验，请你理解我。"

功夫不负有心人。当年八月，范仲淹参加了应天府的解试，名列第一名。按照惯例，解试合格的举人，当年十月二十五日之前，必须到礼部集解，在那里备考于第二年正月举行的省试。大中祥符八年（1015）三月，省试合格的范仲淹经过殿试进士及第，他和其他新科进士一道见到了皇上。这时候，离他说"他日再见也不迟"那句话，仅仅隔了十四个月。

五年，不是太长，而是太短。一个人始终处于聚精会神的状态，时间过得特别快。而面对着不知读了多少遍的经典，面对着数不清的"习作"，面对早已烂熟于心的晦涩难懂的《易经》，范仲淹欣慰之余，有一种日暮途远的紧迫感。三国时的著名学者董遇说，"书读百遍，其义自见"，这话范仲淹深有体会，也深受其益。他宁愿时间停下来，好让自己再多读几遍，多看几卷，多写几篇，可是五年很快就过去了，解试已经完毕，范仲淹马上就要进京赶考了。

> 白云无赖帝乡遥，汉苑谁人奏洞箫。
> 多难未应歌凤鸟，薄才犹可赋鹡鸰。
> 瓢思颜子心还乐，琴遇钟君恨即销。
> 但使斯文天未丧，涧松何必怨山苗。

毕业了，就要告别应天书院了，同窗好友依依不舍，开始相互留言，范仲淹写下了这首《睢阳学舍书怀》。

范仲淹明白了一个道理，人生在世，无法选择出身的高贵与卑微，无法选择生活的富裕与贫贱，但是，松就是松，不会因为它生长在谷底，就失去松的本性和威仪；苗就是苗，不会因为它生长在高山之巅，就表明它拥有了山的高度、山的品格。颜回虽然贫困，但是因为他有高尚的情操，有崇高的追求，所以并不以贫穷为苦；伯牙子期，高山流水，何恨之有？人生在世，应该先天下之忧而忧，后天下之乐而乐，而与天下相比，个人的贵贱、荣辱、得失又算得了什么呢？范仲淹在应天府学富五车，心游万仞，他没有了自己的身世之叹，却多了一分天下之忧。

应天书院，就像是一个大熔炉，范仲淹就像是一块铸铁，在这个大熔炉里熔炼、铸型、成材；应天书院，又像是一片广阔的草原，范仲淹就像是一匹志在千里的骏马，得以在这里尽情地驰骋。

大中祥符八年（1015）的春天，京城开封百花争艳，春意盎然。范仲淹如愿以偿，进士及第，"春风得意马蹄疾，一日看尽长安花"。他在应天书院学到了知识，丰富了思想，找到了方向。百炼成钢，他这匹骏马真的要自由驰骋了。

二
孝妇河畔的快乐少年

范仲淹是不幸的，两岁的时候他尚在襁褓中，父亲便去世了。可是，他又是幸运的，因为他有一位知书达礼的好母亲，有一个慈祥博学的好继父。在长山孝妇河畔，他度过了快乐的童年。

范仲淹是怎么到应天书院去学习的？这事还得从头说起。

> 小憩征事坐驿亭，一壶村酒对山灵。
> 看她柳眼长桥外，似为行人看意青。
> 十里飞花五里鹦，三分微雨一分晴。
> 临岐莫问东西路，只向柳塘深处行。

这首名为"长山道中"的小诗，描写的正是范仲淹继父朱文翰的老家——淄州长山县的自然风光。长山县城南孝妇河南岸，有一个小山村。村里大都是朱姓人家，因此人们习惯称之为"朱家村"。又因为它坐落在孝妇河南岸，史书上也称其为"河南村"。朱家村虽然人数不多，但是这里依山傍水，山上林木葱郁，河边杨柳成行，村落柴扉半掩，没有亭台楼阁的缱绻，没有车水马龙的喧嚣，没有熙来攘往的势利，虽然不时也有赋税徭役的摊派，有县镇小吏的催促，但民风淳朴，宁谧安详，一派田园风光。

朱家村旁边的孝妇河，是范仲淹小时候和伙伴们经常光顾的地方。孝妇河发源于淄州凤凰山南麓的灵泉庙。

关于孝妇河，有一个动人的传说。很久以前，博山八陡村有个叫颜文姜的女子，出嫁当天，丈夫暴病而亡。婆母说颜氏女是"扫帚星"，妨死了丈夫，于是开始变着法子折磨颜文姜。每天让她到十里外的地方去挑水，怕她偷懒，恶婆婆特意找人做了两只尖底的水桶，颜文姜的肩膀因为长时间挑水都结下了厚厚的茧子，可是她毫无怨言，不但逆来顺受，还百般孝顺。婆婆有个小病小灾，她总是忙前忙后，细心照料。颜氏女的孝心感动了神仙。有一天，颜氏女在挑水回村的途中，遇到了一位鹤发童颜的老人。老人用手中的龙头拐杖在石板上敲了两下，路上立刻出现了两个石坑，正好放下两只尖底水桶。从此，颜氏女挑水累了，便可以在这里休息了。过了些日子，颜氏女又遇上了老人，老人拿出一条马鞭子，让她带回家，告诉她把鞭子系在水瓮里，水少了，只要提一提鞭子，水就会涨上来。颜氏女回家一试果然很灵，从此也就不用再去挑水了。婆母见颜氏女不去挑水，但天天甜水不断，心里很是奇怪，便想探个究竟。这一天，她把颜氏女叫到身边说："你嫁到我家来三年多了，也没有回一趟娘家，给你两天时间，回去看看你娘吧。"颜氏女听了很高兴，临走时问婆婆："娘，还带点活吗？"婆婆假惺惺地说："活不多，今天去，明天来，七双袜子，八双鞋。"尽管如此，颜氏女还是欣然领受了。颜氏女回到娘家，母女俩抱在一起，一边哭一边诉说离别之情。第二天，就要回家了，活还没有做呢。邻居们听到了这个消息，都自发地来到她家帮忙，很快，做完了七双袜子八双鞋。颜氏女告别爹娘和好心的邻居，依依不舍地往婆家赶。刚走到村头，就听村里人声嘈杂，乱成一片。出什么事了？颜氏女赶紧往家里跑。只见村子里大街小巷都被洪水冲得乱七八糟。回家一看，婆婆手里拿着那条马鞭子，已淹死在水瓮边。看到这种情景，颜氏女明白了婆婆为啥让她回娘家了。她连忙举起鞭子向北一指，洪水立即滚滚向北流去，流成了一条河。这就是孝妇河。

范仲淹的母亲谢氏改嫁到长山朱家村后，很快就从家人的口中了解了孝妇河的故事。小仲淹尚在牙牙学语时，谢氏便给他讲这个故事。小仲淹每次都听得十分认真。虽然他不明白孝妇的真正含义，但是，孝妇河从此在他幼小的心灵里开始有了灵气。

那时候，北宋开国不过三十多年。北宋初年，全国共有431个县，按照户籍的多少，共分为五等。四千户以上的县为望县，三千户以上的为紧县，二千户以上的为上县，千户以上的为中县，不足千户的为中下县。当时全国的户数为九十六万七千四百四十三户，按每户四口人计算，全国人口还不到四百万人，相当于现在辽宁省的一个中等地级市的人口水平。到范仲淹出生以后，北宋经过宋太祖、宋太宗的南征北伐，国家人口总数急剧上升，但是原有的户籍人口并没有显著的增长。其中，长山县便是一个中县，全县总共才二千来户人家，人口不到一万人，相当于现在的一个乡镇。而朱家村，人口就更少了。不过，朱文翰是朱家村的名人，是村里第一个中举的读书人，且做了官，所以不独村里的人家对他敬佩有加，就是附近十里八村的人也常常以朱文翰为榜样。朱文翰虽然有自己的孩子，但却视仲淹如己出，与谢氏也十分恩爱。正是爱屋及乌，人们对谢氏也格外关照，并没有人因为她年轻改嫁便风言风语。而谢氏贤慧善良，知书达礼，吃苦耐劳，乐于助人，很快便赢得了好口碑。范仲淹在孝妇河畔、朱家村里，度过了快乐的童年。

三
兴国观里学《易经》

从两岁到二十岁，对范仲淹早年经历的权威记载中有十八年的空白。正是这个看似无意的空白，隐藏着一段范仲淹后人不愿提及的"伤心往事"。但是，在兴国观里学习《易经》的经历，却让范仲淹受益良多。

"范仲淹两岁的时候成了孤儿，二十岁的时候，游历关中……"

"范仲淹两岁的时候父亲去世，母亲改嫁长山人朱氏，长大后，范仲淹知道了自己的家世，到应天书院求学，并在那里考上了进士……"

"范仲淹幼孤，母亲改嫁朱氏，大中祥符八年进士及第……"

说这番话的人分别是楼钥、欧阳修和张唐英。楼钥是南宋人，是《范文正公年谱》的编撰者；欧阳修是范仲淹的政治盟友，是范仲淹《神道碑》的作者；张唐英是比范仲淹稍晚一点的宋神宗朝的人，曾写过《范仲淹传》。三个人都与范仲淹有这样那样的联系，虽然对范仲淹生平事迹的记述各有千秋，但他们说上述这番话却有一个共同的特点——都从两岁直接跨越到二十岁，其间有十八年的空白。

这是一个谜。当然，既然是谜就会有很多人猜谜。或者，正是这段看似无意的空白，隐藏着范仲淹后人不愿提及的一段伤心往事。

范仲淹两岁的时候父亲去世，四岁的时候母亲改嫁给长山人朱文翰。虽然北宋初年人们对于妇女再嫁给予了理解，但是，封建的贞节观念在人们的心中依然根深蒂固。特别是程朱理学盛行后，贞节观念再度成为套在妇女头上的一道绳索，朝廷甚至对妇女再嫁做出了法律上的约束。这种时代的变化，不能不对范仲淹及其后人产生影响。范仲淹不是忘恩负义的人，他做官以后，求皇上下诏追赠他的继父官职，照顾同母异父的朱氏兄弟。就算后来改回范姓，认祖归宗，依然与朱家保持着良好关系。可是，范仲淹也是一个时代中人，也有自己的心结，特别是随着地位的提高、名望的远播，范仲淹后人包括他的儿子、做到宰相高位的范纯仁，不可避免地要有意无意地回避这段经历。于是，欧阳修也好、张唐英也好，还是接受范仲淹后人委托撰写《范仲淹年谱》的楼钥，为亲者讳、为贤者讳，有意回避这段经历，也就不难理解了。

可这并不能解决另一个问题——这十八年里，范仲淹都去了哪里？也许，当年为贤者讳、为亲者讳而曲笔写传、写谱的人，是为了范仲淹及其后人着想，可是，不承想却给阅读历史的人留下了麻烦。假作真时真亦假，无为有处有还无，随着时间的推移，沧海桑田的变迁，真相越来越模糊，历史的迷雾层层叠叠，给人以无尽的想象空间。不过，历史虽然会因为各种有意无意的隐藏而变得扑朔迷离，但是真相总会以种种不同的迹象在不同的角落存在着。寻找到这个角落，捕捉到这种迹象，就会越来越接近真相。这正是历史的魅力，也正是研究历史的动力。

范仲淹早年曾经在湖南安乡读书，也就是曾经到过洞庭湖，这是有学者捕捉到的"角落"和"迹象"，并且有大量的事实佐证；但是，也有学者同样用大量的事实，对这一说法加以反驳，认为范仲淹的继父朱文翰从未到安乡当过县令，范仲淹随他到安乡读书更是附会之说。换言之，范仲淹从未到过洞庭湖。到底孰是孰非？似乎很难定论。既然争议还要持续，有什么必要回避这段历史呢？时代发展到今天，范仲淹母亲改嫁一节，对于范仲淹身上耀眼的人格光环并无丝毫影响。而范仲淹幼时读书经历的争议，只能从另外一个侧面说明人们对于一个贤者的尊崇，既然争议还在继续，不妨记录下这段有争议的经历：

大约在至道二年（996）前后，朱文翰到湖南澧州安乡县任县令。八九岁的范仲淹也到了上学的年龄。不过，那个时候，五代战火的后遗症还没有完全消退，官学尚不盛行，上学是一件奢侈的事情。幸运的是，朱文翰做了官，虽然只是小小的九品，但毕竟还是比上不足，比下有余。范仲淹有机会跟着母亲随继父朱文翰走南闯北，虽有旅途劳顿之苦，但苦中有乐，他小小年纪便能够开阔眼界，接受启蒙教育了。

安乡县城的西面有一个道观，名叫太平兴国观。那里依山傍水，景色秀丽，环境清幽，更为重要的是，这个兴国观有位复姓司马的道士，博学多才且有长者风范。朱文翰刚刚在安乡任上安顿下来，便把范仲淹送到太平兴国观跟司马道士学习。

少年范仲淹在兴国观里开始了读书生活。司马道士对范仲淹关爱有加，除了平时的学业，司马道士还会在休息时间带范仲淹到附近的风光秀美处游玩、踏赏。兴国观附近的药山，雄踞在洞庭湖畔、澧水江滨。澧水入洞庭湖的交汇口就紧邻药山，这里湖光山色，宛如仙境。山麓芍药丛生，五彩缤纷，令人眼花缭乱；山上古木参天，枝繁叶茂，苍翠一片。

在安乡，范仲淹从司马道士那里得到了启蒙教育。后人评价范仲淹，说他"泛读六经，尤长于《易》"。正是在兴国观里，范仲淹幼小的心灵种下了探究博大精深的《易经》的种子，开启了他钟爱经典的旅程。

洞庭湖独特的自然风光，给少年范仲淹留下了深刻的印象。在他后来的许多诗篇里，都有过洞庭湖的"影子"：

在《送韩渎殿院出守岳阳》诗中说："岳阳楼上月，清赏浩无边。"在《听真上人琴歌》中说："陇头瑟瑟咽流泉，洞庭萧萧落寒木。"在《和延安庞龙图寄岳阳滕同年》诗中说："优游滕太守，郡枕洞庭边。几处云藏寺，千家月在船。"而在晚年的千古佳文《岳阳楼记》中，更把他这种童年记忆升华为千古不朽的壮丽画卷。

范仲淹成名之后，安乡人把他曾经读书的地方建成纪念他的祠堂。南宋庆元丙辰（1196），范仲淹的后裔范处义以殿中侍御使持节荆湖北道，到安乡巡视，看到范文正公读书堂的遗迹尚在，便命令县令刘愚将读书堂扩建为范文正公读书台。"书台夜雨"成为安乡八景之一。有诗为证：

> 潇潇雨注洒虚窗，漏下三更五夜长。
>
> 桃桂溅香生席几，墨朱研水注池塘。
>
> 膏焚暗火低留月，水沸新蛙乱奏簧。
>
> 髦誉著名称老范，高台古迹旧江乡。
>
> ——明·金汝皋《书台夜雨》
>
> 读书台近水东村，文正髫年此惜分。
>
> 指爪偶留遗往事，音尘殊绝仰前闻。
>
> 薤盘吃尽儒酸苦，梅鼎调成相业殷。
>
> 残却一篝灯火在，至今犹似照香芸。
>
> ——刘瑞英《范文正公书台》

四
终南山上琴声扬

征得继父和母亲的同意，范仲淹开始了第一次外出游历——他把目的地选在了汉唐帝王之都、有"百二秦关"之称的关中地区。漫漫长路，范仲淹并不觉辛苦。每到一处，他都会认真地寻访古迹，在现实的碎片中，感受历史的厚重气息，与古代的贤者、圣人对话，体会时空交错的新奇。

大约在景德元年（1004），朱文翰回到了家乡任淄州长史。有幸回到家门口做官，一家人终于可以时常团聚了。遗憾的是，此时的朱文翰身体已十分虚弱，谢氏因为要照顾身体有恙的朱文翰，便从长山来到淄州朱文翰身边。淄州东有个地方名叫秋口，那里东靠荆山，西依峨岭，有"四时空谷送秋声"之意，也称"秋谷"。而此时，依然在长山读书的范仲淹少不了要利用闲暇时间去看望母亲和继父。长山到秋口大约有一百里路程。范仲淹时常享受着"省亲"的快乐，留下了"落霞与孤鹜齐飞，秋口到长山一百"的吟诵。

看着一天天长大的仲淹，谢氏心里亦喜亦忧。喜的是孩子不仅个头长高了，也长知识、长学问、更懂事了；忧的是自己的坎坷经历，孩子已经16岁了，还不知道自己的身世。这事是瞒不住的，终有一天孩子会知道，也应该让他知道。"可是，孩子正在上学，还有很长的路要走，不能让他分心。"谢氏这样告诫自己。

长山县城离秋口大约有百里的路程，谢氏时不时地也要回长山去看看在那里读书的仲淹。仲淹每次与母亲相见，总是高兴地向母亲讲学校的新鲜事，讲自己的收获。望子成龙，自古而然，这是父母的天性。谢氏也不例外。上有天堂，下有苏杭。谢氏来自素有天堂之誉的苏州，是吴中少见的美女。苏州肥沃的文化土壤，滋养了她姣好的面容，更孕育了她大家闺秀的气质。她希望自己的儿子能够成为对国家有用的人。在有意无意间，她总是向仲淹讲述古人勤学的故事。"苏秦小时候爱读书，不爱干活，他的哥哥嫂子就看不起他，有时候吃饭都背着他。可是苏秦十分争气，后来竟然做了宰相，佩带九国的相印。当他再回到家里的时候，他的嫂子羞愧难当，远远地跪在地上，头都快要撞破了。可是，苏秦并没有怪罪他的嫂子。因为'宰相肚里能行船'……"

"唐朝有一个著名的宰相叫姚崇，二十岁的时候，父亲病故，他随着母亲回到外婆家。姚崇喜欢习武，十数年间，锲而不舍，练就了一身好武艺。有一天，一个叫张憬藏的相人见到姚崇，看他气宇轩昂，不像一般的山野之人，可是与他交谈，立即感觉到姚崇学问太少，没啥文化，因此劝姚崇好好读书，增长见识。张憬藏热心地鼓励姚崇。他说，广成是上古贤人广成子居住的地方，黄帝曾经向广成子问道。你将来一定靠文才显名，甚至可以做到宰相这样的大官，不要自暴自弃，一定要好自为之。后来，姚崇苦心学习，最终成为一代名相。其实，做官也好，做普通人也罢，只要对社会有用，就有价值。要想做对社会有用的人，就要好好学习，掌握本领。"

范仲淹把母亲的教导时刻记在心上。有一天，他和几个要好的同学去找人算命，便问相面之人，"老先生，您看我将来能做宰相吗？"相面之人说："不能。"范仲淹当即果断地说："如果将来我当不了宰相，一定要做个好郎中！"相面之人有些惊诧地反问道："宰相，高高在上，人人向往，有这个想法很自然，为什么做不了宰相，就去做一个郎中呢？这也相差得太远了吧。"范仲淹说："好宰相是为了治理国家，让更多的人过上好日子；好医生救死扶伤，虽然不能像宰相那样普惠万民，但是道理是一样的，都是为了救人。"

相面之人没有算出来范仲淹的前途，可是另一个人却看到了与众不同的范仲淹。这个人叫姜遵，是谏议大夫，朱文翰的老乡。在长山读书期间，范仲淹已经考取了学究。宋朝科举有很多类型，但最重要的是进士科，学究是进士科以外的诸科的一种，主要靠死记硬背的功夫。虽然如此，小小年纪便考中学究，很多人还是羡慕不已。可是范仲淹并不知足，他决心安下心来，打牢根基，苦学不已，考取进士。有一天，范仲淹和几位同学一起去拜访回家省亲的姜遵大人。姜遵素以刚严著名，为人不肯屈节逢迎。可这次一见范仲淹，立生好感。其他宾客起身告辞后，姜遵特意把范仲淹留下引入后堂，作倾心之谈，大有相见恨晚之意。范仲淹走后，姜谏议私下里对夫人说："范学究虽然年少，是个奇士。他日不但会做大官，而且会留盛名于世。"

朱文翰的好友崔遵度也是淄州人，是个著名的琴师，很早的时候就在家乡名声大震。朱文翰便把范仲淹送到崔遵度的门下。范仲淹在名师的指导下，琴道日益精进。不过，范仲淹并不喜欢弹奏太多的曲子，唯对古曲《履霜操》情有独钟，后人誉之为"范履霜"。

读书是学习，实践也是学习。孔子就非常重视实践在学习中的重要作用，他周游列国，通过治国理政来印证自己所学。长时间在一个地方学习，和固定的人学习，难免会"坐井观天""画地为牢"。长山已经不能满足范仲淹的学习需要了，十六岁的范仲淹决心走出去，去看看外边的世界。

征得继父和母亲的同意，范仲淹开始了第一次外出游历。这一次，他把目的地选在了汉唐帝王之都，有"百二秦关"之称的关中地区。漫漫长路，范仲淹并不觉辛苦。关中的风土人情、历史文化、文物古迹，一切的一切，让他眼界大开。每到一处，他都会认真地寻访古迹，在现实的碎片中，感受史书中记录的厚重气息，与古代的贤者、圣人对话，体会时空交错的新奇。

仁者乐山，智者乐水。终南山，这座充满浓郁道教气息的名山深深吸引着范仲淹。此次关中之行，是一定要去的。经过两个多月的走走停停，范仲淹终于远远地看到终南山绵长的身影了。可是，"终南山，你在哪里？我应该从哪里走进你？"此时此刻，范仲淹在内心发出了这样的惊呼。早在来关中之前，他便做了大量的功课。《左传》中说，终南山为"九州之险";《史记》中说，秦岭是"天下之阻"。范仲淹无数次幻想着登上终南山的主峰，体会那种"一览众山小"的超然之感，可是，茫茫大山，绵延无际，岂止是险，岂止是阻！峰在哪里？路在何方？范仲淹一片茫然。

"出门见南山，引领意无限。秀色难为名，苍翠日在眼。有时白云起，天际自舒卷。心中与之然，托兴每不浅。"吟诵着李白的诗，范仲淹心有所感，决定小憩片刻。于是他把包袱放下，取出琴来，一曲《履霜操》在终南山脚下悠扬地飘荡开来。

"关中河山百二，以终南为最胜；终南千峰耸翠，以楼观为最佳。"早在西汉元封二年（前109），便有人在终南山大峪口建太乙宫，所以又称太乙山。这里有悠久的道教历史，有动人的神话传说，有数不清的文物古迹，吸引着无数善男信女。

在这里，范仲淹结识了上清太平宫监史王允，并与王允的儿子王镐以及周德宝、屈应元两位道士一见如故，成为好朋友。北宋初年，朝廷借鉴汉唐经验，以黄老思想治国兴邦，并仿效唐朝，编织了"翊圣保德真君"荒谬传奇。上清太平宫就是这一政策的产物，后演变为著名的道教场所。文人雅士，多会于此。

"终南山并不是一座山，它是秦岭山脉的一部分，绵延八百余里，整个山脉地形险阻，道路崎岖，据说大的山谷有五个，小的山谷超过一百个，你初到这里，找不到方向也是正常的。"王镐听范仲淹谈起刚到终南山的感受，半认真半开玩笑地向他介绍。范仲淹由衷地感慨："山外有山，天外有天，山是如此，做学问何尝不是如此呀！"

周德宝精于篆书，每日清晨起来，一定要在道观之中挥毫一番。屈应元道士则对《易经》颇有研究，二人与范仲淹一样，也有一个爱好——弹琴。三个人相见恨晚，相见甚欢。有了二位向导，范仲淹在关中的游历异常欢欣与顺利。在山水间，三人结下了难忘的友谊，而范仲淹对道教文化和《易经》的理解，对人生的追求，也上升到了一个新的高度。

五
留下"划粥断齑"的佳话

在长白山醴泉寺，他"日自讽诵""刻苦不暇"，度过了三年寒窗生涯，留下了"划粥断齑"的苦读佳话，也为他日后到应天书院继续深造，直至进士及第打牢根基。

距离长山县城五十里的长白山中有座著名寺院，名叫醴泉寺，始建于南北朝后期，后来毁坏。唐中宗时，寺僧仁万重建寺院，当时东山有一泉涌出，中宗赐名"醴泉"，醴泉寺即由此得名。从关中游历回来后，范仲淹与另外三位朱氏兄弟及一位刘姓同学一起，来到了这座有着盛名的寺院继续读书。

范仲淹为什么要跑到寺观来学习呢？难道当时没有学校吗？

在庆历兴学之前，北宋官办的地方学校数量极少。其办学方式主要有七种类型：一为书院，二为州县官员自设的学校，三为民间学者所办的学舍、乡塾，四为依托于寺院庙观的寺学与庙学，五为一般的家庭教育活动，六为宗学，七为国子监。其中，国子监、宗学及大中祥符二年（1009）后设立的部分书院、州学属官学的范畴，其他则为民间或半官半民的办学形式。

宋初州县官员所办学校多属庙学。寺院僧舍也多为士子、生徒就业寄读的场所。宋初寺院上承汉唐以来数百年经营之规模，太祖、太宗、真宗三朝，主儒业，兼崇道教，兴佛法，真宗继位以来更是大兴土木。至神宗熙宁末年，天下寺观宫院总数已达40613所，其中仅开封就达913所。宋初科举取士规模越来越大，可是州县却没有大范围地设立学校，贫寒之士读书苦无场所，寺观既广而闲旷，自然成了士子寄读的理想场所。

此外，自魏晋南北朝以来，寺院宫观多修建在山林僻静之处。虽经唐末五代长期兵乱，尚能免遭兵火劫难，名士硕儒畏于仕途险恶，也多携带经籍，隐遁山林寺舍，潜心读书、讲学。所以，宋初虽承五代劫乱之余，寺院宫观仍能保存较多书籍。宋初一些藏书甚富的书院，也本为唐末五代的寺院精舍演化而来。宋初寺院宫观多有地产，或有居士香客捐赞香火。故贫寒士子寄读寺院，尚能得到生活上的一般关照，也具备简陋的食宿条件。寺院对于少数学行优异的贫寒士子，也乐于资助。而士子一旦登第显宦，也往往不忘旧事，回报其恩。寺院因此也愿意在力所能及的情况下，接纳士子来读书。

范仲淹在长白山醴泉寺学习，寺院成了他成长的摇篮。作为县令之子，范仲淹的生活比其他普通百姓的子弟自然要好很多。但是，范母谢氏从小就对他讲古人励志苦学的故事，希望他以古人为榜样，磨砺自己。范仲淹立志苦学，留下了"划粥断齑（"齑"也有说是"薤"）"的难忘经历。范仲淹和同学刘某一同住在僧舍中，前一天晚上抓一把米做一小锅稀粥，第二天早上，粥凝了，便用刀一横一竖切成四块。早上吃两块，晚上再吃两块。没有菜，便弄一小把野韭菜，切成小段，放入一瓦罐中，加点水和盐，便是最好的下饭菜，连同凝粥一起，借用僧舍的炉具稍微热一下便吃得津津有味。这就是"划粥断齑"典故的由来。寺院香火旺盛，上香人多的时候，范仲淹便一个人走出寺院，到寺院后面大约四里远的山上去读书。这座山并不高，但是山上林木葱郁，十分清幽，极适合读书。山上有一个洞，赶上下雨，范仲淹便会在洞内避雨。至今山洞犹在，为了纪念范仲淹，后人把那个山洞取名为"读书洞"。

范仲淹聚精会神地学习，丝毫不为外物所扰。有这样一则轶事：有一次，范仲淹读书入神连吃饭也忘掉了。可学习完毕想吃东西时，却发现干粮少了不少。起初范仲淹并不在意，后来发现干粮总是在夜里丢失，也就留心起来。一天晚上，他发现一只小白鼠爬到几案上，叼走了他的饼。范仲淹欲捉小白鼠，起身就赶。那小白鼠跑到庙宇东边，哧溜一下钻入洞穴。范仲淹十分好奇，便取铲掘土，挖到二尺深，不见鼠洞了，却发现一块青石板。他撬起石板一看，下面闪出璀璨的光彩，原来是一窖黄澄澄的金子。仲淹视若无睹，依旧照原样埋好，若无其事地读书去了。谁知第二天晚上，又一只小白鼠来叼饼。范仲淹又起身追赶，小白鼠溜出庙宇朝西一折去不多远，又哧溜一下钻入洞穴。范仲淹掘开洞穴，只见银光闪闪，却是一池白花花的银子。范仲淹依然不为所动，把洞穴恢复了原状。

范仲淹做了参知政事后，醴泉寺遭了火灾，老僧人欲修葺寺院，无奈囊空如洗。老僧人想起当年之事，遂进京去求助范仲淹。范仲淹对待老僧人恭恭敬敬，招待得非常周到。老僧人在京城不觉住了月余，他看到范仲淹身居相位，在家依然布衣淡饭，生活并不奢侈，几次想张口求助，终是难以启齿。老僧人惦记寺院，便告辞要走。范仲淹设酒饯行，临别只取出一包茶叶相送。老僧人大失所望，又羞又恼，回来就把茶叶丢过一旁。长山知县闻得老僧人进京归来，特意来会。老僧无以为敬，忽然想起那包茶叶，于是把它寻了出来。等到把茶包打开一看，里面却有书一笺，上有范仲淹手迹两行，写的是："荆东一窖金，荆西一池银。一半修禅院，一半赠僧人。"老僧人赶忙派人去掘，果获黄金一窖，白银一池，醴泉寺又得再兴。

在长白山醴泉寺的学习一晃已是三年。关中的游历，让范仲淹感受到了外面世界的精彩，也让他看到了自己知识的狭窄。醴泉寺虽然香火旺盛，但是藏书并不多，可以共同探讨、相互促进的同学、朋友更是少之又少。几位一起学习的兄弟并不专心。范仲淹希望有一天能够走出醴泉寺，走出长山，走向更高的学府。

应天府、应天书院、戚同文……见多识广的寺僧时常向范仲淹提起这些响当当的名字。"学习三年了，也应出徒下山了……"每当晨钟暮鼓响起的时候，范仲淹的心中就充满了渴望，渴望有一天能够坐在应天书院的学堂里。

这一天很快到来了。可是，范仲淹没有想到，自己会以这样的方式离开醴泉寺，离开长山，离开自己慈祥的"父亲"和善良的母亲。

上文说过，范仲淹的继父是县令，虽然俸禄并不高，但比之一般人家，自然是优越百倍。所以，在醴泉寺读书期间，范仲淹其他几位兄弟大手大脚，浪费现象时有发生。一向勤俭好学的范仲淹看不惯，有时难免要说他们两句。谁知，这几位任性的兄弟并不领情，依然如故。话不投机，范仲淹索性不去理睬他们，一个人躲到清静处苦读。然而，合着该是有事。有一次，范仲淹实在看不下去兄弟们的贪玩举动，便忍不住和他们吵了起来。"我们花的是朱家的钱，管你什么事？"朱氏兄弟反唇相讥。范仲淹听出了弦外之音，其实，范仲淹在很久以前就已经隐隐地感觉到自己身世有谜，只不过他一来正为学业而努力，不想节外生枝，二来他也不想触及母亲的伤痛，不想让自己的母亲伤心，所以并未穷究。不过，这一次，他觉得有必要弄明白自己的身世了。回家后他直言不讳地向母亲询问，在母亲的一声叹息中，范仲淹终于知道了自己的身世。

那一刻，范仲淹内心充满了痛苦。可是，他很快又平复了心境。"娘，我已经长大了，能够照顾自己了，我现在也需要到更好的学校去深造了。我听说应天书院老师好，藏书多，收费也不高，很多寒门学子都纷纷前去读书，我想去那里求学。孩儿苦读十年，不达目的决不罢休，学成之后，考取功名，一定来接您……"

大中祥符三年（1010），范仲淹带上自己平日里学习的书籍，背上伴随他游历关中的古琴，带着对母亲的承诺，与生病的继父话别，从淄州长山出发，经莱芜、过泰山，晓行夜宿，一路向应天府奔去。

有了关中游历的经历，这一次范仲淹显得更加从容，每每遇到名胜古迹，少不了要前去寻访一番。过了泰山，官道更加平坦而宽阔，时不时地可以看到崭新的建筑，人们告诉他，那是宋真宗皇帝东封泰山时的行宫，现在改成了寺院。真宗皇帝东封泰山，这事儿范仲淹并不陌生，当时他刚从关中游历归来，在长白山醴泉寺读书。得知皇上要封泰山的消息，淄州很多百姓为了一睹皇上的真容，不惜步行几百里，提前赶到泰山附近投亲靠友。看着富丽堂皇的皇帝行宫，再看看辛勤劳作的农人、奔波于途的商旅，范仲淹在新奇中开始有了一种异样的情感，一种莫名的忧伤油然而生。

他想到了一千多年前穷兵黩武的秦始皇，想到了劳民伤财的阿房宫；想到了穷奢极欲的隋炀帝，想到了滴滴血泪的大运河。历史的教训写得明明白白，圣明的皇上啊，您为什么还要这样？为什么要"竭我百家产，崇尔一室居"？

"朱门酒肉臭，路有冻死骨"，一个辛苦的农夫，一垄地一垄地地耕作，从春到秋，没有闲着的时候，那点收成，除了上缴各种名目的税款，已经所剩无几了。一只春蚕能够吐多少丝呀，可是那些吃得肥头大耳的达官贵人、游手好闲的富家子弟，却穿着绫罗绸缎，吃着山珍海味。就是太平盛世，老百姓都难以生存，如果再遇到饥荒年岁，这日子可怎么过呀？老天为什么这样不公呢？

带着淡淡的忧伤，带着深深的忧虑，也带着对未来的无限憧憬，范仲淹来到了应天府，走进了梦寐以求的应天书院。

"先天下之忧而忧，后天下之乐而乐"，庆历六年（1046），范仲淹在《岳阳楼记》中写下了这句千古名言，然而，范仲淹并不是在这个时候才写下这句话的。事实上，早在应天书院期间，范仲淹就时常吟诵这句话。

欧阳修在《资政殿学士户部侍郎文正范公神道碑铭》中说，范仲淹在年轻的时候就常常自诵"士当先天下之忧而忧，后天下之乐而乐"。这样一个湮没在《神道碑》中的重要信息，是欧阳修对范仲淹"盖棺定论"时悄无声息的最高评价。在"万般皆下品，唯有读书高"的时代，欧阳修的这句评论为范仲淹的勤奋学习不露痕迹地注入了崇高的因子。范仲淹忧乐思想贯穿一生，学习之风贯穿一生，就算是当了朝廷重臣，依然苦学不辍。

第二章

胸怀天下

— XIONGHUAITIANXIA —

　　大中祥符八年（1015），范仲淹进士及第释褐为官，到天圣七年（1029），范仲淹调入朝廷任秘阁校理，其间在基层打磨的时间长达 15 个年头。这 15 年里，他经历了大喜——娶妻生子；经历了大悲——母亲离世；经历了大难——捍海堰工程受阻。同时，也取得了大成——在应天书院写出了长达万言的《上执政书》，向世人展示了他以天下为己任的广阔胸怀。

一

偏远小城来了个司法官

"迥与众流殊，发源高更孤。下山犹直在，到海得清无？势斩蛟龙恶，声吹雨雹粗……"脱去青衫，换上官服，范仲淹到广德当上了专职司法官。初入仕途，直性子的范仲淹便得罪了广德军知军，记录与知军争议的内容写满了屏风。

科举害过不少人，但是科举也是个好东西，科举制度的出现绝对是一个巨大的进步，正是这种制度在无数读书人心中激起巨大的涟漪，形成了一道道"手不释卷"的风景。不仅因为像范仲淹这样没有背景的寒门士子通过勤奋读书可以考中进士，而且与唐朝相比，北宋的进士还有一项特别的待遇，那就是进士及第便可以"释褐为官"。

何谓"释褐为官"？只要考中了进士，立即就会脱去粗劣的服装，穿上由皇帝赏赐的衣服、靴帽，授之以官。唐朝士子考中进士以后，只是取得了当官的资格，但是，要真正被授予官职，还需要参加吏部组织的"关试"，合格后方可授官。一代文豪韩愈，在贞元八年（792）进士及第，但因为参加吏部考试不合格，结果虚度三年光阴，不能为官。他报国心切，在贞元十一年（795）三次上书宰相，表达要求当官的愿望，都无果而终。可是，宋朝的学子待遇却大为不同。太平兴国二年（977）正月初七，殿试以后，进士吕蒙正等人被赐进士及第；正月初八，赐闻喜宴；正月初十，赐绿袍、靴笏；两个月后，分别授予官职。也就是说，还没等当官，官服就已经换上了。这是何等荣幸的事啊！

当然，这种荣幸的事并不是从宋太祖一登基就开始的。不过，范仲淹赶上了。宋真宗大中祥符八年（1015）春，范仲淹（当时名叫"朱说"）进士及第不久，便被派往广德军任司理参军一职。广德军辖境包括现在安徽省广德、郎溪两县及江浙一带毗邻地区，与江苏常州、浙江湖州接壤，竹海茶山，物产丰富，风光秀美。但是，广德最多只能算是中下小军，司理参军也不过是从九品的小官。

五代时期，人治代替了法治。宋太祖赵匡胤深知此害。建隆二年（961），金州发生了一起"大义灭亲"的案件。有一个名叫马汉惠的人曾经谋害了自己的堂弟，同时，好搜刮民财，横行乡里，被乡人视为一害。马汉惠的父亲马从玘与妻子及二儿子一起，把马汉惠杀死。防御使仇超、判官左扶，把马从玘及他的妻子、儿子都判处死刑。宋太祖对于仇超等人不分青红皂白、罔顾事实、一律判人死刑的做法甚为恼火，他命令有司弹劾仇超等人，把他们撤职并处以杖刑发配海岛。

建隆三年（962），又发生了一起枉法案件。河南府尼姑法迁私自用了师父的财物，按照法律罪不至死，可是，河南府判官卢文翼、法曹桑植却以盗窃罪判处法迁死刑。卢文翼因此被除名，桑植官降二级。宋太祖厉声责问宰相："五代诸侯飞扬跋扈，枉法杀人，朝廷这些司法部门都是干什么吃的?!"同年三月，宋太祖再次下诏，要求各州府从今往后遇到死刑案件，一律要详细将案情记录上报刑部核准，否则以渎职论罪。

司理参军由司寇参军改名而来。唐代诸州设司法参军事，简称司法参军或者司法，掌管刑狱，是地方司法官。五代诸州除了由政府设置的州院外，还有藩镇设立的马步院，又称马步狱，以牙校（下级武官）充任马步都虞侯及判官，执掌刑法。当时藩镇飞扬跋扈，司法官轻视人命，司法十分混乱，审判案件多失其中，宋太祖对此深为忧虑。开宝六年（973），下诏改马步院为司寇院，以新及第进士等任司寇参军。这样，原来由各地藩镇私自任命的马步都虞侯，开始由朝廷任命的文官取代。司寇参军成为正式的地方司法官。太平兴国四年（979），宋太宗下诏，改司寇参军为司理参军，以司寇院为司理院，此后，司理参军的名称一直延续了很长时间。端拱元年（988），下诏命令司理参军专门负责司理院，不能兼任他职，其目的很明确，就是要让司理参军集中精力，专门负责刑狱。

范仲淹进士及第后，任广德司理参军，官虽然不大，可是为民决狱，作用不小。广德军的百姓听说新来了一个进士及第的司法官，便抱着试试看的态度来找他解决积案，诉说冤情。范仲淹调来大量的案卷，认真查阅，结果发现漏洞百出，有些明显是错案，却稀里糊涂地结案，难怪百姓告状的如此之多。其中有一个案例，一位大户人家的男子霸占了一位农民的妻子，这位农民来到大户人家论理，结果被人家大打出手，身受重伤。可是，官府不但没有替这位农民撑腰，反而以"私闯民宅"的罪名定了农民的罪。

对于积案，范仲淹不厌其烦，调阅卷宗，不放过任何一个疑点。他还特别注重口供，对在押犯人，他一一提审，了解实情，不少冤案得到平反昭雪。可是，让范仲淹没想到的是，自己的举动并不合知军之意，知军动不动就干涉他办案。初入仕途的范仲淹并未妥协，他清楚自己的职责，始终坚持司法独立的原则。面对官长的责难，他总是据理力争，实在争执不过，他也会保留自己的意见。回到寓所，他把与官长争论的情况认真地梳理，原原本本地书写在住处的屏风上，并常常观览，时时提醒自己。范仲淹在广德军三年，等到卸任到集庆军（今安徽亳州市）任节度推官时，屏风上已写满了文字。

年轻的范仲淹，给广德人留下了深刻印象。可是，他也感受到了来自上级官长的压力，被穿了不少"小鞋"。有些好心的僚友劝他，不要书生意气，更不要死心眼儿，在处理百姓上访的案件时，要灵活一些，变通一些。范仲淹十分生气："我灵活了，变通了，老百姓就要受委屈，吃冤枉官司，这样的话，还要我这个司理参军干什么？"时间久了，僚友们对范仲淹的性格也有了了解，便不再劝说什么，有的则渐渐和他疏远了。

范仲淹不以为意，依然"一意孤行"。在繁忙的公务之余，对当地的风景胜地也时有游览，或者留下石刻，或者赋诗行文，成为后人认识、了解他的宝贵资料。

广德军治所东南约五十里远有一个名叫石溪的地方，流水潺潺，清澈见底，山泉之上，林木葱郁，山深谷幽，一条山泉从茂密的丛林深处赫然而出，沿崖而下，形成一道风景独特的瀑布，吸引了很多人前来观赏。一天下午，范仲淹也来游览，便赋《瀑布》诗一首："迥与众流殊，发源高更孤。下山犹直在，到海得清无？势斩蛟龙恶，声吹雨雹粗。晚来云一色，诗句自成图。"一条与众不同的清流，从高山上自上而下，起初自然是清澈洁净、直来直去，可是，在到达大海的漫长过程中，还会那样清、那样直吗？范仲淹见景生情，若有所思。

广德县境内有一著名景点，名叫太极洞，距离广德县城东北有五十多里。当地史志记载，明代冯梦龙把"广德埋藏（太极洞）、钱塘江潮、雷州换鼓、海市蜃楼"称为"天下四绝"。不知道当年范仲淹到这里游览的时候太极洞是啥模样。不过，1985年，这个县为开发旅游资源，对太极洞进行清理整修，在洞内数十米远的地方发现一处摩崖石刻，上书"蹔然岩"三个大字，下边落款为"大中祥符丙辰仲冬""宋进士朱说"，这个字是不是范仲淹当时写下的尚需考证，但人们对于贤者的怀念则无可怀疑。

宋神宗熙宁四年（1071），孙觉到广德担任太守，有感于范仲淹的事迹，写了一首《题范公堂》诗，记录了范仲淹在广德的作为："萧萧狱曹掾，有亭名范公。岁月盖已久，父老传清风。维时狴牢下，枉直情毕通。太守异趣舍，挺然不曲从。事事争救之，粉屏记其终。殆公三年归，字满无所容。官小俸禄薄，家居率穷空。卖马以自给，徒行气弥充。"

南宋绍兴九年（1139），广德太守洪兴祖在当年范仲淹修建的学校旁建了一座祠堂，专门纪念范仲淹。当时的文学大家汪藻写作《范文正公祠堂记》，范仲淹在广德的事迹才得以流传。宋嘉定二年（1209），楼钥的堂弟，时任广德军博士的楼镛因为范公祠年久失修，再次重新修缮广德军范公祠堂，请楼钥写记。楼钥在记中勉励，天下人不要只是羡慕范公的名声和地位，而是要探索范公为什么既能够做到建功立业，又能够声名远扬。

二

迎母侍养　复姓归宗

　　在继父的遗像前，范仲淹长跪不起。他为没能为继父丁忧而内疚，他更心疼自己的母亲。自己两岁的时候生身之父就去世了，年轻的母亲不得不改嫁他乡，而继父如今又撒手人寰，老天对母亲何其不公啊！

　　初入仕途，范仲淹激情满怀，然而，已经五年多未见自己的母亲了，她老人家还好吗？想到此处，范仲淹内疚不已，归心似箭。在广德的工作有了着落，范仲淹兑现当初立下的誓言，决定回家探望父母。然而，从广德到山东路途遥远，没有一点积蓄的他路费都成问题。同僚知道情况后，纷纷解囊相助，可是范仲淹知道，这些人跟自己一样，生活十分艰难，他婉言谢绝了他们的好意，最后卖掉自己平时代步的一匹瘦马，凑足路费，徒步回家。

　　远远看到长山朱家村了，几排低矮、古朴的民房渐行渐近。孝妇河静静地流淌，仿佛在向这位游子倾诉。朴实的乡亲操着浓重的乡音打着招呼。看着这既熟悉又陌生的环境，范仲淹百感交集，两行热泪夺眶而出。"少小离家老大回"，虽然自己并不是在这里出生的，但是母亲在哪里，家就在哪里，离家五年多，范仲淹无时无刻不思念母亲，渴望早一天与母亲相见。"母亲啊，您老辛苦了，不孝儿子回来看您了。"范仲淹不禁加快了脚步。

　　家还是老样子，不过似乎安静很多。范仲淹推开自己熟悉的家门，就要见到久别的家人了，他的心中既激动又害怕。他不敢想象，离开家这么多年，父母是否安好。早在长山读书期间，继父已多病在身。母亲要照顾继父，照顾年幼的弟弟，操持家务，而自己外出求学，又让母亲多了多少牵挂啊！

"朱说回来了，朱说回来了！朱说当官回来了！"范仲淹回来的消息不胫而走，朱家很快热闹起来了，左邻右舍闻讯赶到朱家，小小的朱家村也沸腾了，人们感叹范仲淹的身世，羡慕范仲淹学有所成，就像当年范仲淹的继父朱文翰一样，进士及第的范仲淹成了朱家村的骄傲。

母子相见，喜极而泣。然而，很快范仲淹再次陷入了痛苦之中。原来，在应天府上学期间，范仲淹的继父朱文翰便因病去世。这么多年，为了不让范仲淹分心，母亲也没有把这个消息传递给在应天府读书的范仲淹。"继父啊，您对我的恩情我永远不会忘记，孩儿不孝，在这里给您老叩头了。"在继父的遗像前，范仲淹长跪不起。他感到有愧，他更心疼自己的母亲。自己两岁的时候生身之父就去世了，年轻的母亲不得不改嫁他乡，而继父如今又撒手人寰，老天对母亲何其不公啊！

短暂的小聚后，范仲淹的假期已到，他就要回广德了。继父已经不在了，几位兄弟也已长大成人，他和母亲及朱家几位兄弟商量着："如今父亲已经去世了，母亲年纪也一天天地大了，还要照顾一大家人，这负担可不轻。我呢，虽然刚刚走上仕途，毕竟有了稳定的工作，我想把母亲和两位兄弟接走和我一起生活，不知可否？"朱氏兄弟说了一大堆挽留的话，但最终并无异议。谢氏虽然不舍得离开这个生活了二十六年的家，可是，为了不让儿子有后顾之忧，便也只好答应了。

北宋官员有职田制度，按照官员的等级，享受不同规模的土地，土地上的收入归官员所有。范仲淹的职田当时分配在应天府宁陵县，这是生存之基。所以，范仲淹把母亲从长山接到了宁陵。与母亲一起来到宁陵的，还有他两个同母异父的兄弟。从此，范仲淹与宁陵结下了不解之缘。

宋真宗天禧元年（1017），范仲淹开始了他仕途生活中的第一次调动——到集庆军担任节度推官。推官也称从事，其职位、职能与司理参军大致相同，所以这次调动只能算是平调。

集庆军在今亳州市，当时又称谯郡，因此，也称他为"谯郡从事"。有了广德军三年的工作经历，在亳州的工作，应该是轻车熟路了。但是初来乍到，人生地不熟，一切都得从头开始。范仲淹感到自己仿佛就是一只独栖的小鸟，一棵孤立的小树，他多么希望能够遇到志同道合的同事和官长啊。

幸运的是，在这里他遇到了一个好知州上官佖，并和上官佖之子上官融及通判杨日严等人成为密友。特别是杨日严，办事公道，断狱严谨，他十分看重范仲淹的才干，更欣赏范仲淹的为人和行事作风。遇到案件，两人经常一起商议研讨，意见常常是不谋而合。

时光飞逝，后来虽然天各一方，但是范仲淹并没有忘记这两位在自己年轻时交下的朋友。庆历七年（1047）杨日严去世，时知邓州的范仲淹写了一封情真意切的祭文，表达哀悼的同时，也追述了他们在亳州的"神交"。皇祐三年（1051），上官融去世，范仲淹同样撰写了《上官君（融）墓志铭》，追忆了二人的交游，对上官融的才华大加赞赏。

亳州太清宫是著名的道观，范仲淹在应天书院读书期间，真宗皇帝就曾去祭祀过。到亳州后，范仲淹多次到太清宫等道观拜访，留下很多诗文。朋友石曼卿写下《太清宫九咏》，范仲淹为他写了《太清宫九咏序》。范仲淹自己有《过太清宫》诗写道：

> 丑石危松半绿萝，函关真相玉嵯峨。
>
> 谁言仙道求难至，自愧阴功积未多。
>
> 纱纱云霞开绛节，雕雕鸾凤答空歌。
>
> 几时身退琼坛畔，荣利忽忽奈老何。

曼卿是石延年的字，石延年生于北宋淳化五年（994），卒于庆历元年（1041），北宋文学家，工诗、能文、善书法，喜欢饮酒，是范仲淹的好朋友。他去世后，范仲淹写有《祭石学士文》。

在给余杭任从事的两位朋友——全安石和段少连写的诗中，范仲淹介绍了自己在亳州的业余生活，其中就提到自己常常去访问道观的事。

其诗如下：

> 分携俱是佐高牙，两地光尘自等差。
>
> 荣事日趋丞相府，道情时过老君家。
>
> 双鸿得吕知风便，一鹤思鸣对露华。
>
> 早晚相将云汉外，重为龙友免天涯。

诗首联写自己与两位朋友分手后各赴前程，亳州与余杭两地自然有天壤之别，透露出羡慕之意。颔联仍然是对比，说朋友所处的大州公务繁忙，而自己身处偏僻的地方，则多了些寄情山水的机会，特指上文中提到多次到太清宫的事。颈联以"双鸿"比两位朋友，以"一鹤"自比，以"思鸣"表达了自己的理想。尾联则表达了对朋友的思念之情，寄托期待相聚之意。

亳州离应天府不远，在这里做官的范仲淹可以时不时地回去看望一下母亲。在范仲淹的心中，有一个挥之不去的心结。他感恩于朱家，但他更忘不了自己的生身之父。他希望自己能够改回范姓，认祖归宗。这个想法已经埋藏在他的心里很久了，可是，继父在世时，他断然没有这样做的道理，他也怕提起这个事会触及母亲的痛处，让母亲伤心。可是，如今继父已经不在了，母亲也已经离开了朱家，自己的仕途也已经起步了，是时候改回范姓了。他小心翼翼地和母亲商量。可是，谢氏于心不忍。毕竟与朱文翰一起生活了二十多年，离开朱家村已觉不安，让孩子再改回范姓，情何以堪？很长时间，她没有回应。然而，孩子毕竟都大了，仲淹的路还很长很长，几经思考，她还是同意了仲淹的想法。

但是，改名换姓又谈何容易？最大的阻力来源于苏州范氏家族。要改回范姓，首先得得到族人点头。宋真宗天禧元年（1017）的一天，范仲淹回到宁陵接上母亲，二人一道踏上了回苏州老家的归宗之路。果然，阻力重重。"哟哟，真不要脸，都已经改嫁了，还有脸回来？"有人背地里嘲讽。"谢氏既已改嫁，孩子也已改姓，岂有改回之理？"族人义正辞严。面对母子俩的请求，范氏族人或冷嘲热讽，或百般刁难，对范仲淹回归范姓的请求坚决不允。范仲淹不愠不恼，真诚地与族人对话：

"我自幼丧父，虽然我现已改姓，但是，我毕竟是范家后代，我的根在这里。如今，母亲将我养育成人，让我步入仕途，这是我的荣耀，也是范家的荣耀，我以后决不会给范家丢脸，更不会分割范家的财产……"也许是范仲淹的真诚打动了族人，也许是难以割断的亲情血脉赢得了族人，范氏家族终于答应了范仲淹的请求。

族人答应了，还有一关要过。作为朝廷命官，名字是不能随便更改的，得到族人的同意，还需要上报朝廷。应该如何向朝廷解释恢复范姓的理由呢？范仲淹下了一番功夫。"志在投秦，入境遂称于张禄；名非霸越，乘舟偶效于陶朱"，在给朝廷上的恢复范姓的奏表中，范仲淹用了这样的表述。"我本姓范，因为特殊的原因不得不改姓朱。在历史上，改名换姓的不少。我们范家就有两位历史名人有过改名换姓的经历，一个是先秦时的范雎，他因为避难不得不改名为'张禄'，最后入秦当了宰相，为秦国立了大功。另一个是春秋时的范蠡，他帮助越王勾践灭吴后，功成身退，泛舟五湖，改名为'陶朱'，成为有名的富商。"这个表写得十分巧妙，又很得体。天禧元年（1017），经过朝廷批准，朱说正式恢复范姓。

三

重修捍海堰

卑栖曾未托椅梧，敢议雄心万里途。初到泰州西溪，范仲淹看到的不是富庶美丽的海滨，而是绵延不断的盐滩，愁眉苦脸的亭户，还有不时而来的海涛之患。范仲淹决意要重修捍海堰……

天禧五年（1021），范仲淹从亳州调往东海之滨的泰州，担任西溪

（今江苏省泰州市东台市）盐仓监官，负责管理盐场、盐仓，征收盐税，与巡捕、县尉一道打击食盐走私及制造、销售假盐等。这里的盐税是朝廷财政收入的重要来源之一，盐监虽然官不大，但责任重大，也是个"肥差"，这是范仲淹进士及第以来的第一次升职。

虽说是升职，但与自己的理想毕竟还有很大的距离。在海角一小镇，要做一个清官实为不易。上要为朝廷收税，下还要考虑盐民生活。收得轻了，完不成朝廷下达的征收任务；收得重了，难免加重百姓负担，伤害盐民的生产积极性。范仲淹的情绪受到影响，一种文人特有的怀才不遇、抱负难伸的幽怨之情油然而生，在亳州开始萌发的建功立业的渴望再一次强烈地迸发出来。他满怀激情地给尚书右丞张知白写了一封信，谈及任盐监的感受，希望得到张大人的援引。

五年的苦学，八年的幕职，范仲淹成熟了很多，可是，依然建功心切。在他看来，给国家收税这样的事情，随便找一个人都可以做到，而自己应该有更广阔的舞台。受当时官员磨勘制度的限制，他的速成愿望是不可能实现的。在这种情况下，性格刚直、热血沸腾的范仲淹抱着幻想急三火四地给张大人写了这封信。信中，怀才不遇的意思表达得十分强烈。这封信却石沉大海。

"卑栖曾未托椅梧，敢议雄心万里途。蒙叟自当齐黑白，子牟何必怨江湖。秋天响亮频闻鹤，夜海瞳朦每见珠。一醉一吟疏懒甚，溪人能信解嘲无。"写完这首《西溪书事》诗，范仲淹放下手中的笔，长长地舒了一口气，走到窗前，看到院子里一株白色的牡丹花开正艳，清香扑面而来，直入心脾，他忍不住推开门，兴致勃勃地来到院子里，轻轻地为牡丹浇水。

西溪牡丹，远近闻名。刚刚到这里上任时，提到当地的风土人情，介绍者无不对牡丹情有独钟，少不了要浓墨重彩、隆重推介。当朝宰相吕夷简早年在通州担任通判，曾到西溪观赏牡丹，并亲自栽下数株，还写下一首《西溪看牡丹》诗："异香秾艳压群芳，何事栽培近海涯。开向东风应有恨，凭谁移入五侯家。"诗中，吕夷简以花自喻，表达怀才不遇期待早日腾达之意。吕夷简最终凭借自己的才华与努力，实现了自己的愿望。

"范兄，西溪这个地方虽然小，也没有什么名气，但是，这可是出人才的地方，当朝重臣晏殊晏大人、吕夷简吕大人都曾在这里任过职。"一位同僚热情地向范仲淹介绍。

"是啊，我怎么能不知道呢？来这里工作之前，通过各种渠道了解西溪的情况，对晏大人、吕大人西溪之行，也早有耳闻。"范仲淹回应。晏殊以神童举进士，被赐同进士出身后，曾被派往西溪任盐官，他在那里创办了书院，慕名前来学习的人很多。晏殊离任后，百姓把西溪河更名为"晏溪"，将书院取名为"晏溪书院"。相传那首《浣溪沙·春恨》就写于西溪。

范仲淹想着这些，微微点头，算是对同事的回应。"不过，能够像晏大人、吕大人那样，顺利实现自己理想的人并不多，我们虽然不一定像二位大人那样青云直上，但是，只要尽心尽力做事，在小地方一样能够有所作为！"

范仲淹说罢，又吟诗一首："阳和不择地，海角亦逢春。忆得上林色，相看如故人。"这首诗，范仲淹反吕诗之意而用之，巧妙地表达了自己的想法。

"苏湖熟，天下足。"在人们眼里，东南沿海，美丽富庶，令人向往。然而，北宋时期位于长江北岸的海滨因为地势低平，海水往往长驱直入，冲毁农田、盐滩，直至泰州城下，放眼望去，盐滩、池塘，星罗棋布，视野倒是十分开阔，但是，人烟稀少，反倒让人有一种荒凉孤独之感。不过，这里的盐业生产却着实发达。

柴米油盐酱醋茶，开门七件事，与老百姓息息相关。而在古代，盐、茶更是国家重要的管控物资，是税收的重要来源之一。盐有两类，一类是"引池而成"，叫颗盐，池盐产地主要有解州解县、安邑两池。老百姓把有池盐资源的地方开垦出来，修整成畦，把含盐的水引入畦中，称为"种盐"，待池水干了，盐也就成了。生产池盐的丁夫被称作"畦夫"；另一类是"煮海而成"，叫末盐。煮盐的地方叫"亭场"，盐民叫"亭户"。北宋削平诸国以后，国家把食盐的销售权收归国有，实行专卖，严厉打击贩卖私盐的行为。

煮海为盐，就是用类似大锅之类的器具将海水烧煮、蒸发，最后结晶。北宋初年，共有京东、河北、两浙、淮南、福建、广南六路生产海盐，而这六路中，又以淮南路的盐业生产最为发达。淮南路生产海盐的包括楚州盐城监、通州利丰监、泰州海陵监以及海州三个盐场、涟水军一个盐场。而其中又以泰州盐业生产为第一。亭户生产出来的盐，被官府收上来，放在盐仓之中。当时，泰州就有三个盐仓，范仲淹就是其中一个叫西溪盐仓的头儿，人称"西溪盐监"。

"天下大计仰东南，而东南大计仰淮盐。"自唐后期特别是宋代以来，泰州的盐产量一直遥遥领先，盐税上缴更是难计其数。有一个资料统计，宋代朝廷所掌握的食盐总量从2亿多斤增至4亿斤左右，其中东南地区的淮浙闽广海盐产量从1.5亿斤增至3.4亿斤。官方统计一年收的盐钱北宋中期从七八百万贯增至1000余万贯，北宋后期增至2000余万贯，南宋前期增至3000万贯。宋徽宗时，泰州盐仓一年内支发客请盐40万袋，创一仓支盐1.2亿斤的最高纪录。

长江与淮河之间的滨海地区，是一方年轻的土地。在六七千年前，这里还是一片茫茫大海。此后，随着海水东退，陆地慢慢出水，原始人类开始来到这里，从事着农业、狩猎、捕捞和家畜饲养。但由于海水时进时退仍很频繁，人类居住的地点与时间都不够稳定，直到距今2000多年的汉代，海岸线逐渐形成，江海文明开始大放光芒，其主要标志便是煮海为盐。

公元前195年，汉高祖刘邦封自己的侄儿刘濞为吴国国王。吴国都城在广陵（今扬州），江淮间的滨海一带，被纳入吴国的版图。为发展经济，吴王刘濞招募了一大批来自各诸侯国的流亡之人，来到海边煮海水为盐，并开辟了一条由广陵茱萸湾经海陵达如皋蟠溪的运盐河。由于煮盐的成本低廉，而盐卖出的价格很高，从中可以获取巨大的利润，吴国很快富强起来。后来，刘濞联合其他诸侯国，发动"七国之乱"，被朝廷镇压。然而，刘濞在海边首创煮盐的盐业经济，并没有销声匿迹。唐代"安史之乱"后，中原地区人口锐减，田地荒芜，以征收农业税为主的国家赋税发生严重危机。当朝的大臣提出了对食盐实行国家专卖的政策。从此，盐税收入成了国家赋税的主要来源之一，江淮间盐业经济的地位，随之得到了很大提高，受到了世人的关注。

就在江淮间盐业经济轰轰烈烈兴起的年代，海岸线没有因为人们的煮盐而稳定下来，海水依然是时高时低、时进时退，对海边煮盐以及离海较远的农业生产造成了很大威胁。唐大历二年（767），黜陟使李承任淮南节度判官时，奏请朝廷并得到批准，亲率民众修筑了一条自楚州盐城直抵海陵境内长约142公里的捍海大堤，锁住了任意肆虐的海潮，保护了堤西农田，也为堤附近的盐场煮盐创造了良好的条件，使得淮盐产量大幅度提高，盐税收入大增。

从唐代大历年间到北宋天圣年间，转眼250多年过去了。当年李承修筑的捍海堤，经过海水的不断冲击，已经满目疮痍，挡不住汹涌的海潮了。盐场的煮盐以及内地的农业生产失去了重要依靠。

乾兴元年（1022）十二月，范仲淹以文林郎秘书省校书郎、权集庆军事节度推官、监泰州西溪镇盐仓。初到西溪任上的范仲淹，年方三十，踌躇满志。可是，他很快发现了问题——由于原来的捍海堰年久失修，许多盐田经常被海水侵袭，盐民的生产时常受到重创，生产积极性大不如前，有不少盐民不得已只好放弃盐田，远走他乡。可是，留下的盐民盐税总是要交的。他这个盐官处于两难境地，如果催逼急了，老百姓不堪重负，他也不忍为之；如果催得松了，朝廷交办的盐税任务又无法完成。

夜不能寐，范仲淹拿起孔子的《论语》读了起来，他掩卷沉思："孔子说，政在使民富。如果老百姓富裕了，那么国家岂能不富？国家富了，君主还愁不富足吗？可是现在，老百姓流离失所，食不果腹，国家又怎能富裕？君主又怎能富足？"那么，百姓怎么才能富足呢？"必须让他们有一个好的生产环境！"范仲淹明白，要想让当地的盐民富裕起来，必须解决海水之患，修筑捍海堰。

重修捍海堰，救民出水火。主意已定，可是，范仲淹明白自己只不过是一个小小的盐官，没有行政权力，不能调动兵夫，要想实现这个想法，必须说服当权之人。那么，谁是合适的人选呢？

这个人是江淮发运使张纶。江淮一带是京城的主要后勤供应基地，每年大量的粮食、食盐、茶叶都要由此转运到京城，江淮发运使就是负责这项工作的"总掌柜"。范仲淹对张纶的评价，可以说不能再高了。他说张纶"发身如班定远，事边如马伏波，修水利如邵南阳，议食货如耿大农"。

班定远，就是班超。班超是东汉时期著名军事家、外交家。史学家班彪的幼子，其长兄班固、妹妹班昭也是著名史学家。班超为人有大志，不修细节，但内心孝敬恭谨，审察事理。他能言善辩，博览群书。不甘于为官府抄写文书，后来投笔从戎，随窦固出击北匈奴，又奉命出使西域，在31年的时间里，平定了西域50多个国家，为西域回归、促进民族融合，做出了巨大贡献。张纶从小就风流倜傥，为人仗义，虽然没有考中进士，但是凭借自己的一身勇略补三班奉职、迁右班殿值，因为跟随雷有终讨平王均有功，迁右侍禁、庆州兵马监押，再升为阁门祗候，益、彭、简等州都巡检使，直至东头供奉官、提点开封府界县镇公事，所以范仲淹把他比作班超。

马伏波，即马援，他是西汉末至东汉初年著名军事家，东汉开国功臣之一。新朝末年，天下大乱，马援为陇右军阀隗嚣的属下，甚得隗嚣的信任。后归顺光武帝刘秀，为刘秀统一天下立下了赫赫战功。天下统一之后，马援虽已年迈，但仍请缨东征西讨，西破羌人，南征交趾，官至伏波将军，因功封新息侯，被人尊称为"马伏波"。张纶曾经奉命出使灵夏，回来的时候正赶上辰州溪峒彭氏发动叛乱，于是，朝廷任命张纶知辰州。张纶到任后，修建了蓬山驿路，从而阻止了溪峒彭氏进一步内侵，彭氏见无机可乘，只好退回自己的领地。张纶因此徙知渭州，不久又改内殿崇班、知镇戎军，再奉命出使契丹，安抚使曹玮上表请求留下张纶，朝廷没有答应。这时，彭氏等少数民族再次叛乱，张纶被任命为辰州、澧州等州缘边五溪十峒巡检安抚使。他动之以情，晓之以理，示之以威，让那些想叛乱的少数民族放弃了叛乱的想法，纷纷与朝廷结盟。

邵南阳，即召信臣，西汉著名大臣。曾历任零陵、南阳太守。在南阳任职期间，曾利用水泉兴修水利工程，组织民众开沟筑坝数十处。他与杜诗一前一后，在南阳都有惠政。时人称之为"邵父杜母"，以表达对他们的敬意。范仲淹之所以写信给张纶，与张纶在江淮一带大力兴修水利工程有着重要关系。张纶刚到江淮任发运使时盐民生产生活环境极差，盐业生产能力水平极低，盐民虽然尽力从事生产，但依然无法完成盐课。不仅如此，很多盐民欠下了大量的盐课，生活困顿不堪。张纶意识到"放水养鱼"的重要性，他接连做了几件深得民心的事，其中一件就是大兴水利工程。苏州、秀州之间的太湖，经常湖满为患，湖水涨溢，殃及农田，张纶请求朝廷批准，修建了五个灌渠，把太湖的积水导入海中，这一项复租六十万石。白沙郡大江之北，有湾数里，风涛为险，舟楫不利，张纶因此开长芦、西河以济。另外，淮南漕河界湖东部，每年都要决口，农田被冲毁，运粮的河道反而因为缺水而影响运输。张纶又请求朝廷允许，发动兵夫修建了200里长的大堤，其间用巨石做墩固定，修建十个大型闸门，用来疏导支流。大堤一侧则栽上各种树木，用来防风固沙。从山阳郡经高邮至广陵之间再无水患之忧，南来北往的人，纷纷点赞。

耿大农，名叫耿寿昌，是西汉理财家，历算家。善于计算，宣帝时，任大司农中丞，设置"常平仓"抑制粮价上涨。张纶初到江淮任发运使时，盐民十分困顿，崇、泰、楚三州盐课已连续十年亏损，张纶上奏朝廷，免除三州盐民欠下的盐税，发给盐民煮盐的工具，增加收购盐的价格，这样一来，盐民生产负担减轻不少，生产的积极性也上来了，盐业生产逐步得到恢复与振兴，每年盐课增加数十万石。接着，他又重新创办了杭州、秀州和海州三州的盐亭（盐场），更加促进了盐业的生产，仅此一项每年又增加盐课40万石。

范仲淹从张纶的所作所为中，了解了张纶的为人。他因此决定向张纶上书，请求重修捍海堰。范仲淹的这一举动果然引起张纶的共鸣，他完全赞同范仲淹的想法，因此向朝廷提出了修复捍海堰的动议。然而，面对这一动议，朝中大臣反应并不一致。反对者认为，修建捍海堰是把"双刃剑"，既能防止海涛涌入侵害农田亭场，但也可能因此形成内涝。

张纶则据理力争。范仲淹身边的同僚也有反对之声，有人说，范仲淹"越职言事"。面对非议，范仲淹则义正辞严、坚决反驳："海潮冲毁了盐场，逼走了盐民，盐业生产受到重创，我这个盐监到哪里去收税，又如何保证人们对盐的需要？"

张纶力排众议，朝廷终于同意实施这一重大工程。张纶趁机向朝廷荐举范仲淹，让他担任兴化县令，负责修复捍海堰工程。

天圣三年（1025）秋，范仲淹出任兴化县令。他亲自率领通、楚、泰、海四州民夫兵勇4万余人，在长达150里的海边开始了重修捍海堰工程的大会战。因为工程浩大，需要兵夫配合，与范仲淹同年进士的滕子京，当时任泰州军事推官，被安排协助范仲淹指挥捍海堰修复工程。

"敢议雄心万里途。"正当范仲淹雄心勃勃，要大干一番事业的时候，一场入仕以来的重大考验向他袭来。一天，民工兵夫们肩扛车运，工程现场热火朝天，突然狂风骤至，暴雨如注，汹涌的潮水掀起惊涛骇浪咆哮着向岸边卷来。此时，正在现场的滕子京临危不惧，他立即组织施工人员向安全地带转移，很快控制了混乱的局面。但是，因为海潮来势凶猛，不少人因为迷失方向，误向大海方向跑去。结果，还是有100多人遇难。已经初具规模的捍海堰也被冲得荡然无存。

这一下可给了那些当初反对修复捍海堰工程的人以口实。一时间，谣言四起，一场死了100多人的灾难竟被放大了10倍，说有1000多人被海潮淹死。一些迷信的人甚至说工程施工触动了地气，伤害了龙王爷；有人则指责范仲淹贪功冒进，工程摊子铺得太大，管理又不得当；有人上书要求罢免范仲淹的官职，停止工程施工，等等。

朝廷派专人前来调查。然而，来人并没有深入实际，而是偏听偏信，回禀朝廷时，提出了停工不修的建议。垂帘听政的刘太后和仁宗皇帝为了进一步了解情况，又派曾经在泰州海陵当过县令的淮南转运使胡令仪前往现场考察。

胡令仪系河南开封人，曾担任过如皋县令，他深知古捍海堰年久失修，农田、盐灶和百姓生命财产难以保障。除了现场调研外，他还与范仲淹面谈，听取范仲淹的意见。范仲淹再次陈述了修复捍海堰的必要性和可行性，表达了完成这一工程、造福百姓的决心。胡令仪赞成继续开工，张纶三次上书，坚决要求继续实施这一造福百姓的工程，并表示自己愿意亲自担任工程总指挥，一定要把这个工程干好。朝廷最后同意工程继续进行。

然而，天不遂人愿。天圣四年（1026）八月，噩耗传来，范仲淹的母亲谢氏病逝，范仲淹回乡丁忧。天圣六年（1028）春，在张纶的主持下，长达150余里的捍海堰工程终于完工了。当地百姓为了感谢张纶功德，特意为他修建了生祠。生祠，就是为活人建的祠堂。范仲淹虽然没能最终完成这一工程，但是，他一直关心工程的进展。在工程完工之后，范仲淹专门写了一篇《泰州张侯祠堂颂》，文中盛赞张公为人，特别对他主持修建捍海堰工程一事，详细叙述，大加赞赏，而对自己首倡之功只字未提。然而，随着范仲淹成为"天地间气第一流人物"，后人还是把这段大堤命名为"范公堤"，以此表达对一位贤者的肯定与怀念。

四

以孝为先　丁忧回乡

树欲静而风不止，子欲养而亲不待。母亲谢氏病故，范仲淹回到应天府丁忧。她去世后为啥不被送回长山与朱文翰合葬？后来又为啥改葬在河南伊川县万安山下？

天圣四年（1026）八月，噩耗传来，范仲淹的母亲谢氏病故。范仲淹只好放弃正在修建的捍海堰工程回乡丁忧。

在古代，人们遇到直系尊亲死亡时，需要居家守丧，并要遵守居丧礼仪，不婚嫁，不赴宴，不应考，等等。为官者在亲丧时，要辞去一切职务归乡守制，称为"丁忧"或"丁艰"。丁忧有内、外之分，遇母丧称为"丁内艰"；遇父丧称为"丁外艰"。

守丧尽孝行为日益为中国古代社会所重视。官员作为社会的精英存在，理所当然应当做百姓的表率，应更加重视孝道。因此，中国古代社会创立了"丁忧制度"。宋朝以孝治国，统治者将丁忧纳入礼、令、律范围，对官员丁忧的审批程序、不按规定丁忧者的处罚、丁忧官员的物质待遇和行为规范，都做出了明确的规定。如果有官员不按规定丁忧守制，或者故意隐瞒的，不仅会受到惩罚，而且会令天下人耻笑，背上不孝的骂名。

北宋扬州人李定就是一例。他是王安石的学生，支持王安石变法，因此深得王安石欢心。在王安石的助力下，皇上要任命李定知谏院，后又转拜太子中允、监察御史里行。这时候御史陈荐举报，李定在担任泾县主簿的时候，听说自己的母亲仇氏去世了，故意隐瞒事实，没有去职丁忧。大臣曾公亮等人坚称，应该让李定追加行服，但是，王安石则力挺李定。最后，李定被改任崇政殿说书。即便有王安石撑腰，仍然有大臣不依不饶。御史林旦、薛昌朝说："崇政殿是劝讲之地，李定这个人如此不孝，让他在这里说书，实在不合适！"不但如此，他们还连王安石一起批评，奏章上了六七道，因此激怒了王安石，两位御史被罢官。可是，李定自己终究是内心不安，不久崇政殿说书也干不下去了，以集贤校理、检正中书吏房、直舍人院同判太常寺。史书上把依附王安石、陷害苏东坡作为李定的两大污点，因为这个原因，李定不为母亲丁忧的事，也被无限放大，背上了沉重的"不孝"罪名。

除了正常的丁忧外，也有特例，叫作"夺情起复"。所谓"夺情起复"，是指本来按照规定要丁忧，但出于现实需要，尤其是战时对武官的需要，以及权势人物和党派斗争的影响，等等，在未完成丁忧的情况下，被终止丁忧，重新起用，称作"夺情起复"。

母亲病故的消息犹如晴天霹雳，让范仲淹陷入深深的痛苦之中。

他安排好工作，心急如焚地往在应天府宁陵县的家中赶。临别，他还给胡令仪和张纶两位上司写信，希望他们能够将捍海堰工程进行下去。

乾兴元年（1022），范仲淹在泰州任职时，经人介绍与已故参知政事应天府人李昌龄的侄女结成百年姻缘。李氏的娘家在应天府楚丘，范仲淹的新家在宁陵。范仲淹结婚后，母亲、妻子、朱氏兄弟一家人共同生活在宁陵，共享天伦之乐。天圣二年（1024），范仲淹的长子范纯祐出生，给这个家庭带来了欢乐，当了奶奶的谢氏，更是欣喜不已。

然而，好景不长，谢氏一病不起，撒手而去。范母谢氏是一位了不起的女性，范仲淹2岁的时候，生父范墉早亡，4岁时谢氏带着小仲淹改嫁给淄州长山人朱文翰，范仲淹从此改名"朱说"。范仲淹从小体弱多病，20多年里，他忘不了母亲忍受别人的风言风雨，顶着压力改嫁他乡，让自己有了一个健全的家；他忘不了母亲省吃俭用，让自己无食宿之忧，享受了快乐的童年；他忘不了母亲让他求学苦读，从小接受良好的教育，使他靠读书改变命运。因为思念远在南都求学的自己，母亲常常一个人暗自流泪，以至于差点双目失明。就在几年前，在母亲的理解支持下，他才有机会请求族人回归范姓。子欲养而亲不待，自己刚刚步入仕途，还没有什么政绩，母亲还没有享受自己的孝心，却撒手而去，岂不让人肝肠寸断！

范仲淹事母至孝，平生未尝有一事惹母亲生气。母亲的过早去世，一天好日子没过过，让他痛不欲生。此后，就算是当了参知政事这样的大官，依然保持勤俭的作风，家中除了来客人，"食不重肉"。他时常告诫孩子们，要以勤俭为传家宝。他的儿子范纯仁娶了大臣王质的千金为妻，王质之女娇生惯养，到了范家依然想过奢华的生活，在自己的住处挂上了丝绸的帷幔。范仲淹知道后，严厉地要求范纯仁夫妇撤掉丝绸帷幔。"我在家时就是这样的！"王氏女据理力争，范仲淹说："在你家那样我管不着，到了范家，就要按照范家的规矩办，你不撤下来，我让人把它给烧了！"范纯仁深知父亲的脾气，好言相劝新婚妻子，最后撤下了丝绸做的帷幔，代之以粗布纱帐。

母亲去世，安葬在哪里，这事颇让范仲淹为难。谢氏去世时最初安葬在应天府的宁陵，后来又改葬到河南伊川万安山下。范仲淹的母亲为啥独自安葬在那里呢？跟回归范姓一样，这是范仲淹做出的一个艰难的选择。继父去世，范仲淹把母亲接到身边一起生活，情有可原。范仲淹作为范氏子孙，成年之后，回归范姓，认祖归宗，也在情理之中。可是，范母谢氏就大不同了。改嫁之后，她便与范氏家族脱离了关系。范仲淹与母亲回苏州老家请求还姓时，曾经就母亲的归宿与族人交流，虽然范仲淹改回范姓得到了族人首肯，可是范母谢氏百年之后"叶落归根"的想法，范氏族人是断然拒绝的，所以范母死后再葬回苏州范家祖茔已绝无可能；而朱文翰去世之后，谢氏离开朱家随范仲淹生活，实际上也与朱家渐行渐远。特别是范仲淹又改回范姓，自己百年后也不可能再回归长山，苏州、长山都不能回去，选择离自己家比较近的地方安葬母亲，虽然艰难，恐怕也是最好的选择了。

那后来，范仲淹为什么又把母亲改葬到河南伊川万安山下呢？

原来，在丁母忧期间，范仲淹慕名拜祭了位于河南府河南县境内的姚崇墓地。这里北靠万安山，南临曲水河，西望龙门，东眺嵩岳，对《易》学已有深入研究的范仲淹看准了这块风水宝地。姚崇是唐代武则天、睿宗、玄宗三朝宰相，正直敢言，举贤任能，为开元盛世第一功臣。范仲淹曾在他的作品中多次提及姚崇。小的时候，范母就给范仲淹讲述姚崇的故事，鼓励范仲淹像姚崇那样好好求学，报效国家。

范仲淹与姚崇有相似的人生经历。姚崇祖籍河南陕县，父亲去世后，母亲改嫁黄姓人家。他当了宰相，曾问母亲，百年之后是否与父亲合葬一处。姚母说："人若有灵，纵隔千里也相知；人若无灵，即便埋在一起也枉然。"于是，姚崇后来将母亲葬在万安山下。范仲淹受到先贤姚崇的启发，便萌生了把母亲移葬到万安山下的想法。

父母之恩大于天。天圣九年（1031），在陈州通判任上的范仲淹，上书给皇太后和皇上，真诚地表达自己对母亲深深的愧疚之情。他说，自己虽然已到"磨勘"提拔期，但是，自己还年轻，还有很多时间可以在基层锻炼，请求朝廷将磨勘改转官恩泽，移赠给先母。继父朱文翰通情达理，老实敦厚，对母亲恩爱有加，对自己也视如己出。庆历五年（1045），范仲淹在57岁的时候向朝廷请求，将授予自己的功臣勋阶回赠一官给亡故已久的继父。在奏状中他动情地回忆起继父对自己的养育之情。

五

上执政书　为国担当

　　"否极者泰，泰极者否，天下之理。"这正是《易》所言，穷则变，变则通，通则久。如果不思变化，岂能长久？"各位相公，维持之功固然可嘉，但我大宋更需要磐固之道啊！"在应天书院里，范仲淹看到繁华背后的危机，发出了这样的"鹤鸣"之声……

　　丁忧期间，范仲淹应晏殊之请，到应天书院执掌教席。期间，范仲淹曾多次会晤晏殊，与他谈自己对朝政的思考。晏殊也会把朝中发生的大事、下放到应天府的公文等，向范仲淹讲述，范仲淹从晏殊丰富的官场经历中学到了不少。

　　有一天晚上，晏殊和王琪带着两个随从微服来到应天书院，范仲淹热情地将晏大人和王琪请到他休息兼办公的地方。

　　"请！"范仲淹亲自泡上一壶绿茶，恭敬地给晏殊和王琪倒上。晏殊先是询问了一下书院的情况，又拉了一会儿家常，接着把话题转到了范仲淹身上。

　　"范大人，在府学掌学委屈你了，不知今后有何打算？"范仲淹连忙说："晏大人，您太客气了。我感谢您给我这个机会，让我在丁忧期间还能为学校做点有益的事。有道是，忠孝是天下之本。我的继父和母亲都去世了，现在，我想尽孝也不可能了，剩下的只有一件事可做，那就是尽忠。"

晏殊对范仲淹的想法深表赞同。他随后就天圣四年以来皇上和太后针对州县官员选任的诏令向范仲淹一一提起。

晏殊特意提到了这样一件事：天圣四年（1026）正月的一天，皇上和太后命令知制诰章得象、侍御史知杂事韩亿与吏部的官员一起考核百司的官员，选拔合适的人到州县任职。然而，皇上批阅各地的奏章发现一个现象，地方上反映由京官派出去做州县幕职的有很多贪污腐败的。皇上问大臣这是什么原因。

北宋立国到天圣四年已经有66年，尽管宋太祖、太宗、真宗历朝对贪污腐败的官员一直保持高压态势，然而，贪腐的官员就像是毒瘤一样，割了一茬又长一茬，特别是州县官员，贪污起来更是恃无忌惮。宋仁宗有感而发，因此才有了这样的问话。

王曾作为宰相早就发现了这个问题，他认为，州县幕职官虽然位子不高，但是，这些官员离百姓最近，他们的好坏与百姓利益息息相关，因此，要加强对这些官员的考核。皇上听从了王曾的建议，下诏给章得象等人，要他们严格考核百司之人，真正把那些对自己要求严格，能力、品格过得硬的官员选拔出来，改变州县幕职多"败官"的现状。

这种对话并未就此停止。天圣五年（1027）二月，吏部选拔官员。州县的品阶本来不高，州县的长吏往往还要凭自己的爱憎来选人用人，使那些不合长吏心意的人不能进身，皇上对此忧心忡忡。可以看出，皇上同样看到了州县选人用人的短处。

天圣五年三月，皇上对王曾等人说："知州和同判，是老百姓的表率，审官院一律论资排辈地选人用人，这样能行吗？"王曾说："如果不论资排辈，虽然可以鼓舞那些资历浅但有能力、敢担当、能干事的官员，但是，于法无据。如果非要改变'以次取人'的状况，必须重新制定选任之法。"王曾的观点是，按资排辈选人用人，这是朝廷规定的。这里君臣的谈话，显然已经开始涉及吏治改革的问题。

皇上与王曾的几番对话，并没有局限于"坐而论"，在之后的时间里，朝廷就官员的选任做过一些制度上的改变。

面对越来越多的吏治问题，朝堂之上开始萌发变革的思潮……

"我朝自太祖以来，皇上坚持与士大夫共治天下。有才能、肯想事、能干事的官员，一定会得到重用的。"晏殊的话中带着鼓励。范仲淹对朝廷的这些举措表示赞赏，但他神色凝重，若有所思。

"范大人，对此你是否有别的看法？"晏殊问。

"朝廷下的这些诏书，说明皇上和太后已经注意到了当前州县官员选任的问题，这是好事，但是，朝廷认为'官有定制'，因此'不欲动摇'，实施起来瞻前顾后，步子很慢，因循之风尚存啊！"范仲淹说。晏殊欲言又止，听范仲淹继续说下去。"不瞒大人，在应天书院这些日子，我也在思考，我不能因为自己一心之戚而忘天下之忧，正准备写一封《万言书》，谈谈我个人的看法。"

"不以一心之戚而忘天下之忧！好，范大人，你的行为可钦可敬。期待你的上书早日完成。但是，上书当朝执政，并非小事，弄不好有邀名之嫌，或者得罪大臣，有触圣意，到时候，可就得不偿失了。"晏殊赞赏中有提醒。

交谈甚欢，不觉夜深。那一夜，送走晏大人，范仲淹无眠而卧，他的眼前浮现出这样一幕幕情景……

天圣元年（1023）十一月，都官员外郎、知涟水军邓余庆枉法受贿；阁门祇候、三阳寨主荆信监仓，低价买粮再高价卖给自己负责的粮仓；殿直、监兴平县酒税何承勋和监进贤镇酒税易著明二人监守自盗，四个人都被处以杖刑，监禁在广南牢城。朝廷把他们的犯罪事实张榜公布，要求各地百官引以为戒。

也是在这个月，大理寺丞、知彭山县卢察上书乞求到襄州任职，为的是可以就近方便"扫洒坟墓"。卢察是原宰相卢多逊之子，卢多逊是河南怀州（今河南沁阳）人，因为受到皇室权力斗争的株连全家被贬到朱崖（即珠崖，今天海南海口市），52岁时卢多逊病逝于朱崖，后安葬在老家。像卢察这样"为家计"的官员亦不在少数……

"知县两任，例升同判；同判两任，例升知州。"官员不论贤愚，只要熬到年头，自然升职。既然如此，还有谁愿意去努力工作呢？"当官的志不在政，又怎么能想为老百姓工作呢？"

经过深思熟虑，他写下了洋洋万言的《上执政书》。

在这封上书中，他以《周易》"穷则变，变则通，通则久"的思想为指导，分析了赵宋建国以来的天下大势，提出了"固邦本、厚民力、重名器、备戎狄、杜奸雄、明国政"等政治革新主张，此书论及天下大事，长达万言，是范仲淹入仕以来参与国政和主张变革的最完善、最系统的思想展露，是十几年后，范仲淹主持庆历新政的蓝本。在这封上书中，他更加明确地表露出"先忧后乐"思想："盖闻忠孝者，天下之大本也，其孝不逮，忠可忘乎？所谓冒哀以上书言国事，不以一心之戚，而忘天下之忧。"

如果说，当初他上书给尚书右丞、枢密副使张知白的信，还只是一个书生意气未退、更多关注个人命运的"自荐信"，那么，这封万言《上执政书》无疑已经摆脱了书生意气，是一篇治国安邦的"献策书"。

提到这封《上执政书》，不能不提"冒哀上书"这一背景。范仲淹在上书的开头也表示："某居亲之丧，上书言事，踰越典礼，取笑天下。"应该怎么看这个事呢？

首先，官员丁忧是有明确的法律制度约束的。违反守丧之制的犯罪主要包括九种：匿丧，凡得知五服内亲属死亡的消息，应立即举丧，反之，称为"匿丧"；居丧释服从吉，指居丧期间脱下丧服而穿上吉庆之服；居丧作乐，杂戏；居丧嫁娶；居丧参与吉席；居父母丧生子（如果在父母去世前妻子已有身孕，怀孕期间父母去世，守制期间生子，不在此列）；居父母丧兄弟分户或分财产；居父母丧求仕；父母死诈言馀丧不解官。

这里特别强调一下"居父母丧求仕"一款，在居父母丧二十七个月丧期内，二十五个月为正丧，需着丧服，这期间求仕，称为"释服求仕"，比照"释服从吉"罪处徒刑三年。二十五个月外、二十七个月内求仕，因制未除，称"冒哀求仕"，处徒刑一年。

从这里也可以看出，范仲淹在守制期间上书，并不在九项罪名之列。范仲淹之所以强调"居丧越礼，有诛无赦"，当是重责之语，但是，他说"取笑天下"却可能是真的，因为总有好事之人，会小题大做，或者故意歪曲事实，以此说范仲淹"邀名求禄"。但范仲淹主意已定，岂能因为害怕别人的冷嘲热讽而放弃"天下之忧"呢？

范仲淹在上书的开头还强调，自己在上书中所说的，都是容易做而未做的事。这又说明什么呢？第一，范仲淹的上书有实践基础，他十年沉寂在基层，最大的官做到了县令，因此，他有机会与老百姓打交道，有机会目睹朝政在基层落实的真实情况，有机会感受老百姓生活的艰辛，有机会看到州县官员的真实状态。第二，范仲淹是一个务实的人，他没有好高骛远，希望自己的上书能够真正解决问题，希望国家长见太平。

范仲淹提出"磐固之道"第一位的就是"固邦本"，而"固邦本"的核心在于举县令、择郡首。他说，"循例而授"的县官十分之七八都是慵懒无能、腐败堕落之辈。这话说得够吓人的，不知道那些执政的大臣收到这样的上书会是什么反应。不过，范仲淹并不是危言耸听。10多年的幕职经历，让他看到的实在太多了。那些年老的官员，眼里看的都是自身利益，心里想的也都是子孙之事；少壮派则把县令、知州当作跳板，谋划的是如何早日进京回朝。不仅县令如此，知州这样的一郡之长也不例外。范仲淹说现在的郡长很少有尽心从政的。有的人热衷于迎来送往，拉关系，交朋友；有的则喜欢推杯换盏、吃喝玩乐；有的则千方百计为子孙铺路。州县官员之所以出现这样的情况，一个重要原因就是官员任用按资排辈，不论贤愚，既然贤与愚一样，干与不干一样，清与浊一样，有谁不愿意乐得清闲自在、一团和气、一身财气呢？

范仲淹一开始便把矛头指向了北宋朝廷的用人制度，挑战"官有定制""循例而授"。一个小小的县官，上书指责朝廷延续多年的用人制度，这胆量可不小。范仲淹也知道朝廷早已看到了问题所在，他之所以还要上书，正在于朝廷改革吏治的摇摆不定、首鼠两端。他希望以自己的刍荛之议，唤起执政者的注意，促使他们下定决心，从体制上解决用人之弊。

淘汰了那些不称职的县令、知州，那么，由谁来干呢？上哪里去找那些称职的人才呢？"宜乎慎选举之方，则政无虚授；敦教育之道，则代不乏人……"

范仲淹胸有成竹，一一道来……

为了保证朝中执政都能看到这封上书，范仲淹工工整整地将上书誊写了四份，分装在四个大信封中。看着骑马远去的递夫，范仲淹长长地吁了一口气……

秉公直谏

— BINGGONGZHIJIAN —

    传说龙的身上有一个地方，你绝对不能碰，碰了，你就会有杀身之祸。这个地方就是龙咽喉下大约一尺长的区域，那里的鳞片是倒着长的，号称"逆鳞"。"人主亦有逆鳞"，明哲保身的人是不会碰的。刘太后，宋真宗之爱妻，宋仁宗之"母"，垂帘听政，是实际上的"真龙天子"。范仲淹刚刚从僻佐之州提拔到朝廷任职，便奋不顾身，秉公直谏，开始了"逆鳞"之举……

一

劝谏众臣勿在朝堂上给太后祝寿

天子"有事亲之道，无为臣之礼；有南面之位，无北面之仪。若奉亲于内，行家人之礼，可也。今顾与百官同列，亏君体，损主威，不可为后世法"。初入朝堂，范仲淹便奋不顾身，反对仁宗率百官给太后上寿……

天圣六年（1028），范仲淹丁忧期满，从地方上调至朝廷，任秘阁校理，开始了京官生涯。

然而，到朝廷任职还不到一年，范仲淹便闯了"祸"——

天圣七年（1029），仁宗皇帝做出一个决定，拟在冬至那天率百官在会庆殿为皇太后上寿。范仲淹得知这一消息，第一时间上书坚决反对。在范仲淹看来，皇上乃天下至尊，如果在后宫，就算是给他的母后跪上一天，从做儿子的角度来看，也不为过；可是，如果以天子的身份，还要率领文武百官在议论朝政的大殿之上给他的母后祝寿，这于礼不合。国家行之久远，正是由于礼仪的推行。这个"礼法"不能在这里给破坏了。

范仲淹说的这个"礼"，到宋朝开国已传之2000年了。因为有这种"礼"，才国泰民安、江山永固、代代相传。而没有了"礼"，臣不臣，君不君，就像五代十国，礼义殆尽，国家只能分崩离析。

汉高祖刘邦算不上孝子。刘邦与项羽相争时，刘邦之父被项羽所执，做了人质，项羽要挟刘邦说："如果你不投降，我就把你的父亲下锅烹了。"刘邦并不担心，反而说："我的父亲就是你的父亲，如果你真的把他烹了，不妨给我也来一杯羹喝!"听听，这话说得多冷酷、多无赖!可是，这话也着实让项羽很无奈。不过，这可能是刘邦的策略。其实，刘邦对自己的父亲也够好的。当了皇帝之后，刘邦把他的父母接到了长安居住。但老头子住不惯，一直想沛县的老家丰邑，因此闷闷不乐。刘邦知道后，连声安慰老父亲:"您不用着急，当初你看不上的儿子，现在做了皇帝，没有什么做不成的事，您瞧好吧。"他下令在长安附近按照老家丰邑的样子，建了一个与之一模一样的村庄。不但如此，还把老家的乡亲都请来，在新丰邑居住。甚至，连老家的鸡犬也跟着进了城。

刘邦就是如此任性，可是，刘邦的父亲刘太公比他还任性。刘邦每隔五天就要向太公行礼请安，刘太公极其受用。有一天，刘太公的家令悄悄地对太公说:"天无二日，国无二主。现在皇上虽然是你的儿子，但毕竟是人主;你虽然是皇上的父亲，但终究是人臣。你怎么能让人主向人臣下跪行礼呢?你这样做，只能降低皇上的天威，没有皇上，你还能有好日子过吗?"刘太公听罢此言，骤然心惊，甚以为是，决意改正。此后，见到刘邦，他主动倒退着避让。刘邦见此情景，深感意外，心中想着:"这老头发什么神经?我有什么地方做错了吗?"赶忙上前询问究竟。刘太公说:"皇帝，是天下之主，我怎么能乱天下之法呢?"从此以后，刘邦尊刘太公为太上皇，但也不再行家人之礼。向太公建言的家令，也因此受到重赏。此后，刘邦开始重视礼法的制定与推行。汉家礼仪，由此而兴。

还有一个关于礼仪的事例，也让范仲淹挂怀。《史记·陈涉世家》中记载，陈涉当了陈王之后，没有忘记"苟富贵，无相忘"的誓言，当初一起佣耕的伙计们也跟着进了宫廷，享受着贵族待遇。但是，这些伙计一点礼仪也不讲，在宫廷之中，饮酒作乐，大声喧哗，这还不算，还叫着陈涉的小名，四处传播陈涉当年的隐私。陈涉的大臣不干了，对陈涉说:"这帮人一点礼仪没有，成何体统?干脆将他们杀了算了!"结果，陈涉真的把他们杀了。因为不懂礼法，没有规矩，陈涉早年的朋友丢了性命。可见，为了维护礼法，家人也不能例外，朋友更可抛弃。

55

刘太后虽然贵为太后，并在垂帘听政，但毕竟不是皇帝，岂可乱"天下法"呢！范仲淹决意要捅这个"马蜂窝"，于是有了这个"逆鳞"之举。

二

与晏殊的"忠义之谈"

"您的知遇之恩，我会铭记在心，终生回报。但是，这件事我没有错，我对我的所作所为问心无愧、无怨无悔……"因为反对皇上率百官给太后上寿，范仲淹的举荐人晏殊十分恼火，范仲淹给晏殊写信表达自己的忠义之见……

一石激起千层浪。范仲淹的上书在朝中引起轩然大波。范仲淹不过说了众大臣想说而未敢说的话而已，但这种在太后头上动土的行为一经传出，朝野震惊。一些别有用心的人便开始借机做文章，有的说范仲淹太自不量力，有的说范仲淹是哗众取宠，有的说范仲淹借此邀名，有的干脆把矛头指向了晏殊等人，说他们荐人不当。

范仲淹事先未和晏殊通气便上书反对仁宗率领百官给太后上寿，这事儿让晏殊很没面子。晏殊坐不住了，他派人把范仲淹叫到府上，板着面孔问："听说你最近上书，对朝廷的礼仪之事发表了看法，有这事吗？"范仲淹上书，朝中议论纷纷，晏殊岂能不知？此时，他明知故问，已有发难之意。

"确有其事。"范仲淹早已想到晏殊叫自己来的用意，听晏殊这样一问，赶忙起身回答，但并无道歉之意。晏殊一听此言，怒从心生，声音也陡然提高："就你能，是不是？难道整个朝中就你一个忧国之人吗？

现在好了，你听听，朝中大臣是怎么议论你的。他们并不认为你的举动是忠君之举，并不把你的言论当作正直之言，他们只是说你'好奇邀名'罢了！你这样轻率的举动不怕耽误自己的前程，不怕牵连到举荐你的人吗？"

"晏大人，我是您举荐的，不想做一个碌碌无为的人。我之所以上这封书，既是职责所系，也是为了报答您的举荐之恩。我这样做完全是出于公心，绝无私念……"范仲淹正想解释一下自己这样做的缘由，可话还未说完，立即被晏殊打断："你不要强辞夺理了，我都不敢触犯那些大臣们，你自己看着办吧！"

范仲淹只好告退。而此时，晏殊余怒未消。"范仲淹啊，范仲淹，我现在尚不敢招惹朝中大臣，何况是权力炙手可热的皇太后？你难道不知道我当初贬知应天府，就是因为得罪了太后吗？你刚刚入朝，也不过是秘阁馆职，还敢蹚这浑水？"

那一夜，范仲淹失眠了。晏大人对自己有知遇之恩，这个恩仲淹岂能忘记？天圣六年（1028），晏殊调回朝廷，任枢密院枢密副使之职。按照宋制，侍从以上官员有推荐官员的资格。晏殊回朝后，朝廷中秘阁校理的位子空缺。晏殊开始举荐的人并不是范仲淹，这时，因为对范仲淹《上执政书》而留有深刻印象的宰相王曾，暗示晏殊举荐范仲淹入朝为官。"那个在应天书院教书的范仲淹怎么样？你举荐秘阁校理的折子现在在我手上，我还没有向皇上汇报，你现在改变主意还来得及。"晏殊猛然醒悟："是啊，我怎么把范仲淹给忘记了呢？"

晏殊立即收回原来的荐表，重新推荐范仲淹。正是有了晏殊的推荐，这年的十二月，范仲淹服孝期满，就任秘阁校理一职，开始了他入朝为官的生涯。

宋廷十分重视进士及第的人，其科举高第的人，往往不到十年即可升为副宰相，甚至宰相。范仲淹同科状元蔡齐，不到十年间已至朝中大臣之列，其他同年位在范仲淹之上者，也不计其数。可是范仲淹依然在边远之州做普通的幕僚。如果没有晏殊这个平台，一切都可能是另外一个样子。正因为如此，范仲淹虽然比晏殊年纪还大两岁，他却把晏殊当作老师对待，十分尊重晏殊，对他的知遇之恩也时常挂怀。范仲淹希望自己能够有所作为，所以才有了上书之举。可是没想到这一举动，却让朝野上下议论纷纷，还让晏殊十分恼火。

"我不能沉默不语，如果那样，给人以口实，说晏大人荐人不当，则真的可能连累晏大人。"想到此处，范仲淹拿出笔来，郑重地给晏殊写了一封"说明信"。

这封信，一来解释自己上书的理由，对别人的议论一一辩驳；二来希望得到晏殊的理解，原谅他的上书之举；更重要的是希望这封信能够为晏殊洗脱荐人不当的罪名。古代大臣不论公文上章，还是私人信件，都可以作为证据。假如朝中大臣真的对范仲淹不依不饶，或者借这个事来难为晏殊，那么，范仲淹的信，则可以当作"证据"供圣上裁决，届时，晏殊也会因此而得到开脱的。

范仲淹的信开宗明义，强调自己不论是对君还是对民，都坚持一个"诚"字。对君民的忠诚，是范仲淹一生信守的信条，更是他行为的准则。

范仲淹对晏殊的批评深感不安，但又大出所料。他坚信君子和而不同，对同僚如此，对朋友如此，对有知遇之恩的"老师"也不例外，他毫不客气地对晏殊进行反驳：

你问我是不是把自己当成了忧国忧民的大臣了，我说，确实是这样的。虽然我只是小小的秘阁校理，但是比唐代韩愈上书宰相时的地位还是高很多。韩愈认为自己有忧天下之心，所以不能安于隐居山林，在上书两次毫无回音的情况下，仍然上书不止，难道可以说他是不自量力吗？三国时政治家卫觊说过，"非破家为国，杀身成君者，谁能犯颜色，触忌讳，建一言哉！"卫觊，不也是天下的忠臣吗？

有人说，"不在其位，不谋其政"。按照这个意思，身处二千石的位子，就不要去管尚书应该做的事；在尚书的位子，就不要管三公的政务。如果这样，怎么能开言路呢？

有人说，如果天下有道，普通老百姓就没有什么可议论的了。可是，我进士及第，释褐为官，又由幕府之职迁为宰字，秘阁校理虽然官不大，但也属九卿之列，好像不能算是"庶人"，我怎么能缄默不言？

有人说，"范仲淹不算近臣，不应该上书言事。"那么，请问伯夷叩马而谏武王伐纣，他是近臣吗？姜太公，人们说他是义士，孔夫子称他为贤人，姜太公不过是一个钓鱼的，他是近臣吗？至于颍考叔、曹刿、杜篑、弦高、鲁仲连、梅福这些人，他们都不是近臣，但都是忧国忧民之人，前代的史书对他们不是大加赞赏吗？何况我因为晏大人的清举，位列馆阁之职，我难道还不如他们更近吗？唐文皇曾经在秘阁延天下英才，让他们人尽其言，作为执政兴国的参谋。现在，如果我皇求贤求言之意不逊于唐文皇，那么，我就不能算是远臣，我的上书也不应该有什么不妥之处！

有人说，未轮到我说话时，我却说了话。孔子确实说过，陪着君子说话容易犯三种错误，一是没到你说话的时候，你却说话了，这叫急躁；二是让你说话的时候，你却不说，这叫隐瞒；三是没有看到君子的脸色，换言之，没有察言观色，你就发表言论了，这叫什么呢？叫瞎眼睛。好在，那些挑我事儿的人嘴下留情，没有说我"瞎眼睛"。但是，说我不应该表达我的言论，我也是不承认的。天圣七年（1029）年初，朝廷下诏要求百官"转对"，规定京师自侍从以下官员，每隔五天轮流选一人上殿，可以明言皇上的过失、宰司的缺遗，如果没有机会上殿指陈时政得失的，可以以奏章的形式上书。既然朝廷有这个命令，我怎么就不能上书呢？

有人说，"范仲淹上书不过是'好奇'而已。"何谓"好奇"？说白了就是哗众取宠。这就更说不过去了。伊尹背着鼎俎见商汤，太公渭水之滨直钩垂钓，孔丘诛侏儒以尊鲁，管仲就缧绁而霸齐，蔺相如完璧而归赵，诸葛亮让刘备三顾而后出，陈汤矫王命而破单于，祖逖誓长江而克中原，房玄龄拿着马鞭在军门晋见唐太宗，姚崇与玄宗偕马臂鹰，他们都是前代的贤者，他们的行为不也是十分怪僻吗？

有人说，"范仲淹这样做是为了求名。"求名，有什么不对的吗？如果大家都对自己的名声不在乎，那么，谁还会去羡慕尧舜的清明政治呢？谁又会忌讳桀纣的恶名呢？天下，还会有善良的人吗？还会有正义出现吗？如果说，我上书反对仁宗皇帝率百官给太后上寿是为了邀名，那么，我觉得自己做得还远远不够。我现在虽然只是秘阁校理，但是，每年的俸禄也不下三十万，相当于两千亩土地一年的收入。这两千亩土地，农民从春到秋，不知要付出多少辛苦。如果我无功而接受这些，那么和螟虫、螣虫这些害虫有什么区别呢？

……

范仲淹奋笔疾书，完全忘记了这是在给晏殊写信，他沉浸在自己的忧思之中——

此时，范仲淹的思考已远远超过了上书反对上寿一事本身。百姓的富裕与贫贱，士风的淳朴与浇薄，礼教的尊宠与折扣，赏罚措施的完备与缺失，百司的准则与法纪，军人技艺的强大与疏忽，边备的完善与漏洞，恩信的诚信与失守，等等，都是范仲淹思考的内容。"如果，我因为这一次上书得罪，那么，以后谁还敢多嘴呢？"

说到上书一事，范仲淹热血沸腾，情绪激动。"借助朝廷求言的政策机会，不乏有投机取巧之人。但是，能够上反对太后的建言，绝不会有人认为这是为了求赏！我的目的只有一个，轻一己之死，以重万代之法！"

然而，范仲淹明白，这封信既要表明自己的心迹，又要为晏大人开脱。纵然激情满怀，但他仍然笔下留情。他说，皇上率领百官给太后上寿，行的是君臣之礼，不是为了重母子之义。现在，太后慈圣，皇上仁孝，行此大礼，虽然不合礼仪，但对于朝廷也不会有太大的损失。可是，它对后代的影响却是十分恶劣的。如果有不良之辈，以此为例，强母族之威，抑皇权之盛，将来，让那些忠臣怎么办呢？

范仲淹忧思深远，他在这里不惜牺牲生命，全力谏言，可是大臣们缄默不言。最后，范仲淹直言，"晏大人，这是我的心里话，也是我上书的初衷，如果你认为我说得有道理，那么，我会不负你的举荐之恩，尽心于职；如果你认为我的话是强辞夺理，不可救药，那么，请您把这封信交给宰司，以此定我的罪责。我当退藏其身，省求其过，不敢以一朝之责，而忘平生之知。"

晏殊接到这封信，心里已平静多了。他何尝不知道范仲淹上书的意义呢？

太后喜欢做的事，有人竟敢反对。别人沉默不语，范仲淹却顶烟儿上，这事儿，还真不是一般人能干得出来的。难怪范仲淹的举主晏殊十分生气。"微斯人，吾谁与归？"难道除了范仲淹，就真的没人反对吗？

其实，也不是没有大臣反对过。天圣四年（1026）十二月，宋仁宗就决定，要在第二年的正月初一这天率百官为皇太后祝寿，然后再到天安殿接受群臣的朝贺，让主管宫廷礼仪的太常礼院制定为太后上寿的礼仪。那一次，有不少正直的大臣就反对过，但是，反对并没有奏效。此后，大臣们只好睁一只眼闭一只眼。阳奉阴违，口是心非，已是家常便饭了。

宋仁宗关于第二年为太后上寿的诏书一下，刘太后还假意谦让了一番："正月初一举行朝会，是国家的大事，怎么能因为我改变这种礼制呢？"太后的这一说法，一时令很多大臣感动。

宰相王曾顺水推舟："陛下行孝道，给太后祝寿；太后全国体，有谦让之风。依臣看来，还是太后说得有道理，请陛下还是按照太后的意思办吧。"说完此话，王曾和众大臣一起跪拜，口中高呼："此乃我朝洪福，太后万岁万岁万万岁，吾皇万岁万岁万万岁！"然而，仁宗皇帝并没有听王曾的劝告，坚持要在第二年正月初一这天率百官为太后上寿。退朝以后，仁宗手书墨诏派中使交付中书省，诏命太常礼院抓紧制定详细的上寿礼仪。

天圣五年（1027）正月初一，朝廷组织了一场隆重的仪式，文武百官及契丹等外国使者，整齐地站在殿堂之下，为太后上寿。

宰相王曾也认为，仁宗皇上率百官为太后上寿之举是"伤国体"的事儿。王曾，青州益都县人，咸平年间，由乡贡试礼部、廷对都考中第一名。杨亿看到他的辞赋，赞赏到："这真是王佐之器也！"王曾也得到时任宰相寇准的赏识，逐步进入朝廷大员之列。

真宗驾崩后，王曾为了维护"国体"，做了很多工作。

天圣二年（1024）七月，群臣上皇太后尊号为"应元崇德仁寿圣慈", 同年九月, 两府大臣议定皇太后受册的地点。太后想在天安殿受册, 两府议定在崇政殿受尊号册, 王曾认为在天安殿不符合仪制, 后来仁宗皇帝采取了一个折中的办法, 在天安殿发册, 在文德殿受册。

天子至尊, 在哪个殿办公、会客、举办重大活动, 都有明确的规定。天安殿无疑是最重要的场所, 太后希望在这里受册, 无非是要让众臣看到她"事实上的皇帝"这个实际。不过, 这个想法因为王曾的"破坏"而流产了。

天圣三年 (1025) 正月辛卯, 长宁节, 皇太后的生日, 朝中近臣及契丹宣徽南院使、朔方节度使萧从顺, 枢密直学士韩绍芳等人在崇政殿给太后祝寿。王曾事前也表示, 这种行为不宜在崇政殿进行, 开个便殿就足够了。

太后的姻亲借助太后的关系, 经常有所请求, 王曾每次都劝谏太后, 有时干脆抗旨不办。这些事, 让太后心中十分不快, 想乘机整治一下这个不识时务的大臣。这个机会很快来了, 天圣七年 (1029) 五月, 玉清昭应宫发生火灾, 两千多间房屋被烧毁, 损失惨重。王曾上表待罪, 皇太后正好以此为借口, 把王曾罢为吏部侍郎、知兖州, 不久又改知青州, 回到了他的老家。

可见, 皇太后这种"亏君体"的做法早已不是什么新鲜事了, 虽然有大臣反对, 但不过是象征性地表示反对而已。对于众多朝中重臣来说, 他们更习惯于循默自守。只要皇上没有真心反对, 那么, 自己又何必没事找事呢?

所以, 天圣七年 (1029) 仁宗决定再次为太后上寿的时候, 除了范仲淹之外, 几乎没有反对之声了。那么, 范仲淹不知道这些故事吗? 当然不是。对于范仲淹来说, 因为晏殊的推荐, 他才得以入朝为官, 政治生涯才刚刚开始, 有过十几年基层工作经验的范仲淹, 有自己的判断和追求, 有自己做人的原则和底线, 正因为很多人都循默自守、明哲保身, 更需要他挺身而出, 为改变日下的士风而不惜一搏。

三
刘太后的"心病"

自己并不是皇上的亲妈；真宗皇帝虽然信任自己，但是也留了"一手"；仁宗亲政时，年仅13岁，孤儿寡母主持天下，内廷中刀光剑影，危机四伏……这些像三块巨大的石块压在刘太后的胸口，让她喘不上气来，她要做的只有牢牢地抓住权力之剑……

朝堂之上，大臣罗拜。比范仲淹资历老、官职高、年岁大的官员大有人在。此时，范仲淹不过是刚入朝堂的小小的秘阁校理。对于太后把持朝政、贪恋权力，大家心知肚明，可是整个朝堂除了讨好的声音外，便是一片唯唯诺诺。范仲淹的上书按照规定写了两份，这两份上书都交到了皇上手里，如果皇上采纳，有一份留在内廷，另一份便会发至中书存档。可是，既然太后不能接受这个事实，两份上书便都留在了内廷。

范仲淹知道太后有太后的难处，三块巨大的石头压在太后的胸口，让她喘不过气来，更让她不敢有丝毫的懈怠。但是，不论什么理由，都不能成为她"亏君体，损主威"的借口。为了保住自己的权力和地位，大臣们都习惯了沉默，这一点范仲淹不齿。

"我不是皇上的亲妈"，这是压在太后胸口的第一块巨石，是她最大的心病。就在范仲淹上书反对皇上率百官给她上寿之际，外表威严、沉稳的背后，刘太后的内心也在做激烈的挣扎。"我现在手中没有了绝对权力，自己的秘密很快就会大白于天下，那个时候，皇上能够饶了自己吗？"当今天子并不是自己的亲儿子，这块"心病"让刘太后充满了恐惧。

刘皇后刘娥本来也有一个显赫的家庭，父亲曾做过军中的高级将领。但是，时运不济，她的父亲很早就战死沙场，成了孤儿的刘娥从小学会了一门敲打拨浪鼓的技艺，后来嫁给了一个叫龚美的银匠。龚美把刘娥带到京城谋生，不料才貌出众的刘娥被时任襄王的宋真宗府中的小吏张旻看中。原来，襄王早就知道四川出美女，经常和张旻念叨这样的话。得知刘娥的出身，观刘娥才艺无双，张旻意识到她有广阔的"升值空间"，立即把她买下带回府中，献给襄王。襄王一见，心花怒放，大有相见恨晚之意。二人干柴烈火，如胶似漆，像模像样地过起了"二人世界"。

可是好景不长，襄王的乳母看不惯了，便向襄王的老爹宋太宗打了小报告。宋太宗一听，气得暴跳如雷，"你将来是要做天子的，现在这样胡搞，成何体统！"刘娥在襄王府待不下去了，襄王依依不舍地与刘娥含泪话别："爱妃，你先委屈一下，到张旻家中先住上一段，我会想办法去看你，等我继了大位，当了皇上，再迎你进宫！"可是，襄王没办法违抗父皇的命令，不久娶了郭氏之女为妻。

不过，襄王果然有情有义，当了皇上以后，立即把刘娥接到宫中。景德四年（1007），封为美人，大中祥符二年（1009），升为修仪，大中祥符五年（1012）升为德妃，几年之间，不断升格。真宗原配郭皇后死后，刘德妃毫无悬念地当上了皇后。二人情意缠绵，风情不减当年。但事情总有美中不足的地方，不知是因为刘娥早年曾经结婚嫁人之故，还是二人纵欲过度，多年里，刘皇后始终没有怀上龙种。这让真宗皇上不免心忧，而精明的刘皇后看得更远，她知道，如果自己不能生下"龙种"，早晚会失去眼前的一切。"借腹生子"——一个大胆的想法在她的脑海中形成。有一天晚上，真宗皇上照旧在刘娥的房里就寝，刘娥使出浑身解数与真宗云情雨意，让真宗皇帝兴奋之极。在真宗怀中如小鸟依人般的刘娥看时机成熟，便撒娇地向真宗皇上提出了自己的想法。原来，宫里有个李宸妃，家里没有什么背景，也很少工于心计，与其他妃嫔接触也不是太多，刘娥希望让李宸妃侍寝，等她怀上了孩子，再据为己有。到时候，神不知、鬼不觉，自己的地位可保，对皇上来说，也不会太过为难，岂不是万全之策？正在兴头上的真宗皇上听了刘娥的话，二话没说就答应了。在他看来，不论是谁生的，只要是自己的儿子就行。

夜夜专宠的刘娥，破天荒地放了手。宋真宗得以放心地到李宸妃处过夜。李宸妃起初并不知情，好久没有这样的待遇了，自然是满心欢喜。没过多久，李宸妃怀上了。她的内心充满了喜悦，充满了渴望，似乎看到了未来自己的儿子坐上了皇帝的宝座，而自己头上已换上了太后的凤冠。然而，一切都是一场梦。当她生下儿子即刻被宫女抱走那一刻，她终于明白了，这只是一场阴谋，她不过是皇上和皇后的代育工具。可是，已经晚了。从知道她怀上"龙种"那一天起，刘娥便严密封锁消息，限制李宸妃的行动自由。而真宗皇上自然又回到了刘皇后的身边。那些知道真相的大臣们，又有谁敢去揭开这个谜底呢？李宸妃心中明白，如果自己还想待在宫里，还想好好地活着，就只能闭嘴。宫里平安无事，俨然什么也没有发生过。在真宗活着的时候，没有人敢说出这个秘密。真宗死了，刘皇后成了太后并垂帘听政，更没有人敢说出这个秘密了。可怜李宸妃到死也没能与自己的儿子相认。

然而，毕竟仁宗皇上不是自己的亲儿子。刘皇后心中的恐惧伴随始终。她知道泄露这个秘密的后果，无论如何，也要守住这个秘密。而让大臣们闭嘴，让宫中守口如瓶，最有力的手段就是把权力之剑牢牢把握在自己手中……

压在太后胸口的第二块大石头，来自真宗皇上。真宗虽然宠幸刘后，但是，为赵氏江山计，他也不能不提防刘后成为历史上的"武则天第二"。而刘后也要千方百计让真宗皇上对自己保持"新鲜度"，只有这样，她才能有效地控制真宗皇上未来的继承人——她夺来的"儿子"赵祯。

对于皇帝来说，没有一个人不希望在龙椅上坐上千秋万代的。为了个人的皇位，他们不惜牺牲千万生命，寻灵丹，找妙药。就像秦始皇，为达到长生不老的目的，哪怕有一线希望，就算倾其所有，也在所不惜。有时候，明知遇到的是骗子，也不妨让他们试一试。是的，万一真的能够去仙山之中找来不死之药呢？而一旦希望破灭，自己生命的蜡头已经不高了，他们则会想方设法安排好自己的子孙继承自己的基业，继续二世、三世直至万世的帝王之梦。

天禧四年（1020）十一月，宋真宗在承明殿会见众大臣。

"朕近来饮食睡眠都有所好转，但是军国之事，未免劳心，现在太子年龄也一天天地大了，皇后素来贤明，处事公允妥当，完全可以托付。朕想让太子在外处理国事，让皇后在内帮助打理，请众爱卿议一下。"宋真宗拖着病体，强打精神，向大家征求意见。

一听皇上此言，众大臣面面相觑，继而齐声附和："陛下您身体日渐康复，这是天下之福。太子自立为皇储以来，德望日隆，加上皇后的精心抚育，中外遵教，海内瞻企，人无间言。让太子理政，我们没有什么可说的。只是，既然太子要监总朝政，希望让中书、枢密院等大臣同时兼任东宫的职任，这样向太子汇报工作便名正言顺了。"

宋真宗自然准奏。不久又下诏，让太子在资善堂读书学习，大臣们有军国要事要到资善堂向太子汇报。当然，还是少不了刘皇后的辅助。为了防止宫中有人假传圣旨，宋真宗要求中使如果所传诏书涉及人事升迁及加恩进爵的，先到入内都知司登记、检验真伪，确定无疑后再交付有司实施。

天禧四年（1020）闰十二月，宋真宗因为吃药吃坏了肚子，有两天都停朝歇息。第三天，硬撑着来到承明殿，召集辅臣说："朕感觉这些天身体每况愈下，考虑到太祖太宗创业艰难，不敢稍有懈怠。现在，皇太子虽然天资聪明，但是年龄尚小，需要文武大臣忠心辅佐。自今往后，重要的朝政，可召开入内都知会议闻奏，内廷由皇后处置。"大臣们说了一番祝福与安慰的话后，退朝而去。

乾兴元年（1022）二月，真宗病情越发严重，连说话都有些困难了，他命人把宰相召来，在寝殿的东偏房里交代后事。宰相问："陛下圣体未和，过于忧惙，是不是因为皇太子年龄太小，您不放心啊？"皇上连连点头。宰相又说："皇太子聪明睿智，天命已定，臣等会竭尽全力辅佐他的，何况还有皇后裁制于内，一定会万务平允、四方向化的。

如果有人敢有异心，就是谋危宗庙社稷，臣等将罪当万死！"皇上终于露出了笑脸。不久，真宗皇上驾崩于延庆殿。仁宗即位，真宗遗诏尊皇后为太后，杨淑妃为皇太妃，军国事兼权取皇太后处分。何谓"权"？就是暂时代理的意思；何谓"兼"？就是军国事与仁宗共同处分。说白了，以后是要"还"政于仁宗的。

这个时候，围绕这个"权"字，朝中大臣展开了激烈的争论。宰相丁谓主张去掉"权"字。大臣王曾说："政出房闼，斯已国家否运，称'权'尚足以给后人一个交代，况且真宗尸骨未寒，话犹在耳，我们怎么能这么快就改了呢？"丁谓只好作罢。王曾对真宗遗诏命尊杨妃为皇太妃也表示反对，他说："杨妃这个事待以后再议吧，不必写在制书中。"丁谓反问："难道你想改变真宗皇上的遗诏吗？"当时，朝中大臣没有一个帮王曾说话的，王曾也只好不再坚持。

皇太后权处军国大事，这事已经定了，但是如何行使这个权力呢？皇太后陷入了深思之中。自己的大伯哥、宋太祖赵匡胤兵不血刃，夺了后周孤儿寡母的天下；自己的公爹太宗，不明不白地从太祖手中继承了皇位；真宗得以再续天下，自己这个皇后才有今天。可是，真宗去世了，自己的孩子虽然继承了皇位，但他只有十三岁。现在，自己的状况不和后周符皇后时一样吗？何况，在真宗还活着的时候，不也出了一个"周怀政事件"吗？这成了压在太后胸口的第三块巨石。

周怀政是太监周绍忠的养子。当年周绍忠以黄门的身份侍奉宋太宗，有一次跟随宋太宗出征河东，在乱尸中听到啼哭之声，循声查找，发现一个婴儿，心生怜悯，便把这个孩子收为养子，取名怀政。年龄稍长，周怀政子承父业，经历了一个男人最难以启齿的耻辱与人世间最难忍受的痛苦之后，成为一名小太监。

从此，周怀政活跃在皇宫内院，一步一步赢得皇上的信任，逐渐登上权力的巅峰。宋真宗制造了"天书降临"的符瑞事件，周怀政是主谋之一。而且，是他亲自拖着肥胖的身体，卖力地爬上天书降临的城楼上，取下"天书"。他一路上伴随真宗东封西祀，极尽内臣之职，深受真宗喜爱，他也因此步步高升，成为宦官的头领，全权负责皇城司的职守。皇城司不仅负责宫城出入、周庐宿卫，大臣觐见皇上，上下马的地点，所带随从的多少，宫门启闭的时间，都需要皇城司来检查核验，而且皇城司还是宋朝的特务机构，他们经常派遣亲近士卒刺探大臣及普通百姓的动静，如有异常可以直接报告给皇帝。

大中祥符九年（1016），朝廷建资善堂，供太子学习及臣子向他汇报工作之用。当时，周怀政是资善堂的都监。宋仁宗被立为皇太子后，又任命周怀政为入内副都知，全权负责太子宫左右春坊的事务。

权力是一把双刃剑。没有权力的时候，他会想方设法往上爬，在这个过程中，他可能还要抑制自己的欲望，谨小慎微，克勤克俭。可是一旦大权在握，他的内心就会悄悄地发生变化，他会用另外一种姿态来补偿自己的付出。这一点，对于周怀政来说，尤其强烈和明显。他生于乱世，差点死于非命，甚至连自己的父母是谁、姓啥叫啥都不知道。到了宫廷，过上了奢华生活，没想到却要遭受人世间最难以忍受的耻辱和痛苦，夜夜笙歌、酒池肉林、美女如云的宫廷生活，自己只不过是旁观者，一个下人、一个不中用的男人。每当想到这一点，周怀政的内心便会喷发出愤怒、狂躁和不甘。每当他拖着疲惫的身体回到自己的卧室，让自己整天堆笑的皮肤放松下来时，一种难以名状的神情袭上他的脸庞，他的心同时也紧簇在一起。这时，他会派小太监叫来宫女或者那些不受待见的偏妃，对那些不太听话的，他会先找个事由恐吓一番，然后再假言安慰，那些宫女在他的淫威之下不得不任其蹂躏羞辱。

别看他在皇上面前低声下气，百依百顺，可是，在同列面前，他却趾高气扬，盛气凌人。是的，他有这个资本。皇上的秘密他不仅知道，而且是帮凶；皇上的日常起居，都要靠他打理；谁想见皇上，恐怕都得经过他的首肯。他的地位在内廷如日中天。他身边的人个个见风使舵，趋之若鹜。内廷府库，就像他家私人仓库，随用随取，无人敢言。人员依附，财源广进，就连皇上的偏妃也不乏他的玩物，周怀政变态的心灵找到了畸形的慰藉。

然而，一个人的出现，改变了他的命运。这个人叫朱能，本是单州团练使田敏的门客，为人凶狡，好装神弄鬼。朱能知道周怀政是个炙手可热的人物，便贿赂周怀政的手下，得以攀上周怀政这个高枝儿。没想到朱能造假造大了，也仿造起"天书"来。他伪造的这个"天书"专门借神的口，谈论国家休咎、品评大臣好坏。当时寇准知永兴军，朱能为巡检，因为朱能也很会巴结寇准，寇准虽然不信"天书"的事，但也因此装聋作哑，听之任之。

"天书"本来就是伪造的，可是，皇上伪造可以，或者说皇上委托你伪造可以，没有人授意，你就私自伪造出"天书"来，这还了得！朝中大臣对朱能依附周怀政、寇准妄谈神怪，大为不满，要求皇上惩治。宋真宗虽然不忍心责罚周怀政，但从此开始有意疏远他。好在不久寇准升为宰相，周怀政才心里稍安。

天禧三年（1019），宋真宗得了风疾，刘皇后协助真宗处理朝政。宫中有一种特殊的气氛，大臣们心知肚明，却没有人敢明言。宋真宗爱他的妻子，但更爱江山。他自知自己病情加重，死是早晚的事儿，希望在自己还清醒、还说话算的时候安排好接班人。但他不想让皇后知道这是自己的主意，他要找一个出头露面的人。这个人当然最合适的是周怀政。有一天，宋真宗躺在周怀政的大腿上，说出了这个思虑已久的想法。

周怀政巴不得早一天这样，但他自己主持不了这事，他于是找到了宰相寇准。寇准心领神会，于是，他找准了一个机会对宋真宗说，"皇太子人所属望，愿陛下思宗庙之重，传以神器，择方正大臣为羽翼。"寇准的意思很明确，希望真宗传位给太子。当然，寇准也有自己的打算，在提出这个动议的同时，他还特别提到丁谓和钱惟演，说二人是佞臣，不足以辅佐太子。寇准的这些提议，都得到了皇上的认可。寇准秘密地命令翰林学士杨亿起草请求太子监国的上表，并许诺太子监国以后，由杨亿辅政。寇准有个爱喝酒的毛病，而且喝多了酒还喜欢说大话，就连废除刘太后、立太子为皇上、让真宗退位当太上皇这样的大事，也随口而出。因为喝酒泄露了这个天大的秘密。在刘皇后的干预下，寇准被罢相，转为太子太傅，封莱国公。刘皇后让寇准罢相，一个重要的理由是他结党营私。此时的宋真宗，与其说是有苦难言，不如说是病体沉重，已经没有能力去主持朝政了。所以，罢相这样的大事，他甚至都不知道。

寇准罢相，依附寇准的周怀政，心里更加不安。天禧四年（1020）七月，周怀政与弟弟礼宾副使周怀信策划谋反，他们私下里派人请客省使杨崇勋、内殿承制杨怀吉、阁门祗候杨怀玉，众位实力派代表齐聚皇城司，相约在二十五日这天一起起事，杀死丁谓等大臣，让寇准重新当宰相，奉真宗为太上皇，传位于太子，废除刘皇后。可是，让周怀政没有想到的是，杨崇勋、杨怀吉从皇城司出来，直接奔向丁谓府上，向丁谓告了密。丁谓连夜化装坐车找曹利用谋划对策。第二天，曹利用上朝向皇后及真宗皇帝汇报此事。可怜周怀政，没等起事便成了刀下之鬼——被宋真宗派人送到城西普安寺中斩首。

周怀政事件发生，刘皇后大为震惊，也引起了她的高度警惕，她意识到身边潜伏的危险。在处死周怀政，处罚参与政变的一干人等之后，刘皇后再次把寇准贬知相州、徙安州，再贬道州司马。

周怀政事件，实际上是以寇准为代表的一派势力与以丁谓为代表的另一派势力之间的政治斗争。这种派系斗争，事实上一直没有停止过。澶渊之盟以后，寇准因为有大功于宋，真宗屡加重用。这让当初劝皇上迁都（实际上是逃跑）的王钦若等人十分不开心，他决心离间真宗与寇准。

有一天，王钦若对真宗说："陛下敬重寇准，重用寇准，您一定以为他有社稷之功吧？"

"确实是这样的，没有他，朕的江山可不一定坐稳了。"

"陛下您错了，您记得《左传》里说的'城下之盟'吧。城下之盟，《春秋》以为耻。澶渊之举，也是城下之盟。陛下万乘之躯，却不得不为城下之盟，这是多么可耻的事情呀！"

真宗听了这话，立即沉下脸来，很是不高兴。

王钦若接着说："陛下您听说过赌博的事吗？有一个人输得精光了，为了捞回输掉的钱，不惜把所有的本钱都押上，这叫'孤注'。陛下，寇准逼你到澶渊亲征，您不过是寇准的'孤注'呀！侥幸获得了胜利，如果失败了，陛下你还能有今天吗？"

在王钦若的谗言之下，宋真宗开始改变了对寇准的看法。不久寇准罢相，知陕州。而寇准与丁谓的矛盾，更具有戏剧性。起初，丁谓出自寇准门下，当上了参知政事，对寇准十分恭敬。有一次，席间寇准的胡须上沾上了饭粒，同席的丁谓看到了，就上手帮他把饭粒弄了下来。寇准不但不领情，反而讥讽丁谓说："参政是国家的大臣，难道也要给宰相拂须吗？"人家好心，你却说人家溜须拍马，就这一句戏言，让丁谓与寇准分道扬镳。

看不见的刀光剑影，一直在宫廷中上演。"周怀政事件"让刘太后明白了一个道理——为了维护皇权，避免新的"陈桥兵变"，必须树立自己的绝对权威。"我要做的，不需要你懂……"在大殿之上垂帘听政的刘太后目光逼人……

乾兴元年（1022）二月，宋真宗驾崩于延庆殿。13岁的仁宗即皇帝位。遗诏尊刘皇后为皇太后，杨淑妃为皇太妃。军国事兼权取皇太后处分。刘皇后开始了她自己执政的政治生涯。然而，围绕着权力的斗争，依然在继续。

"太后，请问您处理军国大事在哪个殿里进行好呢？"这个时候，有辅臣小心地试探着来向太后请示。"皇帝视事，我应当时刻陪在左右，何须再另外找地方呢？你们二府大臣抓紧议定我听政的礼仪，马上落实，不得有误。"

参知政事王曾援引东汉故事，请求太后每隔五天到承明殿处理军国事，皇帝在左，太后在右，垂帘听政。可是丁谓却想让皇帝在朔望这两天见群臣，有大事的时候由太后与皇帝召见辅臣共同商议处分，如果不是大事，命令宦官雷允恭传奏，太后在禁中决定就行了。王曾说，这样一来，两宫异处，而权柄归宦官，这是祸害的开始呀！但是，寇准罢相后，丁谓与太后走得更近了。此时，丁谓的话，太后自然是偏听的。于是，王曾的建议没有被采纳。

乾兴元年（1022）三月庚寅，皇太后风光无限。这一天，她和仁宗小皇帝第一次同时在崇政殿听朝，皇太后在承明殿设幄，垂帘以见辅臣。丁谓等人上奏说："太后受遗总政，群情协宁，实天命所定。"太后遣内侍答道："先帝升遐，内外晏然，皆卿等夙夜尽忠。"初次听政，一派和谐景象。

深知宫廷政治斗争险恶的刘太后，加紧了巩固自己权威的一系列活动。她参照皇帝的惯例，加封自己三代官爵，立刘氏宗庙，自己专门建造了出行工具"大安辇"，出行的护卫多达940余人，形同皇帝，还把自己的前夫，现在的"哥哥"刘美安排在军中任职。此后，随着权力的逐渐巩固，还借丁谓与宦官雷允恭擅自挪移真宗皇陵位置的事，以渎职的罪名处死雷允恭，把丁谓一贬再贬。从而清理了由于朝中大臣两派相争带来的负面影响，建立了新秩序。

刘太后之所以对仁宗提议率百官为其上寿的事不予反驳，正因为她把这种行为看作是巩固自己地位与权威的一部分。但是，此时，她似乎早已习惯了百官大臣包括仁宗这个皇帝"儿子"对她的百依百顺，而把当初真宗让她"暂时"协助仁宗处理军国事的遗诏抛到了九霄云外。

随着时间的推移，自己的根基越来越牢固，刘太后的野心也在膨胀。在垂帘听政之时，她两次更改年号可见一斑：一次是1023年改年号为"天圣"元年，"天圣"拆开意为"二人圣"，其用意昭然若揭；再一次是1032年，改年号为"明道"元年，"明道"二字拆开意为"日月道"，其用意同样不言自明。刘太后虽不愿还政于仁宗，也把自己当作了实际上的皇帝，但是她终于控制了自己的欲望，至死也没有称帝。这是大宋之幸！

有献媚的大臣讨好她，希望她做武则天第二。大臣程琳就曾献《武后临朝图》。刘太后接过图时，只瞧了一眼，便十分果断地掷之于地，义正辞严地说："我绝不会做这样的事！"这个表态，让宋仁宗十分感激。"'母后'如此大义，朕岂能小视'母后'？从此以后，太后过生日的礼节要和朕过生日一样，要特别隆重，不得有误！"这是在天圣七年（1029）九月，宋仁宗颁布的诏书。这个诏书颁布不久，宋仁宗再次下诏，在天圣七年（1029）冬至这天，他将率领百官为太后上寿。

范仲淹上书反对皇上率百官给太后上寿，虽然没有被采纳，他的举主晏殊还气得够呛，但是，毕竟说得在理，皇太后对这个直接反对她的上书也并未加以追究，事情不了了之。

把持军国大权，刘太后时刻不敢有丝毫的大意。直到生命的最后时刻，她才依依不舍地交还权力之剑——

明道二年（1033）二月，朝廷要行祭太庙大典。刘太后自觉天命已然不久，想要在生前穿一次天子衮冕，便提出自己要着衮冕祭祀太庙。群臣大哗，却只得将皇帝衮衣上的饰物稍减了几样，呈了上去。

二月乙巳这天，皇太后穿着天子衮衣、头戴仪天冠，在近侍引导下步入太庙行祭典初献之礼。亚献者为皇太妃杨氏，终献者为仁宗皇后郭氏。仪式结束后，刘太后在太庙文德殿接受了群臣给自己上的尊号——"应天齐圣显功崇德慈仁保寿皇太后"。自此，彻底还政于仁宗。

三月，刘太后病重，仁宗大赦天下，四处征召名医，然而却于事无补。几天后，刘太后病逝于宝慈殿，享年65岁。

四

奏请皇上与后宫尝尝乌昧草

范仲淹命令随从把灾民们吃的乌昧草籽封存起来，他要把这些送回朝廷，让皇上、文武百官和后宫佳丽们也尝尝，这就是灾民的口粮啊！

对于事关国体的事，范仲淹直言敢谏，就算是得罪太后、皇上也义无反顾；而对于事关百姓生死攸关的大事，范仲淹更是责无旁贷。

明道二年（1033）夏秋时节，江淮一带久旱不雨，河道干涸，很多地方又发生了蝗灾，庄稼收成锐减，有不少地方甚至颗粒无收，灾民流离失所，哀鸿遍野，民不聊生，各种告急文书雪片般飞向朝廷。

朝廷命令发运使把按例由江南发到江北地区的粮食留下来，就地赈济灾民。可是，灾情严重，这些措施远远不能救灾民出水火。当时已担任右司谏的范仲淹心急如焚，他多次上书，请求皇上派人到灾区，采取更为有力的措施赈济灾民。然而，很长时间并没有反馈。范仲淹怒火中烧，再一次在朝堂之上发出惊人之问："如果我们宫廷中有半天断粮，将会如何？在座的王公大臣们如果有一天吃不上饭，又会如何？如今，江淮数路告急，老百姓已经数月吃不上饭了，我们岂可如此怠慢！"

朝中一些正直的大臣也纷纷上书，对范仲淹的意见表示支持和赞同。救灾如救火，万万不可迟。皇上决定派范仲淹前往江淮、御史中丞孔道辅赴东京（今开封以东的河南、江苏、山东等地）、左司谏孙祖德赴河北等地，查看灾情，赈济灾民。

范仲淹即刻奉旨起程，火速向江淮灾区进发。一路上所见，灾情确如地方所奏，不时有成群结队的灾民从身边经过。"到处都是灾区，灾民们又能逃到何处去？"范仲淹的心中充满了忧虑。到达州府之后，他一面安排政府开仓放粮，解决灾民的燃眉之急；一面发动地方官吏，组织群众开展生产自救；同时，发布文告劝告灾民不要听信邪言，不搞徒劳浪费的祈雨等活动，要求地方官府组织力量，严厉打击囤积居奇、私自抬高物价等不法行为。

范仲淹的好朋友通州知州吴遵路带领灾民奋起自救，把灾区的损失降到了最低程度，很多灾民自发地向范仲淹等朝中大臣称赏吴知州的举动。范仲淹安排僚属认真总结吴遵路的事迹，一面在当地广为传扬，一面上报朝廷表彰他的功绩，以此来带动更多的地方官吏投入到抗灾救灾中去。

在巡视期间，文德军判官钱中孚、当涂县主簿兼嘉祥县尉温宗贤向范仲淹上书反映，他们查看旱情时发现，很多灾民因为无粮为炊，大都以乌昧草籽为食，有的还捉来蝗虫，把它晒干，然后折去翅膀和大腿，与野菜和在一起煮着吃。灾区之行，范仲淹早已熟悉了这种草，它毒性很大，如果处理不好，轻者腹泻不止，重者可能会因此丢掉性命，当地百姓没有人不知道它的危险，可是，有什么办法呀？能够挖到的野菜已经被挖光了，能够吃的树皮树叶也不多见了。

　　看着灾民们的凄惨生活，范仲淹的眼前浮现了京城中达官显贵们奢侈的场景，想到了朝廷开始接到地方关于灾情报告时的冷漠。他命令随从把灾民们吃的"乌昧草"籽封存起来，他要把这些送回朝廷，让皇宫中的后妃们看看，让朝中大臣们看看，这就是灾民的"口粮"啊！同时，他还写了一封上《封进草子乞抑奢侈》的奏章，请求皇上警示宫廷内外，抑制奢侈浪费之举，大兴勤俭之风。宋仁宗皇上采纳了范仲淹的建议，让人把范仲淹带回的乌昧草籽悬挂在各种大殿以及后宫的门庭之上，让过往朝廷百官、后宫中人都以此为鉴。

　　秋冬之际，范仲淹回朝复命。虽然经过自己几个月的努力，灾民们的困境有所缓解，可是，并没有从根本上解决问题。特别是冬天就要来临，灾民们将面临更大困难。

　　范仲淹将在灾区了解到的百姓所受转运之苦向仁宗皇帝做了汇报：有一次，他在淮南碰上六名负责漕运的民夫，他们介绍，从长沙出发时有三十多人，一路走来，有的因受不了劳役之苦，中途跑掉；有的病死在途中；有的则失足跌落江中丧命，到了安徽地界，只剩下六个人了。他因此上疏，劝谏仁宗尽快革除积弊，减少转运，压缩开支，施救于民。在范仲淹的努力下，宋仁宗加大了赈灾力度，同时蠲免了庐州、舒州的折役茶、江南东路的口盐钱……

第四章

三起三落

— SANQISANLUO —

　　历三黜而无悔，持一节以自信：继上书反对仁宗率百官为太后上寿之后，又劝太后还政，屡犯其锋的范仲淹被贬为河中府通判；太后去世后，他被召回朝任右司谏，却管起皇上"家事"——劝阻仁宗废后，第二次被贬；在开封知府任上，他上《百官图》，矛头指向当朝宰相吕夷简，被扣上三项罪名，第三次被放外任。范仲淹"有犯无隐""宁鸣而死，不默而生"的品格，树一代士风。

一

劝太后还政，第一次被贬

天圣八年（1030）一月，范仲淹上《乞太后还政疏》，要求太后卷帘收班，把权力交给皇上。这封上疏虽然短短不到七十字，只有三句话，却触碰了刘太后的"底线"，范仲淹第一次被贬，远赴河中府担任通判。

范仲淹上书反对皇上率领百官给太后上寿，引起太后不快，和晏殊之间还发生了冲突。按照常理，范仲淹本该有所收敛，可没想到，天圣八年一月，他又写了一封更为尖锐的《乞太后还政疏》，要求太后卷帘收班，把权力交给皇上。这封上疏虽然短短不到七十字，只有三句话，却如刺向太后的万根钢针，让刘太后如坐针毡。

而这个举动犹如一枚重磅炸弹，在朝堂之上也掀起了轩然大波。

对于刘太后来说，让她交还军政大权，无异于虎口夺食。朝堂上那些正直的大臣为范仲淹捏了一把汗，而那些老奸巨滑的大臣们则暗自高兴。范仲淹说出了大家想说而不敢说的话，让他们这些当惯了奴才的人也舒展了一下。

范仲淹站在了风口浪尖上，但他毫不畏惧，就算粉骨碎身，也在所不惜。

刘太后在真宗去世后这些年对稳定朝政，扶持仁宗皇帝，发挥了很重要的作用。范仲淹对此也表示肯定，但他同时指出，宋仁宗已年满二十岁，太后摄政已经七年，再由太后把持朝政，"非黄裳之吉象"，请求太后"卷收大权，还上真主，以享天下之养""保庆寿于长乐"。

请求太后还政的，不止范仲淹一人。但是，范仲淹是第一个提出请太后还政的人。其中，殿中丞滕宗谅、秘书丞刘越提出请太后还政是在明道元年（1032）八月，比范仲淹晚了两年多。范仲淹提出还政时，太后身体状况尚好，到滕宗谅等人提出还政时，太后病情已经加重。范仲淹提出还政是他反对仁宗率百官给太后上寿的继续，而滕宗谅等人提出还政却有一个"诱因"，或者说有一个更合适的时机和"理由"——明道元年八月，宫廷中发生了一场大火，崇德殿、长春殿、滋福殿、会庆殿、崇徽殿、天和殿、承明殿和延庆殿等八个大殿焚烧殆尽。滕宗谅、刘越等人借这场火灾生发开去，请求太后还政。还有一个人颇有意思，他就是孙祖德。当初，刘太后病情加重，在这个节骨眼上，侍御史孙祖德上书请求太后还政，可是事隔不久，太后病情有所缓解，孙祖德吓得够呛，好久不敢在朝堂之上发声。不过，范仲淹提出还政上疏的两年之后，滕宗谅、刘越的上疏依然石沉大海。这还是好的，明道元年，林献可在朝堂之上大声发表言论，请太后还政，这一举动激怒了太后，林献可被流放到岭南。

同样是围绕太后还政这个事，大家的心思各不相同，范仲淹看到了刘太后的"心病"，也看到了她的野心。刘太后虽然在名义上没有称帝，但是她长时间把持朝政，仁宗皇帝形同虚设，这种现象绝对不是国家的吉象，必须有人站出来，大声疾呼，唤醒皇上，惊醒大臣，也不能让太后在损国体的道路上走得太远。自己作为臣子，责无旁贷，就算是被贬了，也无怨无悔。

范仲淹因为是"第一个吃螃蟹"的人，当年三月便被贬为河中府通判，开始了他政治生涯中第一次被贬谪的经历。

二

远在江湖之忧

范仲淹被贬到河中府，便一头扎入民众之中。谏买木，复职田，议制举，并县镇，他遇贬不挫，为民请命，为国献智，为君分忧，论谏不已……

唐开元八年（720），开蒲州为河中府，因位于黄河中游而得名，同年改为蒲州。乾元（758—759）时又改称河中府。其西、南二面滨临黄河，土地肥沃，森林茂密，盛产楠、樟、梓、杉、松等名贵木材。宋真宗时，崇尚神道，大兴土木，修建宫殿、庙宇，每年都要从河中府征集大量木材，使这里的森林资源遭到极大破坏，林木蓄积量锐减，百姓时常受伐木之苦，税赋也十分沉重。到宋仁宗时，修庙建殿之事减少，河中府百姓的负担也相对减轻，通过人工栽植及自然生长，生态有所恢复。但是，好景不长，一场大规模的木材供应任务又落到了河中府。

天圣八年三月，朝中主管财政及建筑规划设计审批大权的一些大臣们，向皇上建言要重新修建玉清昭应宫。

玉清昭应宫是北宋重要的宫廷建筑之一，大中祥符二年（1009）四月十六日开始修建。选址定于皇城西北天波门外，原计划十五年修成，但修筑时，白天加班加点，夜间挑灯夜战，所以只用了五年，在大中祥符七年（1014）十一月便建成。玉清宫包含长生殿、崇寿殿及二千六百一十间房屋，花费白银近亿两，约为北宋两年岁入，其耗资之巨大，建筑之奢华，甚至超过了秦始皇的阿房宫。

为了建造空前奢华的玉清昭应宫，北宋朝野上下做了极为缜密的准备。首先，经过皇帝与众臣的商议，特选吉日于大中祥符二年（1009）四月二十六日开始修建。令三司使丁谓指挥建造，又令翰林学士李宗谔、皇城使刘承珪、供备库使蓝继忠等人作辅助，而参与具体施工的人员则不计其数。

玉清昭应宫的规模也屡屡变更。原定在内殿直班院的旧址来建造玉清宫，后来丁谓将其拓展到东京城西北的天波门处，面积总计达约四百八十亩。由于京城向来寸土寸金，很少有大片空地存在，因此项目施工前，便在京城内进行了大规模拆迁。拆迁完毕立即开始打地基。在刘承珪的建议下，地基深度达五米。为了加固地基，施工者在开封城西北挖走了大量土方，打好地基后，又将其填回。

就在此时，开封城春夏旱情愈发严重，数万人在苦役中倒下了。既要稳定民生，又要保持进度，宋真宗只好下令将三司所有空船拨调出来，用数千纤夫拖船运土。尽管如此，京城百姓还是苦不堪言。

宋真宗为什么要花费如此大的人力物力财力修建玉清昭应宫？一个重要原因是为了掩饰自己对外战争失败，转移民众的注意力，进而粉饰太平。

宋仁宗天圣七年（1029）六月，一场因为雷击而引起的大火焚毁了投资不菲的玉清昭应宫，熊熊大火烧了一夜，竟将二千六百一十间殿阁楼宇，变成了一片瓦砾荒场，只剩得长生、崇寿两座小殿。而此前，皇宫里的寿宁观也在天圣五年（1027）毁于一场大火。火灾发生后，刘太后打算重新修建玉清昭应宫，她哭着对辅臣说："先帝竭尽心力建造此宫，谁承想一场大火烧之殆尽，到底是谁的责任呢？"时任枢密副使的范雍说："这是天意啊，是上天对我们的告诫！如今烧就烧了吧，千万不要想再重新修缮了！"宰相王曾也表示赞同范雍的意见，另一宰相吕夷简通过《洪范》中有关灾异的内容来劝谏，太后沉默不语。

刘太后执意要重修玉清昭应宫的消息传出，引起了天下百姓的议论。大家认为，真宗皇帝勤俭治国十余年，天下富庶，但是自建完玉清昭应宫以后，海内虚竭，如今仁宗皇帝即位还不到十年，屡屡遭受水旱灾害，老百姓入不敷出，如果再要大兴土木，国家百姓又得遭殃了。太庙斋郎苏舜钦借用汉宣帝三年茂陵白鹤馆火灾后，汉宣帝降诏四方深刻反省的故事，劝止刘太后重修玉清昭应宫。在众人的反对声中，刘太后只好放弃了重修玉清昭应宫的想法。

然而，时隔不到一年，三司的大臣又提出了修建太一宫及洪福院等宫室的计划，根据预算需要九万四千多根木料，三司建议这些木料由陕西提供。皇上和太后正为先前大家反对重修玉清昭应宫的事耿耿于怀，这下正好顺水推舟，批准了这个计划，并诏令建筑所用木材由河中府提供。

此时，范仲淹正好出任河中府通判。征集木材的诏令传到河中府，范仲淹受命负责这项工作。朝廷的命令，当然要认真地完成。范仲淹受命后，立即到属地现场调查，并将任务分派到各地，调查结果让他大吃一惊。由于连年的超量砍伐，这里的森林中大树已经很少见。为了完成任务，有些地方不得不把尚未到砍伐年龄的幼树砍掉，原来不少茂密的山峦已经成为荒山秃岭，所到之处百姓纷纷向其诉伐木、运木之苦。范仲淹意识到，建设宫观，不仅是一场生态灾难，对老百姓来说，更是雪上加霜之举，如此下去，对国家不利，对百姓不利，自己绝不能袖手旁观、置若罔闻。

他把看到的情况和老百姓的呼声反映给知府大人，希望知府能够向上反映，争取停建或者缓建宫观，以让百姓、让生态休养生息。可是，知府担心会因此触怒朝廷，落个执行不力的罪名，没有答应。范仲淹想到，自己个人升迁事小，而国家百姓的利益事大，他再一次冒着风险越职言事，亲自署名向仁宗皇帝呈上《谏买木修昭应寿宁宫奏》。

在这封奏章里，范仲淹陈述了河中府木材生产的现状，力陈修建宫观之害，旗帜鲜明地反对修建。他说："上天对寿宁、昭应两宫的惩罚才结束不久，现在又要重新大兴土木，破坏老百姓的产业，增加百姓负担，浪费国家钱财，这是下不顺民心，上不合天意的做法，建议皇上收回成命，同时，还应该减少民众常年上缴木材的数量，免除过去的积欠，以彰显皇上的恩泽和圣明。"

上天安排范仲淹到河中府任职真是河中府人民的福分。

皇上与太后看过这封奏折后，对范仲淹的执着深感无奈，但考虑到他所言句句在理，这次破天荒采纳了他的建议，做出停止修建的决定。消息传到河中府，百姓一片欢腾，盛赞范公做了一件功德无量的事儿。

古代官员有职田，作为俸禄的一部分。所谓职田是指国家掌握的公田，不属官吏私人所有，只以收获物或部分收获物充作俸禄的一部分，官吏离任时要把职田移交给下一任。这种土地严禁买卖，也不得换易。中国古代按官职品级授与官吏作为俸禄的土地，施行于西晋至明初，期间亦曾经称为菜田、禄田、职公田、职分田等。

北宋时沿袭先朝传统，实行职田制。职田的分配最初是为了保障官员的生活，同时，也是为了以职田"养廉"。但是，随着时间的推移，这项制度逐渐变味，纷争不断，违背了制度实施的初衷。皇上和太后命令资政殿大学士晏殊与相关部门的长官参议，大臣们认为职田确实有不少危害，天圣七年（1029）八月，朝廷因此下诏取消职田制度。

职田到底应不应该罢？范仲淹在河中府期间，做了一番调研和思考，认为职田不应该取消。在这里，他同样没有因为晏殊等人已对此有结论而放弃自己的想法。真宗咸平二年（999），沿唐制复置职田，以官庄及远年逃田充，然而只授予外任官，中朝官不再享有。其数额是两京、大藩府四十顷，次藩镇三十五顷，防御、团练州三十顷，中、上刺史州二十顷，下州及军监十五顷，边远小州、上县十顷，中县八顷，下县七顷，转运使、副使十顷。其中州县长吏得百分之五十，以次官差减。这时候的职田是给官府的，当地官府再根据官员不同的级别对职田进行再分配。

仁宗庆历三年（1043）对职田的数量又有了新的规定：大藩府长吏二十顷，通判八顷，判官五顷，余并四顷。防、团、刺史州、小军监及上、中、下县，类此。陆田以三月底、水田以四月底、麦田以上年九月底为限，官员在限前到任者，才能享有当年的职田租入。

这时候的职田已经落实到了人头上。

范仲淹认为，有些官员贪得无厌，给老百姓增加了沉重负担，但这不是职田的过错。天下的幕职、州县的长官、三班使臣等本来俸禄就十分微薄，全靠这点职田过日子。没有职田的地方，凡是廉洁的人没有一个不穷困的。过去，当官的少，到一个地方任职，往往一干就是五六年才有人来接替。而新上任的官员，立刻就能享受各种待遇，虽然没有职田，但是仍然可以丰衣足食，养家糊口。可是现在情况完全不同了，不仅物价上涨得厉害，因为官员太多，很多人只能待岗，少则一二年，多则三五年，这种情况下，他们靠什么吃饭？因为衣食不足，一些本来很廉洁的官员开始变得贪起来，这样对于天下来说，可不是好事。

在深入河中府调研的过程中，范仲淹发现老百姓之所以生活困顿，除了木材之役过重外，徭役过重也是重要原因。而这种徭役过重又与所设县域太小、县衙分立、机构臃肿有直接关系。以河西县为例，这个县当时只有1900多户人家，其中有800多户在乡村，县里公差却达340人，有195人要从乡村里抽调，可是乡村中中等户只有130户，这些要出公差的户只能疲于应付了。僧多粥少，百姓负担可想而知。要想改变这种状况，根本的做法是要减少行政区划，裁减冗员。《奏减郡邑以平差役》的报告很快又传递到朝廷。

他举例说，汉光武帝时合并400余县，裁掉官员十分之九。应该像汉光武帝那样，把小的县合并为一，不能合并的，则可以把县改为镇，目的就是减少官员职数，减轻百姓负担。

减少行政区划，裁减官吏，这涉及政治改革，牵及各方面的利益。对于这样一项牵一发而动全身的工作，皇上不可能在短时间内答复。范仲淹的报告未能得到采纳，但是，在日后的庆历新政中却都有涉及。

天圣七年闰二月，仁宗下诏恢复制科，包括贤良方正、能直言极谏科、博通坟典、明于教化科，详明吏理、可使从政科，识洞韬略、运筹决胜科，军谋宏远、材任边寄科等六科，目的是通过这些科目对有特殊才能的京朝官进行选拔。又设置书判拔萃科，用来选拔专门负责上述六科考试的官员。还设置高蹈邱园科、沉沦草泽科、茂材异等科，专门从布衣百姓中选拔人才。同时，还置武举，用来选拔懂方略、智勇双全之人。从这些科目的设置可以看出，朝廷的用意是不拘一格选拔人才，免得让怀才之人不遇，浪费人才。

有意参加这些科选拔的人，自己或者举荐者先把才艺以书面的形式上报给有关部门审核，通过后参加秘阁考试，合格者由皇上亲自考核，如果参加武举考试，应试者必须考核骑马射箭的技术。

然而，恢复制科以后，效果并不像事先想象的那样，不少应试之人"会萃小说，碟裂前言，竞为浮夸靡曼之文"。仁宗皇帝认为，这样对于治国无益，他下诏要求礼部申饬学者，一定要"务明先圣之道"。

仁宗恢复制科，特别是设武举，范仲淹功不可没。早在天圣三年（1025），针对国家二十余年没有战事、边将乏人的实际，在兴化县任县令的范仲淹在《奏上时务书》中就提出："先命大臣密举忠义有谋之人，授以方略，委之边任。次命武臣密举壮勇出群之士，试以武事，迁其等差。壮士蒙知，必怀报效，列于边塞，足备常事。"又称"宜复唐之武举，则英雄之辈，愿在彀中"。

天圣八年，时任河中府通判的范仲淹《上时相议制举书》，提出了自己的教育主张并建议在制举考试中，"先之以《六经》，次之以正史，该之以方略，济之以时务"。培养"明经籍之旨，练王霸之术"的人才。

这一年五月，富弼刚刚参加完进士科考试，正准备回耀州省亲，路过河中府时拜会范仲淹。提到当时很多人热衷的制举，范仲淹看出富弼有畏难情绪，便鼓励他说："现在朝廷鼓励制科考试，而且制科考试合格后，已经有官位的人可以立即得到升擢，已经中第还没有到任的，也由吏部从优授官。现在很多在常科中第的人甚至在职的官吏都去应试，有的不惜一试再试，你现在条件这么好，怎么不去试试呢？我可以推荐你，你不要错过这个机会，还是去参加制举吧。"富弼听从了范仲淹的话，立即返回京城，经过几个必备的程序，最终参加了七月份皇上在崇政殿举行的亲策，并如愿以偿中了茂材异等科，知长水县。富弼生于1004年，比范仲淹小15岁，可是二人却能够同时在庆历新政中主持改革，富弼后来官至宰相，仕途之顺，鲜有人比，多亏范仲淹在河中府的一臂之力。

天圣九年（1031），范仲淹又调任陈州（今河南淮阳）通判。在那里，担任知州的是自己的老上级杨日严，不久杨日严调走，胡则继任，范仲淹与他们同心协力，励精图治。这个时候，昔日的馆阁同事吴遵路因为言事不合太后之意被贬知崇州，范仲淹有一首诗专门送他共勉："一麾轻去奉兰羞，共惜清贤岂易求。筮易暗惊鸣鹤远，赋诗深望白驹留。古来经纬心皆晓，闲处光阴发半秋。长孺之才同吏隐，相宽频上海边楼。"

朋友的被贬，没有让范仲淹退却，在鼓励吴遵路的同时，范仲淹在陈州又开始了新的战斗，他接连几次上书，反对内戚干政……

三
反对皇上废后，第二次落职

自己贵为皇帝，却连自己生身之母都没能相认，自己一直敬畏爱戴的"母后"，原来竟是个冒牌货。仁宗恨得咬牙切齿、怒火中烧，恨不得把刘太后安排的一切都推翻、打烂，他要废掉"结发之妻"。

明道二年（1033）三月，刘太后去世，宋仁宗的心情难以名状。一方面，"母后"的去世令人悲伤难过，一方面似乎又多了一种轻松之感。这些年来，他感谢"母后"的养育与辅佐，但是，他也听到了不少闲言碎语，他真的想独立起来，做一回真正的真龙天子。可是母后时时刻刻在他身边，很多大事都是她一手决断，自己似乎只是个摆设，这种感觉让他备感压抑，难以释怀。

从范仲淹第一次给当朝大臣张知白的"自荐信"到洋洋万言的《上执政书》，从谏阻仁宗皇帝为刘太后上寿，到阻止修建寿宁观、玉清昭应宫，从地方小官到朝中大臣，尽管有的谏言泥牛入海，有的被反对批驳，甚至还因此遭到贬官，但是，范仲淹正直敢言的形象，已深入人心。仁宗皇上更是欣赏范仲淹的忠诚。终于可以自己做主了，宋仁宗立即着手调整新的班底，太后去世的第二个月，范仲淹便被召回朝担任"右司谏"。而先前一些因为触犯太后而被贬在外的官员也陆续回朝任职。

右司谏是专门就军国大事向皇帝提供意见的官员。在宋朝，谏官不但无罪，而且有"风闻言事"的特权，其作用不容小视。所谓"风闻言事"是指，谏官反映的事可以涉及皇帝大臣，也可以涉及平民百姓；内容无论有真凭实据，还是道听途说，都可以直接向皇帝汇报，或者在朝堂上争论议决，就算是所言之事错误，也不能追究其责任。

宋代开国皇帝赵匡胤为了把"风闻言事"制度化、法律化，在建隆二年（961）便在太庙寝殿的夹室里立了一块警示自己和后代继承者的"誓碑"，上面明确规定三条必须遵守的誓词，其中第二条规定"不得杀士大夫及上书言事之人"，即便言事的人言语过于激烈，甚至出现严重失误，统治者也只能是象征性地贬官到外地以示惩罚，不久便要找个适当的借口官复原职或者提拔。所以在历史上，很少发现在宋朝有大臣因谏言获罪或者被杀的现象。

正直敢言的范仲淹，遇到了相对开明的君主和比较宽容的时代，他的忠义之风、他的直言谠论、面折廷争的性格，得以自由地发挥。但是，回到朝中一个月没有谏言，范仲淹的好朋友欧阳修从洛阳写信来，委婉地对他提出了批评。

天圣九年，范仲淹由河中府调往陈州任通判，路过洛阳时曾去拜访时任河南府尹的钱惟演以及河南府通判、同年好友谢绛。经谢绛的介绍，又与谢绛的妹夫梅尧臣、西京留守府推官欧阳修相识。虽然范仲淹比梅尧臣、欧阳修等人大十几岁，可是，大家以才学相识，相见甚欢。明道元年欧阳修与梅尧臣等友人相约到嵩山游玩，特作《嵩山十二首》，并把这些诗寄给了在陈州的范仲淹。范仲淹忙里偷闲，认真地阅读了欧阳修的诗作，并写了十二首同题诗作相和。

太后去世后，很多因得罪太后被贬官的人都被重新起用。欧阳修、梅尧臣、尹洙等人在聚会之时，少不了要议论一番。

"范仲淹是为了维护国体，不惜得罪太后，这次肯定要回来了。""你说范兄回来，能担任什么职位呢？""范兄为人正直敢言，又有远见，我想他这次回朝，不是担任御史，就是要担任谏官。"

大家的猜测得到了证实，果然，范仲淹回朝担任了右司谏。

回朝任职，可喜可贺，很多与范仲淹相识的官员纷纷写信表示祝贺。当年五月，欧阳修也写了一封《上范谏议书》，不过，他没有像别人那样在书信中祝贺范仲淹，而是给他泼了一盆"冷水"。欧阳修的信里到底说了什么？

欧阳修在信中大致表达了三层意思：

第一层意思，是说"谏官虽卑，与宰相等"。欧阳修说，你回朝升职了，本来我应该第一时间写信祝贺，可是，我左思右想，右司谏不过是一个七品官，对于您来说，这也没有什么可祝贺的。不过，谏官虽然职位不高，但是作用巨大。谏官不同于一郡之守、一县之令，也不同于有司，因为一郡一县的长官，只负责一郡一县之事，百司首长，也只是各有各的分工，谏官和宰相一样，身系天下之事，担任天下之责。欧阳修把谏官的重要性说得再清楚不过了。虽然谏官不过是七品，但是，不是既有才又贤德的人，是做不了这个官的。从这个角度上说，当然也是值得祝贺的。任右司谏，再也不用担心"越职言事"，可以更加自由地发挥谏官的作用了。

第二层意思，指责范仲淹无所作为。欧阳修说，得知范仲淹当上了右司谏之后，洛阳的很多朋友都十分欣喜，认为以范仲淹的人格品性，将来必定会在朝堂之上面折廷争，可是，范仲淹回来后，却好长时间没有动静，这难免让人失望，也让人怀疑。

这一点实是有些冤枉。明道二年刘太后去世之前，遗命仁宗尊杨太妃为皇太后，让她和皇帝同议军国大事。杨太妃曾经帮助刘太后抚养过仁宗皇帝，刘太后在时，她十分顺从刘太后，深得刘太后的喜爱。范仲淹回朝担任右司谏后，明确反对皇太妃参与朝政，更不赞同杨太妃改为杨太后，上书《谏以太妃为太后奏》强烈反对。在范仲淹等人的强烈反对下，杨太妃最终没有被册立为皇太后。

因为上书谏阻仁宗率百官为刘太后上寿，请求刘太后还政，阻止买木修建寿宁、玉清二宫，范仲淹得罪了刘太后，遭到贬官，可是，范仲淹并未耿耿于怀。刘太后去世后，宋仁宗知道自己的生母另有其人，有些人也开始对刘太后听政时的事说三道四，有的还编排出一些不着边际的瞎话诋毁刘太后。这个时候，范仲淹又上书为太后辩解："太后受先帝遗诏，扶持拥护圣上十余年，功不可没，不能因为一点小的过失而忘记她的大德。"维护太后的权威，实际上就是维护朝廷的权威，宋仁宗深以为然，从此，不再为人言所惑。

在宋哲宗的时候，宣仁高太后召见范仲淹之子范纯仁时对这件事还念念不忘："你的父亲真是忠臣啊，当初章献太后听政的时候，劝她尽母道，在仁宗执政时，又劝仁宗尽子道，你应该好好向你的父亲学习！"

第三层意思，以唐代著名文学家韩愈的《争臣论》为例，以阳城为反面典型，强调谏官的重要性。希望范仲淹珍惜谏官的职位，要有紧迫感，"朝拜官而夕奏疏"，不要像阳城那样尸位素餐。唐贞元四年（788），隐居在中条山的阳城被唐德宗召为谏议大夫。这个时候，其他谏官纷纷上书言事，甚至很多细碎的问题都上达皇帝那里，可是阳城却与他的二弟及客人日夜饮酒作乐，五年时间里，没有任何作为。韩愈正是在这种情况下写下了《争臣论》，讽刺阳城的不作为。不过，韩愈的文章观点并未得到认同，当时不少人认为，阳城之所以没有提出建言，是因为还没到时候，或者说正在酝酿"一鸣惊人"的大题材，批评韩愈不知道阳城的用意而"妄讥"。可是，欧阳修却不同意众人的观点，他力挺韩愈。在欧阳修看来，韩愈在写《争臣论》的时候，阳城已经当了五年的谏议大夫。又过了两年，阳城才建言指责陆贽、阻止裴延龄当宰相。五年里默默无言，难道还能说是称职的谏官吗？七年里，才做了两件事，难道是当时真的无事可谏吗？当然不是的。欧阳修指出，唐德宗时，正是多事之秋，"授受失宜，叛将强臣罗列天下，又多猜忌，进任小人"。怎么能说无事可谏呢？如果都像阳城这样，要谏官还有何用？

"好你个欧阳修！"范仲淹读罢此信，忍不住脱口而出。范仲淹被这位比自己小十九岁的兄弟的直言深深地触动了，虽然他这些日子也正在筹备新的论谏问题，但是，欧阳修的话依然令他感动。他明白这位青年才子的良苦用心，更坚定了奋不顾身、直言进谏做好谏官的决心。

机会来了。

刘太后去世后，宋仁宗很快知道了自己的身世。如果说，此前"母后"去世宋仁宗还有一些伤感的话，那么此刻，他则是痛不欲生了。不过，这次痛不欲生却是为了生母——自己贵为皇帝，却连自己生身之母都没能相认，自己一直敬畏爱戴的"母后"，原来竟是个冒牌货。仁宗恨得咬牙切齿、怒火中烧，恨不得把刘太后安排的一切都推翻、打烂。

郭皇后，应州金城人，是平卢军节度使郭崇的孙女。天圣初年，故骁骑卫上将军张美曾孙女张氏与郭氏一同入宫，尚未亲政的宋仁宗看好了张氏，但临朝主政的刘太后偏偏喜欢郭氏。天圣二年（1024）十一月二十一日，郭氏被立为皇后，时年十三。由于年纪尚幼，不知宫廷险恶，郭皇后仗着有刘太后撑腰，性格妒忌，严密监视宋仁宗的行踪，使他不得亲近其他宫女妃嫔，宋仁宗有苦难言。刘太后驾崩之后，郭后失去了靠山，宋仁宗也对郭皇后早已失去了兴趣。他把对刘太后的憎恨释放在郭后身上，对她不理不睬，还故意放纵自己，与其他妃嫔打得火热。

后宫之中，宫人尚氏、杨氏长得貌美可人，深得宋仁宗欢心。郭皇后多次到尚氏、杨氏居处，对她们破口大骂。有一天，宋仁宗临幸尚氏，正是"春宵苦短日高起，从此君王不早朝"，在情意缠绵之际，尚氏开始吹起枕边风，历数郭皇后的不是。正在兴头上的宋仁宗表示，找机会一定会好好教训一下郭皇后。可没想到的是，自己先被郭皇后教训了。

原来，仁宗皇帝宠幸尚、杨二位美人，淫欲过度，不仅龙体日益消瘦，而且因为懒于朝政，朝中大臣已经议论纷纷。郭皇后又气又急，她便安排眼线，随时盯梢仁宗在后宫的行动。这一天，眼线传报，太阳已经升起老高了，仁宗还在尚美人处缠绵，郭皇后气急败坏，也不顾什么礼仪风度，径直闯入尚美人房中。只见赤身裸体的尚美人依偎在仁宗怀中，正在向仁宗打"小报告"。看见郭皇后闯进来，尚美人慌忙扯过丝被，不自觉地往床里退缩，郭后冲上床来，对着尚美人就是一巴掌。"啪!"一声脆响，可没想到的是，这一巴掌竟然打到了仁宗的脖子上。原来，仁宗在床上下意识地挡了一下，郭后这巴掌不偏不倚，仁宗照单全收。仁宗英雄救美，可吓坏了随后赶来的宫女、太监，他们惊慌失措，不知如何是好。见自己失手打了皇上，郭后这气也消了大半。仁宗气呼呼地穿上衣服，一句话也没说，扬长而去……

郭后因此埋下了被废的导火索。

不过，郭后真的被废，还与吕夷简的推波助澜有关。仁宗开始独立执政时，为了摆脱刘太后执政的影子，罢免了曾经依附太后的大臣，唯独没有罢免宰相吕夷简。有一天，宋仁宗在后宫与郭皇后谈论此事。"吕夷简这个人忠诚可嘉，这次就不打算调整他了。"仁宗对郭后说。"皇上，我看你是看走眼了，其实，吕夷简也是依附太后的，只不过他为人机巧，善于应对罢了。"宋仁宗略一思忖，认为郭皇后的话也不无道理，不久后，也罢免了吕夷简的相位。虽是皇上皇后私语，但宫中也是隔墙有耳，这番对话让宦官阎文应听到了。阎文应与吕夷简交好，便把这话传到了吕夷简那里。郭皇后随口一句话让自己丢了相印，吕夷简记恨在心。

几个月后，谏官刘涣上疏："陛下，当初我和范仲淹等人力请太后还政，结果触怒了太后，差点被杀，幸亏宰相吕大人相救。吕大人并不是依附太后之人啊，您罢了他的相，不太合适。"刘涣的话让宋仁宗开始后悔，他觉得自己受了郭后的蛊惑，于是将吕夷简重新召回为相。但是，吕夷简对郭皇后的恨意并没有因此而消除。

宋仁宗被打后，尚美人不断煽风点火，宋仁宗越想越是恼火。宦官阎文应趁机说："在寻常百姓家，妻子尚不能欺凌丈夫，陛下贵为天子，竟然受皇后的欺凌，这怎么得了!"宋仁宗沉默不言。见仁宗不应，阎文应又指着宋仁宗脖子上的伤说："陛下颈上血痕宛然，请指示执政，应该如何处置?"宋仁宗一再受到煽动，忍不住激动起来，立即派阎文应去召宰相吕夷简前来。

吕夷简匆匆来到，自然不会替郭皇后说情。相反，他认为郭后失礼，不足母仪天下。他说："废后之事，古亦有之。光武帝是汉代的明主，其郭皇后仅因为怨怼而被废，何况今日皇后打伤了陛下！"阎文应也在一旁附和："皇后身居中宫九年，却没有子嗣，应当废去。"

宋仁宗终于下定决心废除郭皇后。

宋仁宗要废后的消息传开后，朝中一片哗然。

右司谏范仲淹、御史中丞孔道辅、同知谏院孙祖德、侍御史蒋堂等十多人联名上奏，称"后无过，不可废"，坚决反对宋仁宗废除郭皇后。在吕夷简看来，郭后是刘太后的人，废除郭后应该不会有太大的阻力。可是，范仲淹就是范仲淹。刘太后一手遮天，但行为有失国体，他反对刘太后；今天仁宗亲政，他受到重用，他感恩于皇上，但不等于放纵他的过失。"人非圣贤，孰能无过？皇后如果有过失，可以暂时让她住在别馆，请一些年长的妃嫔好好劝劝她，让她反思一下，等改了再让她回宫便罢，岂可轻易废后！"范仲淹据理力争。

历史上不乏废后的反面教材——

汉武帝废除陈皇后，宫中杀戮了三百人，此事的影响甚至波及太子；汉宣帝时，霍光的妻子杀死许后立自己的女儿为后，最终被夷灭全族；汉成帝废许后立赵飞燕，赵飞燕姐妹比之许后更加妒忌，六宫妃嫔之子，尽被她们杀害；魏文帝宠立郭妃，杀死了甄皇后，最终导致反叛之殃；唐高宗因为王皇后无子而将她废掉，武昭仪因为有子而立，结果武昭仪成为"窃号之妖"……前车之鉴，岂能不察？范仲淹列举了汉武帝直至唐代废后带来的恶果，说明轻易废后的危害，希望皇上能够考虑他的意见，如果实在不行，建议保留郭皇后的封号，让她暂时住在别馆，让人劝导，等其悔改后，重新接回宫中。这样，一来可以防止一些别有用心的人利用此事做文章，二来也可以表明圣上的恩德。

范仲淹反对废后还有一个更直接的原因是，废后必将立新后，立新后如不当，便会把皇上引入荒淫无度的深渊，这对于国家、万民来说将是一个灾难的开始。事实上，宋仁宗废后以后，很长时间虽然没有立后，但是，没有了皇后的约束，皇上任性起来确实方便多了。他整天与尚美人腻在一起，宫廷之中非语不断，传到江湖之中，更是充满暧昧色彩。

景祐元年（1034）八月，王曾担任吏部尚书、同平章事、枢密使。南京留守推官石介曾经上书给王曾，验证了仁宗荒于朝政、宠幸尚美人的事实。石介说，"圣人好近女室，渐有失德。自七八月来，近闻又甚，或言倡优日戏于前，妇人朋淫宫内，饮酒无时节，钟鼓连昼夜"。因为这个原因，皇上的身体甚至出现了疾病。

对此，石介充满了忧虑，而这也正是范仲淹所担心的。

然而，这次吕夷简显然是早有准备，在范仲淹等谏官上书之前，他抢先一步下令有司不得接纳台谏章奏。而宋仁宗做得更绝，在群臣发难之前，他急三火四地下了废后诏书，而废后的理由也冠冕堂皇，说郭皇后没有子嗣，是自愿退位修道，特封为净妃、玉京冲妙仙师，赐名清悟，居长宁宫。

御史中丞孔道辅和谏官范仲淹等人见台谏的奏章无法送到皇帝手中，情急之下，一起跑到皇帝寝宫门口进谏。他们跪在宫门口，请求皇帝召见，对答郭皇后被废一事。但无论范仲淹等人如何力争，守卫殿门的内使只是紧闭大门，不予通报。孔道辅急得不行，上前抓住宫门的铜环急叩，还大声喊道："皇后被废，累及圣德，为什么不听我们谏官的意见？"不久，有内使在门后传话，让进谏的大臣们到中书政事堂与宰相对话。

孔道辅和范仲淹等人来到中书时，主意已定的宰相吕夷简已经等在那里了。范仲淹等人齐声质问吕夷简："大臣对皇上、皇后，就像儿子对待父母一样。父母不和，可以劝他们和解，怎么能只顺从父亲一面而不要母亲呢？"吕夷简争辩说："废后一事，不是本朝首创，古已有之，汉朝和唐朝都有先例。"孔道辅怒斥道："大臣应该引导君王做尧、舜那样的圣主，为什么偏偏要引汉、唐失德之事作为标准？"

群臣纷纷指责吕夷简。吕夷简招架不住，只好拱手说："各位还是去见陛下力陈吧。"然后匆忙离开。

第二天，孔道辅等人入朝，准备召集百官与吕夷简当廷争论。然而，宋仁宗的圣旨突然到来，说"伏阁请对，盛世无闻，孔道辅等冒昧径行，殊失大体"，将孔道辅和范仲淹贬黜出京城，其他进谏大臣罚俸半年。

景祐元年正月范仲淹贬守睦州。

四
让范纯仁刻骨铭心的记忆

"平生仗忠信，尽室任风波。"范仲淹一家十口，向谪守地睦州进发。这次艰苦的谪旅让七岁的范纯仁刻骨铭心，他的心中种下了仇恨的种子，以至于在对待吕夷简与父亲是否解仇这个问题上与前辈欧阳修之间产生芥蒂。

"重父必重母，正邦先正家。一心回主意，十口向天涯……"景祐元年正月，范仲淹一家十口向谪守地睦州进发。"皇后是后宫的头儿，皇后不稳，后宫易乱。如果皇后没有大的过失而被废弃，既不能服众，又不能立德，其损失可就大了。"在谪路上，他依然对皇上废后一事念念不忘，写下了这首《谪守睦州作》。

三个孩子随行，长子纯祐十岁，次子纯仁七岁，三子纯礼还在襁褓之中，刚刚两岁多。一路风尘，一路颠簸，其艰难程度超乎想象。一日，船行淮河之中，突然狂风大作，范家雇用的商船被风浪掀起颠下，险些倾覆。一向温顺善良的范夫人一边抱紧年幼的纯礼，一边开始责怪起船家："你这船是怎么划的?"

范仲淹知道妻子心中不快。

是啊！这么多年自己一直在外为官，多则三四年，少则一二载，工作频繁调动，妻子没少跟自己吃苦。自己在朝这些年，又频频出现波折，妻子受苦受累不说，又多了对自己的担心。记得每次上朝前，妻子都要为他整理好朝服，还免不了一番叮嘱："你也要学聪明点，不要老当'炮筒子'。"想来真是对不起妻子。以前孩子少尚能应付，这次举家迁徙，照顾孩子，打点起居，多亏了娴淑的妻子了。

"妻子休相咎，劳生险自多。商人岂有罪，同我在风波。"风波刚刚过去，总算有惊无险，范仲淹看妻子情绪安静下来，便信口吟出这样的诗句。妻子一听，转怒为笑。这么多年，自己最了解相公了，他就是这样的性格，认准了的理儿，别人休想让他回头。况且，她也知道，相公所做的事，都是一心为公的。不管在京城还是在天涯海角，只要相公平平安安，只要一家人团团圆圆，那就比什么都好。

看着波涛汹涌的江水，范仲淹若有所思，在船头神闲气静，再次吟起诗来：

> 圣宋非强楚，清淮异汨罗。
> 平生仗忠信，尽室任风波。
>
> 舟楫颠危甚，蛟鼋出没多。
> 斜阳幸无事，沽酒呼渔歌。
>
> 一棹危于叶，傍观亦损神。
> 他时在平地，无忽险中人。

此行正值正月，江淮一带虽然不是春意盎然，但是，面对异样的风景，范氏一家人在旅途劳顿的同时，也感到一丝新奇与喜悦。范仲淹暂时离开了朝廷复杂的政治斗争，没有了你争我斗，没有了如临深渊、如履薄冰的感觉，心中也多了一分平静。一路上，触景生情，吟诗作赋，不亦乐乎。

"陇上带经人，金门齿谏臣。雷霆日有犯，始可报君亲。""君恩泰山重，尔命鸿毛轻。一意惧千古，敢怀妻子荣？""妻子屡牵衣，出门投

95

祸机。宁知白日照，犹得虎符归。"……范仲淹一连做了十首绝句，题为《出守桐庐道中》。

不过，这次一家十口的艰难之旅，却让三个随行的孩子特别是后来做了宰相的范纯仁刻骨铭心。虽然自己才七岁，但是，从父母的谈话中，他也能感受到父亲受到了奸人的陷害。日后，随着年龄的增长，进士及第、入朝为官的范纯仁知道了这个让父亲蒙受不白之冤、让自己一家受尽磨难的人就是吕夷简。虽然官职越来越大的范纯仁并没有动用自己的权力向吕家报昔日之仇，但是，他从内心深处也不愿意接受父亲生前与吕夷简和好的事实。

范仲淹去世后，范纯仁写信给欧阳修，请求他为父亲写《神道碑》。欧阳修接到范纯仁的请求后，以丁母忧为借口，迟迟没有动笔。不过，在经历了两年之后，最终完成了《资政殿学士户部侍郎文正范公神道碑铭并序》。庆历新政失败后，很多政敌尚处于要津，如何既要表现范仲淹的人格、功业，又要不引起政敌的不满甚至攻击，这是欧阳修不得不深思熟虑的事情。在《神道碑》中，欧阳修提到"及吕公复相，公亦再起被用。于是二公欢然相约，戮力平贼。天下之士皆以此多二公"，明确表示，在大敌当前，范仲淹和吕夷简二人以大局为重，握手言和。

正是这句话，引起了范纯仁的不满。在刊刻《神道碑》时，范纯仁特意删去了这段文字。这一举动也让欧阳修十分恼火，他说："这是我亲自经历过的事情，你们年轻人知道什么？如果真要删除这段文字，那这个《神道碑》就不是我写的了！"

一个是范仲淹的政治盟友、好朋友，一个是范仲淹的儿子，到底孰是孰非？可以说，都有道理。

范仲淹与吕夷简有矛盾冲突，这是事实，但是，纵观范仲淹一生，不论是对太后、对皇上，还是对吕夷简这样的大臣，其矛盾的起因都是从忠君、忧民、为国的角度出发，而没有任何个人恩怨可言。而且，事情过后，范仲淹并不挂怀，他既有直言之风，又有包荒之量。在贬官地方期间，围绕地方发展的重大问题，比如苏州治水等，他会摒弃前嫌，上书吕夷简阐明观点，也希望得到他的支持。试想，一个是当朝宰相，一个是地方长官，二者如果水火不容，那么工作将如何开展？而当西夏用兵，国难之际，范仲淹作为边疆将帅，如果还心存芥蒂，与吕夷简针锋相对，二者又如何安边疆、定社稷？从范仲淹的个性、品格、追求，都可以肯定范仲淹能够做到与吕夷简化敌为友。欧阳修的说法，既符合事实，又有利于当时与政敌之间化解矛盾，同时，对范仲淹的形象也并无损毁。

然而，为什么说范纯仁的说法也有道理？范纯仁亲身经历了父亲被贬时的颠沛流离的生活，幼小的心灵便种下了仇恨的种子，他个人复仇的怒火越烧越旺，或许，他自己也没有想过他后来的地位会超过自己的父亲，成为一国之相。他或许更没有想过，自己的父亲会成为名垂千古的人物。一方面扩大了个人心中的仇恨，一方面又估低了父亲的影响，从而与欧阳修产生分歧，也在情理之中。

五
为桐庐郡代言

贾谊文才动汉家，却不免被贬到卑湿的长沙；唐代文坛巨擘韩愈，也曾被流放到偏远的岭南。我才能不及他们，虽然同样被贬，但却能够来到睦州这样风光秀丽的地方，还有什么可抱怨的呢？

睦州，古有桐庐郡之称，其治所在现在的浙江省建德县梅城镇，辖区包括今建德、桐庐、淳安一带，这里风光秀美，景色宜人，富有传奇色彩的富春江和新安江在境内穿过，形成一条令人流连忘返的风景长廊。

后来，范仲淹转任苏州知州时，依然对此恋恋不舍，他给晏殊的一封信中描写了睦州一带"满目奇胜"的景致，喜悦之情溢于言表，信中说：

……郡之山川，接于新定，谁谓幽遐，满目奇胜。衢歙二水，合于城隅，一浊一清，如济如河。百里而东，遂为浙江。渔钓相望，凫鹜交下。有严子陵之钓台，方干之隐茅。又群峰四来，翠盈轩窗。东北曰乌龙，崔嵬如岱；西南曰马目，秀状如嵩。白云徘徊，终日不去。岩泉一支，潺湲其中，春之昼，秋之夕，既清且幽，大得隐者之乐。

为了证明自己所言不虚，范仲淹还特意把自己写的一些歌颂睦州山水、表达心志的诗寄给晏殊——

桐庐郡斋书事

千峰秀处白云骄，吏隐云边岂待招。

数仞堂高谁富贵，一枝巢隐自逍遥。

杯中好物闲宜进，林下幽人静可邀。

莫道官清无岁计，满山芝术长灵苗。

新定感兴五首

数仞黄堂上，题名仅百贤。

孤高宋开府，千载可拳拳。

山水真名郡，恩多补谏官。

中间好田锡，风月亦盘桓。

风物皆堪喜，民灵独可哀。

稀逢贤太守，多是谪官来。

去国三千里，风波岂不赊。

回思洞庭险，无限胜长沙。

江上多嘉客，清歌进白醪。

灵均良可笑，终日著离骚。

晏殊也把他的新作《神御殿赋》《游涡赋》及《青社州学记》寄给范仲淹共赏。

元和十年（815），唐代大诗人白居易从京城被贬九江，任九江郡司马。第二年秋天的一个夜晚，他送客人到码头乘船，突然从船里传来有京城味道的琵琶声。白居易派人上前询问，得知弹琵琶的女子确是京城长安的倡女，曾经向穆、曹二位音乐家学艺，后来因为年老色衰，只好嫁给一位商人。白居易于是让她弹奏琵琶，这一弹不要紧，白居易从琵琶声中听出了妇人"平生不得志"的感叹，深深地被其感染，并激起了自己的身世之感——在这之前，白居易似乎并没有对此次贬谪太过在意，可是，听了妇人的弹奏，顿时有"同是天涯沦落人"的感慨，忍不住泪水涟涟，打湿了衣衫。

宋人洪迈说白居易夜遇琵琶女的事未必可信，他不过是通过虚构的情节，抒发自己的"天涯沦落之恨"。这话虽然只是猜测，但确实让人没有理由不信。第一，这是白居易自己写的《琵琶行并序》，虽说是在送客人坐船来到渡口才偶遇的，看似合情合理、有根有据，可是送的是谁却无据可查。第二，以当时的情境，白居易不好直抒胸臆，只好借琵琶女这个虚构的人物之痛，来浇自己心中块垒。第三，由琵琶女的遭遇联想到自己的身世之感，既达到了写作的目的，又相对体面。所以说，这个故事虚构的可能性更大些。

范仲淹被贬到睦州后，也有过类似的经历，不过范仲淹遇到的不是琵琶女，而是一位接花老汉。更重要的是，他的故事不是虚构的——不仅范仲淹写了这个故事，而且范仲淹的一位同事也写了这个故事。范仲淹是专门与这位同事唱和写的。范仲淹的这位同事不同于白居易说的

"客人"，他有名有姓有职务，叫葛闳，是大理寺丞。范仲淹《和葛闳寺丞接花歌》与白居易《琵琶行并序》有异曲同工之妙。

范仲淹在《和葛闳寺丞接花歌》中讲述的是怎样一个故事呢？

睦州城有一位看守城门的老者，操着一口西京洛阳的口音，看上去生活十分困顿。"也许是从京城来的吧？"有一天，范仲淹和葛闳一起出城门，顺便与老人搭话。"老人家，听口音你好像是京城来的，你是哪里人？""回大人的话，小的正是从西京洛阳来的。""怎么会来到这里呢？"一听此语，老者立即老泪纵横，好久不能说话。原来，他本是洛阳城里人，少年的时候喜欢种花、接花，掌握了一手种花、接花的好手艺，因此被抽调到皇家园林琼林苑中，专门从事种花、接花工作。因为技术高超，所种接的牡丹花五彩缤纷，争奇斗艳，深得皇上的喜爱，赢得了"白银红锦满牙床"，虽然不时受到皇家内使的驱使与责骂，可是想到能够得到皇上的认可，所有的烦恼也就烟消云散了。然而，好景不长，"一心岁岁供春职"的接花老汉，还是因为得罪了权贵而被流放到这里。

"因为有狱吏在跟前，自己有口难辩，如今已经到这里看城门很多年了，从那时起便与家人天各一方，音书俱绝，好不难过啊！"老汉一把鼻涕一把泪，讲述自己的故事，"现在自己头昏眼花，身体是一天不如一天，真不知这日子什么时候是个头啊……"

接花老者有自己引以为自豪的"绝活"，有过为皇宫大臣服务的经历，也有过胆战心惊的日子，但终究还能比较体面的生活。可是，一旦得罪权贵，被流放到远离京城的南方小郡，抛弃了原来的职业，过着南北差异的生活，离开家乡，离开亲人，生活境遇一落千丈。

接花老汉的经历让范仲淹情绪也十分低落，他想到了自己的身世，不久前自己还在朝堂之上，每天与大臣同列，与皇上面折廷争，可是，谁能想到，早上还在京城，晚上却要沦落天涯呢？

然而，范仲淹并没有像白居易被琵琶女感染那样生出"同是天涯沦落人"的感叹，相反，他觉得"人生荣辱如浮云，悠悠天地胡能执"。汉代贾谊那样的才子，都未免被贬到长沙那样卑湿的地方；唐代韩愈那样的大家，都被贬到了偏远的岭南，自己才能不及他们，虽然同样被贬了，却能够来到睦州这样的"神仙地"，自己还有什么不能满足的呢？还有什么可抱怨的呢？

在范仲淹的诗里，人们看不出一点谪官的感伤和没落的味道，相反，却有一种"因祸得福"的感觉。这是真实的吗？可以肯定，迁客骚人，很难完全摆脱悲伤、抱怨甚至愤恨的情绪，很多谪官则因此沉沦、沉迷酒色，更有甚者还会遁入空门。然而，范仲淹却没有落入这样的窠臼。"到底应该如何看待荣辱进退？作为谪官，如何实现自己的作为？"范仲淹有自己独特的思考。

在睦州，范仲淹在处理繁忙的政务之余，经常与章、阮二位同事放意山水，吟诗作赋。在给晏殊的信中他十分惬意地回忆了这种雅致："且有章阮二从事，俱富文能琴，凤宵为会，迭唱交和，忘其形体。郑声之娱，斯实未暇。往往林僧野客，惠然投诗。其为郡之乐，有如此者。"

有很多诗篇记录了他们这种优游自在的生活，《游乌龙山寺》诗："高岚指天近，远溜出山迟。万事不到处，白云无尽时。异花啼鸟乐，灵草隐人知。信是栖真地，林僧半雪眉。"《和章岷推官同登承天寺竹阁》诗："僧阁倚寒竹，幽襟聊一开。清风曾未足，明月可重来。晚意烟垂草，秋姿露滴苔。佳宾何以宁，云瑟与霞杯。"

斗茶，源于唐，盛于宋。唐代贡茶制度建立以后，湖州紫笋茶和常州阳羡茶被列为贡茶。两州刺史每年早春都要在两州毗邻的顾渚山境会亭举办盛大茶宴，邀请一些社会名人共同品尝和审定贡茶的质量。唐宝历年间，两州刺史邀请时任苏州刺史的白居易赴茶宴，白居易因病不能参加，特作诗一首《夜闻贾常州崔湖州茶山境会亭欢宴》："遥闻境会茶山夜，珠翠歌钟俱绕身。盘下中分两州界，灯前各作一家春。青娥递舞应争妙，紫笋齐尝各斗新。自叹花时北窗下，蒲黄酒对病眠人。"表达因不能参加茶山盛宴的惋惜之情。

宋代茶宴之风盛行，与最高统治者嗜茶是分不开的。尤其是宋徽宗对茶颇有讲究，曾撰《大观茶论》二十篇，还亲自烹茶赐宴群臣，蔡京在《大清楼特宴记》《保和殿曲宴记》《延福宫曲宴记》中都有记载。五代词人和凝官至左仆射、太子太傅，封鲁国公。他嗜好饮茶，在朝时"牵同列递日以茶相饮，味劣者有罚"，号为"汤社"。"汤社"的创立，开辟了宋代斗茶之风的先河。不过，斗茶的产生，主要出自贡茶。一些地方官吏和权贵为了博得帝王的欢心，千方百计献上优质贡茶，为此先要比试茶的质量。这样，斗茶之风便日益盛行起来。

在桐庐郡，斗茶之风盛行。范仲淹留有著名的反映斗茶风俗的诗——《和章岷从事斗茶歌》，这首和诗富有浓浓的生活情趣，可称得上是当时的一幅极为优美的民间风俗画。全诗把叙事、写景和抒情紧密结合起来，采取步步深入的写法，详细地描写了采茶、制茶、斗茶的情况，最后还写到了饮茶的益处。

而桐庐潇洒秀美的风光，激起了范仲淹强烈的诗意，他以"萧洒桐庐郡"为首句，又吟咏了十首绝句——

萧洒桐庐郡十绝

萧洒桐庐郡，家家竹隐泉。
令人思杜牧，无处不潺湲。

萧洒桐庐郡，春山半是茶。
新雷还好事，惊起雨前芽。

萧洒桐庐郡，千家起画楼。
相呼采莲去，笑上木兰舟。

萧洒桐庐郡，清潭百丈余。
钓翁应有道，所得是嘉鱼。

萧洒桐庐郡，身闲性亦灵。
降真香一炷，欲老悟黄庭。

萧洒桐庐郡，严陵旧钓台。

江山如不胜，光武肯教来。

范仲淹用这种方式为睦州代言……

六

苏州治水：犹济疮痍十万民

岂辞云水三千里，犹济疮痍十万民。回到家乡苏州任职，正赶上这里发生百年不遇的水灾。十万百姓饱受洪灾之苦，范仲淹昼夜不息，投身在抗洪治水第一线。

景祐元年（1034）六月，范仲淹接到调知苏州的命令。

苏州是范仲淹的祖籍所在地。衣锦还乡，当然是十分快慰的事情。可是，范仲淹到任的时候，正值盛夏，河道淤塞，积水成渊，老百姓为水害所困。他在给晏殊的信中详细地介绍了当时苏州的困境以及自己的忧虑。

范仲淹来不及到老家看上一眼，便夜以继日，投入到紧张的治水工作中去。他带领水利方面的专家和州府官吏亲自到现场勘察，决定在城的西北部开挖一条新河道，将太湖西北流域的水导入长江；同时将原有的河道进行疏浚，以加快排涝的速度。

这个决定在施行前引起广泛争议，不少官员明确提出反对。有人说江水太高，接纳不了太多的水；有的说每天都有大潮顶托，内水很难放出去；有的说潮水带来大量泥沙，用不了多久，河道还会堵塞，疏浚劳而无功；有的说，这样大的工程，必然会劳民伤财……

"十万百姓深受水害，难道我们这些父母官就这样看着百姓受苦受难不成？"治水措施遭遇层层阻力，范仲淹决心向朝廷汇报此事，希望得到朝廷的支持。他不顾与吕夷简的个人恩怨，立即上书给当时的宰相吕夷简，在信中他对大家提出的反对意见认真分析，一一加以驳斥，对疏浚河道的紧迫性、必要性和可行性进行详细阐述，希望吕宰相能够心怀天下，救民于水深火热。

按照相关任职规定，范仲淹是不应该到家乡任职的。但是范仲淹早年在泰州有过治水的经验，这次苏州水患严重，朝廷才破例将他从任职刚刚几个月的睦州调至苏州，希望他能够为治理水患再立新功。

就在范仲淹为苏州水害寝食难安、为治理方案殚精竭虑之时，好友吴安道有信寄到。他在信中特意写了一首诗，对范仲淹治水的行为大加褒奖。读着老友的诗，范仲淹的眼睛不知不觉有些湿润了。自己虽是在家乡任职，但是毕竟是贬谪之人。如今，在是否疏浚河道这个问题上，反对者众。在这个时候，他是多么需要朋友的关怀与慰藉啊。范仲淹欣然命笔，给吴安道写了封回信，同时，附上《依韵酬吴安道学士见寄》一诗，在这首诗里他鲜明地表达了济苍生的愿望："圣君贤相正弥纶，谏诤臣微敢狥身。但得葵心长向日，何妨驽足未离尘。岂辞云水三千里，犹济疮痍十万民。宴坐黄堂愧无恨，陇头元是带经人。"

范仲淹的信寄给吕宰相后，朝廷很快答复，同意了他的治水计划。一场史无前例的治理水患工程全面展开。如何既调动百姓兴修水利的热情，又解决灾民的生活难题，范仲淹费了不少思量，最后，他创造性地提出，以每天五升米的报酬招募民工，参与水利工程建设。五升米，对于靠挖野菜、吃树皮为生的灾民来说，甚至比金银更有吸引力。此举一出，立即引起百姓的强烈反应，数以万计的民工不请自来。经过半年的治理，水患解除，朝廷下令他调往明州（今浙江宁波）。苏州百姓闻知，纷纷上州府请愿，希望范仲淹能够留下来，继续为民造福。正在苏州行使公务的转运史蒋堂有感于此，代民向朝廷请命，让范仲淹继续留任。

水患有所好转，范仲淹回到吴县的老家，隆重地祭祀了先祖。一家人几经分别之苦，终于重又团圆。老家西斋已经有上百年历史，在院子里有两棵参天古松，枝叶繁茂，遮天蔽日，树干苍劲笔直，风儿过处，松涛阵阵，置身院中，仿佛在林壑之中。

望着这两棵古松，范仲淹若有所思，这时候有童子诵诗声由远及近："白云无赖帝乡遥，汉苑谁人奏洞箫。多难未应歌凤鸟，薄才犹可赋鹡鸰。瓢思颜子心还乐，琴遇钟君恨即销。但使斯文天未丧，涧松何必怨山苗。"

原来是长子纯祐在背诵自己年轻时作的诗。范仲淹心中一阵欣慰，他走上前去，拉住纯祐的手说："纯祐，你知道父亲这首诗的含义吗？""知道，父亲的意思是，不论什么时候，我们都不应抱怨，要有我们的操守，要付出我们的努力……"

范仲淹没有想到刚刚在苏州府学入学不久的纯祐，竟然能够诵记自己早年的诗，更没想到的是孩子还能如此深刻地理解自己的立意。

看着眼前老宅的古松，看着一天一天长大的孩子，范仲淹感慨万千，他回到书房里，静静地写下了"岁寒堂"三个字。"岁寒知松柏之后凋也！"范仲淹让纯祐把家人都叫到跟前，告诉他们，从今天起西斋就起名为"岁寒堂"，古松命名为"君子树"，树旁边有一阁，命名为"松风阁"。并欣然命笔，写下《岁寒堂三题》。在《岁寒堂三题》序中，范仲淹阐明这样做的目的："美之以名，居之斯逸。由我祖德，贻厥孙谋。昆弟云来，是仰是则。可以为友，可以为师。持松之清，远耻辱矣；执松之劲，无柔邪矣；禀松之色，义不变矣；扬松之声，名彰闻矣。有松之心，德可长矣。"

他在序中告诫范氏子孙，永远不要砍伐这两棵松，要把松的品格当作传家之宝，作为族人做人行事的准则世世代代传递下去。

范仲淹对松的喜爱、对松品的执着追求贯穿一生。在另外一首《松》诗中，他这样写道："亭亭百尺栋梁身，寂寞云根与涧滨。寒冒雪霜宁是病，静期风月不须春。萧萧远韵和于乐，密密清阴意在人。高节直心时勿伐，千秋为石乃知神。"

在家乡苏州,范仲淹写下了许多赞美江南湖光山色的诗篇。

《洞庭山》诗:"吴山无比秀,乘暇一游之。万顷湖光里,千家橘熟时。平看月上早,远觉鸟归迟。近古谁真赏?白云应得知。"

《太湖》诗:"有浪即山高,无风还练静。秋宵谁与期?月华三万顷。"

《送常熟钱尉》诗:"姑苏台下水如蓝,天赐仙乡奉旨甘。梅淡柳黄春不浅,王孙归思满江南。"

在范仲淹的笔下,读者不仅看到了梅淡柳黄、蓝天白云、暮鸟皓月的江南迷人秀色,而且还可以领略太湖静如少女、怒若猛龙的神奇莫测的情景。

七
上《百官图》,三度外放

因为在睦、苏二州政绩卓著,范仲淹被调回朝廷,任尚书礼部员外郎、天章阁待制,判国子监,不久又任开封知府。因为上《百官图》指责吕夷简用人上的不正之风,被扣上"越职言事、荐引朋党、离间君臣"三项罪名,范仲淹第三次落职。

景祐二年(1035)八月,朝廷再一次对京官进行调整,范仲淹因为在睦、苏二州政绩卓著而被调回朝廷,任尚书礼部员外郎、天章阁待制,判国子监。国子监是两宋最高学府,招收七品以上官员的子弟为学生,同时,它也是掌管全国学校的总机构。

"范大人,很高兴你能够重新回到朝中,祝贺你高升。"回朝后不久,受吕夷简的委托,一些大臣借祝贺之名找到范仲淹。"你的为人大家都知道，你对朝廷的忠心天地可鉴。但是，现在职位毕竟不同过去，说话要有所顾忌，不要再轻易发表意见了。就算不为自己想，也要为自己的家人想一想啊，这些年，他们随你四处奔波，担惊受怕，一天安稳日子都没过，何苦呢？"范仲淹听罢，也没有给他们面子，当场义正辞严地说："议论国事，建言献策，是每一位大臣的责任，我怎么能不尽心尽力呢？谢谢各位大人的好意，我做人的原则是不会改变的！"

不久，郭后余波又起。

原来，郭皇后被废后移居别宫，日子一长，宋仁宗似有不忍，便常常派人问候，并写诗慰问，郭皇后作诗和答，其情十分凄楚。有一次，仁宗竟然秘密将郭皇后接入宫中，大有回心转意之意。此时的郭皇后已不再是那个冲动的女主，她郑重地对仁宗说："如果再这样，除非重新册封我为皇后，否则宁死不从！"这种情况让当时力主废后的阎文应等人十分担心。景祐二年十一月，郭皇后得了小病，仁宗让阎文应带着御医去诊治，孰料没过几天，郭后竟然不明不白地暴病而死。大家都怀疑是阎文应做了手脚。

范仲淹等一些朝中大臣，为此做了认真调查，确认正是阎文应暗害了郭皇后。面对如此大逆不道的行为，范仲淹联想到当初吕、阎等人力主废后的往事，顿时怒火中烧，决心不顾个人安危，再次以死相谏，铲除阎文应。这天晚上，他挑灯夜战，彻夜未眠，写了一封参阎文应的奏折。

他知道这次参奏不比以往，牵一发而动全身，因此可能要得罪一批朝中权贵。在书房里，他手里拿着写好的奏章，陷入沉思之中，不知不觉天已大亮，快到上朝的时间了，没有时间再考虑了，"宁鸣而死，不默而生"，一定要坚持到底。他把家中涉及兵法和军事方面的书籍捡出来付之一炬，又把大儿子纯祐叫来嘱咐一番："我今天上朝要参奏小人阎文应，此行凶多吉少，如果我有不测，你要记住，今后你们兄弟一定要远离官场，只能以教书为业。"

朝堂之上，范仲淹力谏，要清除奸佞小人阎文应。高若讷、孔道辅、姚仲孙等一批支持范仲淹的官员，一起给皇上施压，最终迫使宋仁宗做出决定，将阎文应放逐岭南。阎文应病死在流放途中，得到了应有的下场。

阎文应一死，吕夷简失去了一位宫中的耳目。但是为了避免人们说他以权谋私，打击报复，明面上他并没有对范仲淹等采取任何措施，相反却向皇上提议，让范仲淹担任开封知府。

开封，皇城所在地、"直辖市"，其重要程度自然非其他州府所能比。但是，因为地处京城，人口众多，事务繁杂，社会治安管理难度极大，吕夷简让范仲淹担任这个职位，一来让他暂时离开朝堂，二来也想借此寻找机会，抓住范仲淹在京城工作的漏洞和失误，到时候再做文章，来整治一下这个专门和自己作对的人。

可是没想到，一向勤政、善政的范仲淹到开封府任职短短几个月，便把京城治理得井井有条，开封城一派安宁祥和景象，京城百姓交口称赞，连仁宗皇帝也不得不对他刮目相看，经常找范仲淹谈论古今治乱之道。

景祐三年（1036）五月，仁宗皇帝就迁都洛阳之事请大家议论。

迁都的想法，早在宋太宗之时就曾提出，仁宗的父亲真宗也曾想施行，但都未果。仁宗时期，范仲淹同科状员蔡齐等旧事重提，宰相吕夷简推波助澜，支持迁都之举。范仲淹对此持有不同意见，他说："迁都涉及面大，要动用大量的人力、物力和财力，现在国家太平无事，怎么能有迁都的想法呢？但是，西都洛阳是帝王之宅，凭借着关河之险，如果边境有事，情况危急，我们可以退到那里坚守。可是，目前的洛阳城，已经很长时间没有进行储备了，物资匮乏，粮食也远远不足，急难之时，拿什么退守？所以说，应该以那里有皇陵为借口，进行必要的战略物资储备，不出几年时间，储备自然充盈，国家太平，皇上坐镇东京，以方便天下百姓；遇到急难，则可凭借洛阳牢不可破的城池，坚守中原。"

景德元年（1004），辽兵大举攻宋，战争一直打到宋澶渊城下，最后以"澶渊之盟"而结束。太宗、真宗朝议迁都，有"退守"之意，如今，蔡齐等人旧事重提，其意图仍然未出于此。范仲淹反对迁都，但指出可以加强洛阳的储备与防务，这样，可以一举两得，既免劳民伤财，又可以备不时之需。

可是，一向看不惯范仲淹行事风格的吕夷简这次态度十分强硬，他对皇帝说，范仲淹"为人迂阔，务名无实"。言外之意，这个人好大喜功，好求虚名，没有什么真本事，他反对迁都不过是再次引起人们的注意而已。

这件事情之后，范仲淹与吕夷简之间的矛盾并没有停止。吕夷简身为实权在握的宰相，掌管着官员任免的大权，十几年来，不少私交、故吏与门生，经过他的推荐，得以提拔、重用。范仲淹等朝中一些同道中人，对此一清二楚，便想找机会捅破这层"窗户纸"，让人们认清吕夷简在选人用人上的重大过失。

一日，借皇上召见之机，范仲淹把事先写好的《百官升迁次序图》拿给皇上过目。图中清楚地标明，哪些官员是按照正常的途径选拔上来的，哪些是吕夷简利用自己的权力私自安排上来的，以此来说明朝廷人事制度的腐败，希望皇上能够认真查处，同时控制宰相的权力，完善官员任免制度。

此举让吕夷简气急败坏。"你有什么资格来说我！你以前和我作对我还没找你算账，这回你竟然敢公开说我任人唯亲，看我怎么收拾你！"吕夷简怒火中烧，发动那些上了范仲淹"黑名单"的亲信，向皇上奏本鸣冤叫屈。

范仲淹毫不示弱，连上四书《帝王好尚论》《选任贤能论》《近名论》《推委臣下论》，加以反驳。

在《帝王好尚论》中，范仲淹列举古代先朝正、反两方面的案例，引用先哲至理名言，提醒皇上要尚仁义、倡节俭、善纳谏。他说，孔子说过，君主崇尚礼仪，那么老百姓不敢不恭敬；君主崇尚仁义，那么老百姓不敢不驯服；君主崇尚诚信，那么老百姓不敢不讲信用。所以说圣明的君主不是不能有喜好，关键在于他的喜好是不是"正"。尧帝设敢谏鼓接受臣子的劝谏，好的建议得以采纳，善良的人得到表扬；舜帝不耻下问，终成至化。而也有相反的例子，商纣王喜欢利欲，不喜欢臣子的劝谏，最终亡国。秦王喜欢打仗，严刑酷法，不喜欢施仁义，天下归于西汉。隋炀帝喜欢享受，不喜欢俭朴，天下归唐。如果商纣王喜欢直言敢谏的人，秦始皇好施仁义，隋炀帝喜欢恭俭，那么，岂能有国破家亡之祸？

在《选贤任能论》中，范仲淹引经据典，说明"王者得贤杰而天下治，失贤杰而天下乱"的道理，提醒当今皇上能够"以俊乂为德，不以柔讷为行"，这样，群贤才能毕至。

《近名论》则是范仲淹对吕夷简对他"迂阔近名"评价的最直接的回击。范仲淹不否认对名的爱，但这名是好名、善名、忠诚守信的名，追求真善美的名是人之常情，国家对有忠义之名的臣民进行表彰，可以鼓励、吸引更多的人为国家建功立业，这样，爱"名"有什么不好呢？

在《推委臣下论》中，范仲淹引用古代的案例，阐述"圣帝明王常精意于求贤，不劳虑于临事"。也就是说圣明的皇上不一定要事必躬亲，而贵在能够正确识人、精选可用之人，大胆使用，最终使"人人竭力，争为腹心"。

范仲淹在未到朝廷任职之前，就多次上书给执政者。这次，得以近距离地接触皇上，表达心愿，自然说得畅快淋漓。而其中在表达这种愿望的同时，他没有忘记以笔为枪，投向吕夷简。在一次上书中，范仲淹借汉成帝时弄权奸臣张禹影射吕夷简，提醒皇上加以防范。

范、吕之争终于撕破脸皮，开始真刀真枪。

得知范仲淹的一系列言论和举动，吕夷简提拔的官员中不乏内宫亲属，他首先通过中宫将消息传递给内宫曹皇后，说范仲淹指责自己利用职权，违反程序提拔重用了不少内戚，并以当初废、立皇后的事提醒曹皇后，说范仲淹对当初新立皇后有意见，以此来挑拨曹皇后与范仲淹的关系，给范仲淹施加压力。又鼓动那些上了《百官图》的亲信，反诉范仲淹等人结党营私，最后，吕夷简总结发言，在朝堂上提出三条罪状，参奏范仲淹"越职言事、荐引朋党、离间君臣"。

范仲淹权知开封府，是朝廷行政大臣，已不是言事之官，不在其位，却屡次上书言事，而且说了许多不该说的、离间君臣、不利于团结的话。"再说，范仲淹说我任人唯亲，我如此腐败，那么，我怎么能在宰相这个重任上干了这么多年？如此，难道不是说皇上不辨是非，用人不当吗？"吕夷简疯狂地反攻。"范仲淹说我结党营私，那么，余靖、尹洙、欧阳修等，他们又是什么？难道他们不是朋党？"

仁宗皇帝在曹后及以吕夷简为核心的反对范仲淹势力逼迫下，再一次罢免范仲淹开封知府，贬官知饶州。

范仲淹的忠心、正直，宋仁宗了然于胸。但是，仁宗在对吕、范二人的影响权衡后还是做出了这样的选择。范仲淹的做法，实际上也违反了北宋统治者的"中庸"之道。大中祥符八年，也就是范仲淹进士及第的那一年，宋真宗诏命右谏议大夫慎从吉为给事中、权知开封府，慎从吉上任前，真宗皇帝找他谈话明确告诫他："京府浩穰，凡事太速则误，缓则滞，惟须酌中耳。有请属，一切拒之。"后来，慎从吉当上开封知府，有很多人说他的坏话。真宗问大臣是什么原因，有大臣说："因为慎从吉这个人好说别人的过错……"真宗说："唉，看来当官的还是要守常道呀！"

范仲淹的做法是不守"常道"的，更不用说是"中庸"了。到了仁宗朝，这个还未站稳脚跟的皇帝，自然不会因为不守"常道"的范仲淹而得罪当朝宰相，吕夷简提出范仲淹的三条罪状，其中最为重要的也是最致命的就是"荐引朋党"，这是宋氏家法中绝不能容忍的罪状，也是处分范仲淹的最好的理由。

八
因心而友　惟德是依

　　范仲淹得罪了宰相，有人避之唯恐不及，有人高调送别；有人沉默不语，有人则一谏再谏；更有人不惜冒着被贬官、被"朋党"的风险，自称与范仲淹"一党"，这一切，让范仲淹感受到了正义的力量，也体会到了友谊的珍贵。

　　景祐三年（1036）五月，大宋开封城郊外，一处驿亭。
　　龙图阁直学士李紘、集贤校理王质在这里为范仲淹设便宴送行。这次被冠以"朋党"之名，皇上还特意命令禁军到范仲淹家中查抄"违禁品"，虽然没有查到什么证据，但是，慑于"朋党"的嫌疑，许多朝中大臣都不敢出面为范仲淹送行。
　　有斗争就会有牺牲，范仲淹对这样的结果早已做好了心理准备，但想到自己那么多朋友也因此受到牵连，难免又有些不忍。
　　皇上要贬范仲淹的官，秘书丞、集贤校理余靖据理力争："陛下自执政以来，三次放逐言事的人，这不是太平之政，请陛下火速收回成命。"余靖因此被当作范仲淹的同党，被贬为监筠州酒税。太子中允、馆阁校勘尹洙上言："我与仲淹义兼师友，范仲淹因朋党之名得罪，我岂能独免。"自己请求免官。吕夷简大怒，贬尹洙监郢州酒税。
　　右司谏高若讷本应尽谏官之责，对此加以劝谏，可是，最应该说话的他在这场斗争中却三缄其口。欧阳修给高司谏写了一封信，希望他能尽职尽责，为范仲淹正名，孰料高若讷竟然把信直接交给了皇上。欧阳修再度修书给高若讷，在这封信里，他义正辞言地批判了高若讷的行为，说他"不知人间有羞耻事"。欧阳修因此被贬为夷陵令。

馆阁校理蔡襄特意做了一首《四贤一不肖》诗。"四贤"专门称颂范仲淹、余靖、尹洙、欧阳修，"一不肖"用以影射高若讷。

在这种情况下，范仲淹也不想惊动太多的人，不想让他们受到牵连。收拾好行囊后，他携妻带子，悄悄上路。可是没想到李大人、王大人还如此仗义，亲自冒着风险为自己饯行，实在令人感动。

王质当时正在家中休病假，他完全可以假装不知道，或者托病让别人代为送行。但是，得知范仲淹被贬的消息，王质拖着病体，毅然决定亲自为范仲淹饯行。有大臣好意劝阻他："王大人，你现在身体有恙，正好可以以此为借口推脱，再说，好多人避之唯恐不及，你何故要自陷'朋党'？"王质正色道："范大人是天下贤臣，他遭此不公待遇，我怎么能不去送行呢？如果能把我列为范大人这样贤者的同党，这是对我最大的赏赐了，我乐意还来不及呢！"

谈到这些，范仲淹不禁心潮起伏，不由得上来酒兴，举起酒杯与两位大人一饮而尽。"范大人此行尤其光耀啊！"两位大人齐声称赞。范仲淹闻言，不禁放声大笑："哈哈哈，二位大人，诚如你们所言，到这次我已是第三次'光耀'了！"

原来，因为谏皇上率百官为皇太后上寿、上书请求太后还政，初出茅庐的范仲淹第一次被贬为河中府通判，有好朋友为他送行，对他不畏权贵、忠心为主、敢于直言的行为大加赞赏，称赞范仲淹虽贬犹荣，十分"光耀"；第二次因为谏废郭皇后，被贬知睦州，同样有同僚好友为其送行，称赞他的忠直义举，说此行极其"光耀"。这次李、王两位大人说出同样的话，难怪范仲淹忍不住放声大笑。

然而，此次背景毕竟不同，朝中形势发生了巨大变化，表面上是党派之争，实际上是大宋王朝深层次矛盾的外化。酒过三巡，几番安慰、几番叮嘱之后，三位大人互道珍重，就此话别。

宋时的江南东路饶州府，治所在今江西省鄱阳县，西南紧靠鄱阳湖，东北濒临崇山峻岭，路陡山高，交通十分不便。范仲淹带着妻子和三个孩子，从开封出发水陆并进，辗转来到饶州。沿途经过十几个州县，由于范仲淹得罪了朝廷权贵，除扬州知州陈恭执外，所经州县地方官员都不敢出面接待，而范公却依然襟怀坦荡，赋《郡斋即事》诗自勉："三出专城鬓似丝，斋中潇洒过禅师。近疏歌酒缘多病，不负云山赖有诗。半雨黄花秋赏健，一江明月夜归迟。世间荣辱何须道，塞上衰翁也自知。"

范仲淹同科进士谢绛寄诗对范仲淹的遭遇深表同情，范仲淹和诗一首，回应谢绛的慰勉。"再贬鄱川信不才，子规相爱劝归来。客心但感江山助，天意难期日月回。白雪孤琴弥冷淡，浮云双阙自崔嵬。南方岁晏犹能乐，醉尽黄花见早梅。"这首《依韵酬黄灏秀才》的七律，是范仲淹来到饶州后，送给都昌秀才黄灏的奉答，从中也可以看出范仲淹来饶州时的心境。

在《饶州谢上表》中，范仲淹也诚恳地道出了自己的缺点："处事欠考虑，不精细，言论过于直率。但是，智者千虑必有一失，虽然我一心一意想着朝廷和陛下，但是难免百密一疏出现漏洞。"

这虽然是《谢表》中常见的笔法，但是也确实看出范仲淹在反思自己的行为，同时，也是给皇上一个台阶，不失为主动缓和与统治者关系的一种积极举措。范仲淹应该对自己的行为反思。虽然，他一心为公，但是，在对待吕夷简的问题上，确实有欠考虑。吕夷简毕竟是朝廷元老、重臣，是皇上的近臣，上《百官图》的做法实在有些过分。在这封谢表里，范仲淹再次表达了自己的做人为官准则和直言勇谏的决心，他说："然而有犯无隐，惟上则知；许国忘家，臣亦自信。动静三思，始终一志。"希望皇上能够以博大的胸怀对待自己，自己必将尽心竭力，做好饶州任上的每一件工作。

范仲淹离开了繁华的京城，走出了朝廷官场的纷扰，来到了偏远的湖泽之乡。在饶州，范仲淹肺疾加重。由于多次被贬、禁军抄家，加上旅途劳顿，其妻李氏身心遭受极大摧残，不久便含恨而死。

她为范仲淹留下三男两女，大的不过十三岁，小的才四五岁。厮守了十几年的妻子过早离去，范仲淹悲痛欲绝，三天不食，七天不睡。后来追忆此事"愁肠已断无由醉，酒未到，先成泪""明月楼高休独倚，酒入愁肠，化作相思泪"。

　　范仲淹结发妻李氏的叔父是宋太宗时的参知政事李昌龄，其父李昌言虽然没有什么功名，却也饱读诗书。生长在这样的诗书世家，李氏知书达礼、深明大义，对范仲淹的行为给予大力支持，同时，也承担起赡养婆母、抚养孩子的重任。范仲淹曾经多次向纯祐、纯仁、纯礼三个孩子回忆起李氏年轻时与自己同甘共苦、相濡以沫的生活，告诫孩子们要牢记母亲，永守孝道。

　　在此时，迁任浙江建德县令的梅尧臣特地寄来《范饶州夫人挽词二首》。梅尧臣比范仲淹小十四岁，虽然屡试进士不第，但学识渊博，才华横溢，是北宋著名诗人，上文提到的谢绛是他的大舅哥。大约在天圣九年（1031），在谢绛的介绍下，范仲淹与梅尧臣相识。范仲淹被贬睦州时，梅尧臣赋诗《聚蚊》《清池》，对范仲淹表示同情和支持。读过范仲淹的《严先生祠堂记》后，他专门写一首读后感，其中以范记中的话入诗："欲以廉贪夫，又以立懦士。千载名不忘，休哉古君子。"

　　在范仲淹被贬知饶州后，时任建德知县的梅尧臣又多次写诗，把范仲淹比喻成爱国诗人屈原和"啄木鸟"，支持范仲淹。这次又专门前来吊唁亡妻，范仲淹心中不免为之感动。

　　可是没多久，范仲淹接到了梅尧臣的《灵乌赋》。远方的朋友来信，范仲淹很是欣慰，便立即打开观看——"灵乌赋"几个小楷字赫然入目，再看内容：

　　"……凤不时而鸣，乌鹊鹊兮招唾骂于邑间。乌兮，事将乖而献忠。……胡不若凤之时鸣，人不怪兮不惊！……吾今语汝，庶或汝听。结尔舌兮钤尔喙，尔饮啄兮尔自遂，同翱翔兮八九子，勿噪啼兮勿睥睨，往来城头无尔累。"

　　"是好心的劝告？是冷嘲热讽？是恶意的攻击？"读着这篇显然是经过精心策划与思考的赋，范仲淹心中越想越不是滋味。他不明白，一向支持自己的梅尧臣何以在这个时候寄来这样一篇让他百思不解的赋。

115

说话是人的自由，作为一个臣子，向皇上建言献策，只要是忠言，逆耳又有何妨？"知我者谓我心忧，不知我者谓我何求。"范仲淹意识到，梅尧臣与自己不是同路中人。但是，不管梅赋的目的如何，不能置之不理，一定要表明自己的态度。范仲淹坐在书房里奋笔疾书，很快一篇《和灵乌赋》出炉，在这篇赋里，范仲淹旗帜鲜明地提出自己的观点：

> 故割而可卷，孰为神兵？
> 焚而可变，孰为英琼？
> 宁鸣而死，不默而生。

此后，梅尧臣与范仲淹的关系开始恶化。庆历四年（1044），在新政失败之后，梅尧臣写了一首《异同》诗，对范仲淹加以讥讽。庆历五年（1045），梅尧臣写了《谕乌》诗和《灵乌后赋》，攻击范仲淹"营私结党"。《谕乌》诗甚至将范仲淹比做"乌"，而把他的党人比做鹳鹆、秃鹙、野䳕、雀豹等。

《灵乌后赋》也写于庆历五年，其内容跟《谕乌》大同小异。只是前者的语气似趋向平和，但其锋芒却更加尖锐，指事亦更加明确。范仲淹也曾反思，自己这些年虽然屡遭贬黜，但也推荐很多贤能之人，梅尧臣对自己一直很支持，可是自己却一直没有举荐他，可是，人事安排毕竟不是我一个人说得算的，他不会因此对我怀有抱怨吧？但是，反思归反思，除了《灵乌赋》回应梅尧臣外，此后，范仲淹再也没有对梅尧臣的言论做过任何的回应。不过，我们仍然可以从《和灵乌赋》中探明范仲淹这样做的原因："君不见仲尼之云兮，'予欲无言'。累累四方，曾不得而已焉；又不见孟轲之志兮，养其浩然。"

"予欲无言"，语出《论语》。孔子说："予欲无言。"意思是我什么也不想说。子贡说："您老人家如果不说，那我们这些后生小子怎么说呢？"孔子说："春夏秋冬一年四季都在运行，天下万物都在生长，可是天说什么了吗？天什么也没说。"范仲淹对于梅尧臣的再三攻讦，再无反驳之言论，这恐怕是最好的注解了。如果说，用孔子的话来表明态度还没有挑明，那么，范仲淹用孟子的话，恐怕就再明白不过了：人要善养浩然之气，没有了这个"气"，活着还有什么意义？

皇祐三年（1051），范仲淹知青州，他专门举荐御史台主簿张讽到青州任职。与张讽关系密切的梅尧臣曾写过一首《送张讽寺丞赴青州幕》诗，虽然大部分篇幅是赞美富弼在青州的德政的，但是其中也称赞范仲淹为"贤牧"，称范仲淹荐举张讽为"贤牧又选贤"，说范仲淹"德业人所伏"。可以看出，梅尧臣对范仲淹态度的转变。

自从梅尧臣与范仲淹发生矛盾以后，二人没有文字上的直接交往，梅尧臣何以在这个时候态度发生转变，不得而知。但有一篇文字，或者可以有所启示。

庆历六年（1046）范仲淹在新政失败之后，在邓州任上也在思考一个问题，他认为一个人穷也好，达也罢，都是外物。他说，孔子的学生有七十个，其中，有的名显于诸侯，有的则穷困于闾巷，但是却没有听到哪个学生对老师有抱怨之语。因为，不论穷与达，他们都得到了孔子的真传，都适得其所，都被时人或者后人视为贤者，都实现了自己的人生价值。相反，战国那些纵横四方的豪士，因为没有进圣人之门，没有行圣人之道，虽然因此改变了命运，但最终得不偿失，难以入流。

范仲淹"以德以功，既无忝伊傅之为辅相；以学以识，则有功于洙泗道统之传"。可以想象，虽然这些言论出自他为朋友写的墓志铭里，然而，从某种意义上说，也是在规劝像梅尧臣这样的人：就算是没有当官，没有显达于诸侯，只要坚守孔子之道、孟子之气，也一定会像孔子的学生一样"天下皆知其贤"。梅尧臣成为一代著名的诗人，这难道不正是范仲淹所期待和预测的那样吗？

饶州人一向有种茶的习惯，其中浮梁县百姓普遍种茶。有一天，范仲淹和随从一行人从饶州城里出发，来到鄱阳县东北部的铁炉冲村访问故友胡光先生。听说范大人来了，村里人一传十、十传百，他们从自家梨树上挑选最大的梨子摘下来，要送给这位贤知州。"范大人是清官，是天下第一大好人。"人们兴奋地说。范仲淹拿着百姓送来的大梨子说："这个村种了这么多梨树，梨子这么大，以后就叫大梨胡家吧。"这话当场就把众多的百姓逗乐了，"这个名字好，好记，还给我们的梨做了宣传"。为了纪念范仲淹，鄱阳铁炉冲村的茶农将村名更名为"大梨胡家"。至今，《胡氏宗谱》上还有"此村名为北宋景祐年间范仲淹所取"这样的记载。

当范仲淹问到村民的生活状况时，胡光当着范仲淹的面说："这里百姓茶税太重了，有的百姓承受不了，已经背井离乡，外出逃难了。"范仲淹听了心里十分沉重。事后他专门对此进行调研，查明情况。他随后给朝廷写了奏折，反映这里茶税过重的情况，请求减免茶税。宋仁宗见了奏折批示准奏。

饶州所辖德兴县矿产资源丰富，北宋初期这里就已经开采银矿。由于官府向矿工们榨取苛捐杂税，一年到头无利可获，无法养家糊口，迫于无奈，矿工们纷纷逃离矿山，银矿几乎成了一块荒地。范仲淹得知后亲自到矿上察看，看到那些衣不蔽体、积劳成疾的矿工后，他深表同情。回到官府，一封奏折很快由递夫送往京城。范仲淹的行动让那些矿工看到了希望，已逃离的矿工得到消息后，纷纷回到矿山，德兴银矿得以复兴。

来饶州不久，当地百姓了解到范仲淹曾经做过"司理参军"，颇有声名，不少人便慕名前来，向他喊冤。

有一天，鄱阳县的一个妇女牵着两个孩童跪拜在署衙前喊冤，那妇人悲伤地说："我丈夫冤死在狱中，请大人做主，为我丈夫伸冤！"范仲淹安慰了那妇人后，立即到县监狱，亲自调查此案。通过调查审核，证实了这妇人的丈夫确是在狱中遭严刑拷打而死，而且还了解到监狱中经常发生囚犯死亡现象。范仲淹十分震怒，严厉处罚了狱中看守官吏，并下令饶州各县严禁狱中滥用私刑，严禁逼供。他还要求部下办案必须慎重，多做调查研究，重证据。这样，监狱有了严明的狱规。此后，很多案件均能获得公正处理。

宋时的饶州城，东依下东湖，西临滨州湖，北枕芝山，南襟鄱江，是个水中城。范仲淹守饶州期间，饶州城洪水成灾，沿鄱江一带城坝有几处为洪浪冲毁。水退之后，立即征发民工修复。可就在为城坝垒基时，基坑渗水如注，屡砌屡塌。范仲淹于是问计于沿湖民众，最后采取"河中淘金"的办法，在基坑周围挖坑排水，又用糯米蒸熟后掺拌石灰砌石块，城基立成，坍毁城坝很快修复竣工，"金沙为媒，城基为证"，成为时人佳话。

"身甘一支巢，辛苦千仞翔，寸怀如春风，思与天下芳。"面对外洪内涝，灾民饥困，范仲淹将个人得失恩怨抛在脑后，积极投身于救灾事务中。他下令疏通内渠，亲自到工地监工，将城内的污水引出城外，当时的新桥、大龙桥、小龙桥、永平门外的浮桥下的沟渠在一个月内全部疏通。

为防止灾后疾病发生，他又提议在城内多挖水井，改变吃河水的习惯。今天鄱阳镇的很多古井大多是那个时候挖的。老百姓感激地说："挖井用水不忘范仲淹。"

景祐四年（1037）年底，并州与忻州一带发生强烈地震，当地百姓受灾严重，民间谣言四起，人心惶惶。此时朝廷也发生了"震荡"，群臣对此异象也颇为恐慌，宋仁宗召集群臣商讨对策。时任直使馆职的叶清臣乘机向皇上进言说，这些年，朝中直言谏臣屡屡被贬，朝中言路不畅，正气不扬，地震之灾正是上天对我们的惩戒，应该重新起用谏臣，广开言路，恢复谏官"风闻言事"的传统，以顺应天意。

范仲淹等一批谏臣被贬谪地方后，朝中大臣避"朋党"之嫌，很少有直臣纵论朝中大臣的缺失，更不敢涉及典章制度、内宫与圣上，宋仁宗也隐隐感到言路不畅的"后遗症"。听了叶清臣的报告，便有了同意重新起用范仲淹等人的想法。曾以"朋党"之罪名力主处罚范仲淹的一些大臣便又从中作梗，寻事诬陷。幸亏有参知政事程琳挺身而出，为范仲淹辩解。仁宗摒弃前嫌，收回再次贬范仲淹到岭南的成命，下令范仲淹到离京城较近的润州任职。

九
庆朔堂前：一段被演绎的"情史"

"庆朔堂前花自栽，便移官去未曾开。年年忆着成离恨，只托春风管勾来。"此诗一出，立即让好事者辗转引述，并被演绎成范仲淹的一段"情史"。

没有爱情，便没有文学；没有出轨，更没有文学的高潮。风流韵事的流传速度，远远胜于举案齐眉。而对于一个廉洁之人，如果不能在金钱上玷污他，那么，便只有美色了。范仲淹大概没有想到，自己写的一首小诗，被人当作了"污点证人"。

在饶州期间，范仲淹在州治附近修建了一个建筑，取名为"庆朔堂"。至于这个名字有何寓意，尚无定论。"朔"有开始之意，也有北方之意。难道是范仲淹要庆祝自己新的开始吗？还是对位于北方的君主有所期待呢？

宝元元年（1038）正月，范仲淹离开了待了一年半的饶州，调往润州任职。在润州他写下了一首七言绝句，题为《怀庆朔堂》："庆朔堂前花自栽，便移官去未曾开。年年忆着成离恨，只托春风管勾来。"此诗一出，立即让好事者辗转引述，并被演绎成范仲淹的一段"情史"。宋代很多笔记、小说中记载：范仲淹创建庆朔堂后，经常在那里组织一些聚会，当然少不了有歌伎舞女参加。期间有一个小乐伎年轻貌美，技艺超绝，范仲淹十分喜欢她。这首诗便是借花喻人，向那位歌伎表达相思之情的。

"食色，性也。"如果仅仅如此，对于一身正气、名节无疵的范仲淹来说倒也不失为一个有点人性化的浪漫插曲。可是，这个故事几经演绎，便变了味。有人说，范仲淹把这首诗寄给了在饶州的好朋友魏介之，委婉地表达索要歌伎之意。而魏介之真的花钱把那位歌伎买来，送给了范仲淹，这就断然难以取信。

魏介之确实是范仲淹的好朋友，范仲淹到润州不久，滕子京和魏介之二位同年不顾风险跨过长江，亲自到润州拜访。好友相见开怀畅饮，吟诗作赋，在感悟光阴飞逝的同时，畅叙友谊，忧伤的心得到了少许慰藉。范仲淹有《滕子京魏介之二同年相访丹阳郡》诗记录了当时的情景："长江天下险，涉者利名驱。二公访贫交，过之如坦途。风波岂不恶，忠信天所扶。相见乃大笑，命歌倒金壶。同年三百人，太半空名呼。没者草自绿，存者颜无朱。功名若在天，何必心区区。莫竞贵高路，休防谗嫉夫。孔子作旅人，孟轲号迂儒。吾辈不饮酒，笑杀高阳徒。"

可是，魏介之送歌伎给范仲淹却是无中生有之事。

激烈的斗争，宦海的沉浮，家庭的变故，范仲淹备感沉重。刚到饶州不久，范仲淹的夫人李氏便去世了，灵柩一直寄存在寺院中。到润州后，尚未交政，范仲淹把妻子的灵柩安顿在瓜洲寺里，便抽空到附近的道教名山茅山问道。赋诗《移丹阳郡先游茅山作》："丹阳太守意何如？先谒茆卿始下车。竭节事君三黜后，收心奉道五旬初。偶寻灵草逢芝圃，欲叩真关借玉书。不更从人问通塞，天教吏隐接山居。"

三次被贬的心灵创伤，如何能够修复？诗中的句子"收心奉道""吏隐"，暴露了他当时的心境。建设庆朔堂，文人雅集，歌舞助兴，这个自然在情理之中。而在范仲淹处在人生低谷之时，对一个技艺高超的妙龄少女钟情属意，似乎也是人之常情。我们倒真的希望有这样一个妙龄女子，能够让他忘记官场的黑暗，让他减轻丧妻之痛，让他重新振作起来。可是，范仲淹不需要这些。否则，他就不是范仲淹了，也不会被一代理学大家朱熹称之为"天地间气第一流人物"了。

范仲淹有着强烈的出仕用世意识。在《贤不家食赋》中说，"咸簪缨而奉国，岂菲薄而在家"。即便是歌颂隐者，他也不推崇那种躲在深山老林、远离尘世喧嚣的生活，而津津乐道的是"乃知神仙徒，非必烟霞地"。是啊，如果自己这样的食君俸禄之人都想着收心奉道了，谁还会为国分忧、为民解难呢？

在润州北固山上有座著名的寺院，名叫甘露寺。内有唐代另外一个名相李卫公的真堂，范仲淹利用闲暇前去拜谒，因为李卫公的真堂地方窄小简陋，范仲淹命人将其真堂迁到比较宽敞的南楼，重新依样进行修建，并在南楼一侧刻上了李卫公的传记。

这时，范仲淹收到友人钱绮翁的书信，说他的叔父钱惟演曾经收集李卫公的集外诗文，汇编成册，取名《一品拾遗》，其中有《浙西述梦诗》四十韵。当时元稹在浙东，刘梦得在历阳，二人均有和诗。范仲淹认真拜读了李卫公、元稹及刘梦得的诗，有感于他们三人才大名高却被当世所不容的事实，特撰写了《述梦诗序》，对三人分别做了中肯的评论。

刘梦得与柳宗元、吕温等人因为永贞革新之故，被列为王叔文同党，被贬废不用。永贞革新在宦官、权臣及藩镇势力的联合反对下，以王叔文被害，刘梦得、柳宗元等被贬而告终。范仲淹在这篇序里，肯定了"永贞革新"的历史意义，同时，也为被广为诟病的"二王八司马"恢复名誉。

来到润州后，范仲淹立即被这座古老而又美丽的城市吸引。《京口即事》诗："突兀立孤城，诗中别有情。地深江底过，日大海心生。甘露楼台古，金山气象清。六朝人薄命，不见此升平。"

另有《送识上人游金山寺》诗，赞镇江山河之壮美："空半簇楼台，红尘安在哉？山分江色破，潮带海声来。烟景诸邻断，天光四望开。疑师得仙去，白日上蓬莱。"

沉重的心情是事实，然而，与国家命运相比，与自己的道义追求相比，这些又算不了什么。在《润州谢上表》中，范仲淹借汉代直臣汲黯和唐代名相裴度的事表明心迹，说明他们同样有缺点和过失。自己言论经常涉及朝中大臣，议论也常常触及典章，难免出现不当。但自己"徒竭诚而报国，弗钳口以安身""进，则持坚正之方，冒雷霆而不变；

退，则守恬虚之趣，沦草泽以忘忧。"他建议皇上，要重视树立自己的君威，不要为权臣所控制，希望皇上日理万机，躬亲而不倦。

润州城东门关河上有一座桥，是关河两岸的交通要道，由于年久失修，破损十分严重。范仲淹请来专家进行重新设计，并拨出专款加以修缮，桥成，命名为"清风桥"。后来，镇江人为了纪念范仲淹，把这座桥叫作"范公桥"。

宝元元年（1038）十一月，范仲淹移知越州的任命书下达后，他正在组织修建府学和对清风桥的施工。待到处理完善后事宜，已是第二年的三月，他方才起程前往越州赴任。

临危受命

— LINWEISHOUMING —

　　康定元年（1040）三月，在越州知州任上已经51岁的范仲淹恢复天章阁待制、知永兴军。一路上还未到任，便连升三级。范仲淹是文官，没有半点武艺，他的头上还顶着"三项罪名"，是三贬之身，当时的北宋，军队兵员达到100多万人。为什么会选择文臣范仲淹抗击西夏？

一

君臣共治成风尚

　　宝元元年，北宋群星流散，月行黄道，雷震不时，"灾眚数见"，宋祁、苏舜钦、苏绅、叶清臣、韩琦等大臣纷纷以灾异之象为戒，劝皇上思己之过，广开言路，择贤用人，范仲淹多次被当作"例子"提及。两年多来，大臣缄口不敢议朝政的现象得到改变，君臣共治成为风尚……

　　时间向前推到宝元元年，范仲淹到西北上任的两年前，北宋发生了很多灾异之象：群星流散，月行黄道，大地震动，雷发不时。

　　日月星辰，各有其道。群星四散，脱离了原有的轨道；黄道，本是太阳行走的轨道，月亮走到了太阳的道上，这也不符合常理。当时的天下百姓已经食不甘味，寝不安眠，大家聚在一起，议论起来胆战心惊，就连说话的声音都压得很低，生怕被天神地灵听到。"冬雷阵阵，夏雨雪"，这种看似违背常理、绝不可能出现的事物，被古代善男信女作为赌誓发咒的东西，在文学作品中广为应用。可是，在不应该打雷的时候打雷了，这种事在北宋的冬天却真实地发生了。当然，这些虽然足以让人恐惧，但还不至于真正给人们带来伤害。可是，给人们带来真正伤害的灾异还真有，这就是大地震！大理评事、监在京店宅务苏舜钦上书中写的事实：河东大地震，造成几十万人口和牲畜死亡，而且余震不断，断断续续持续了半个月。

　　古人认为天人合一、天人感应，这种观念不仅在百姓中根深蒂固，就是在受过教育、有大见识的官员中，同样心存敬畏。在他们看来，天人感应，二者是相通的。人做得不好，天就会惩戒；相反，人改过从善，天则会原谅。大臣们从这灾异频繁出现的情况出发，向皇上提出了各种各样反思的建议，而皇上也诚惶诚恐，虚心接受大臣建议，认真查找过失，采取弥补措施。

早在景祐四年（1037）十二月，京师发生大地震后，直使馆叶清臣对范仲淹当年被黜之事仍然耿耿于怀，他借机上书指出，范仲淹因为得罪宰相吕夷简被贬快两年时间了，大臣们忍气吞声，有口不言，不敢议朝政得失，这个"后遗症"应该治治了。那一次，皇上采纳了叶清臣的意见，范仲淹由饶州转赴润州任职，离京城更近了一些。

刑部员外郎、直史馆、同知礼院宋祁上疏，他把"月行黄道"与"边戎窥间"联系起来，让人对边境地区的安全加以警惕，真是切中了要害。不过，这只是假设，事实上这些现象并没有真正大规模地发生，所以断难取信于人。宋祁的可贵之处在于，他能够忧患在先，他在上疏中尖锐地提出，"假有荡析，以何策固安？假有饥空，以何理振救？脱致窥间，可任之将谓谁？倘令擅恣，可防之奸有几？"四个假设，步步紧逼，令人无法回避。

而这次宋祁上书不久，皇上下诏要求大臣们直言进谏。规定大臣们在半个月内都要实封进言，皇上要亲自披阅，择善而从。有了这道诏书，上书似乎更加名正言顺了，于是上书直言的人自然多起来。

北宋最初的一百年里，真的有很多贤明的大臣，而皇上推行的"君臣共治"之策成效颇丰。虽然内忧外患不断，但是，北宋并没有被危机击倒，相反，却创造了很多辉煌。

大理评事、监在京店宅务苏舜钦在上书中说，"天人之应，古今之鉴，大可恐惧"，为什么灾异如此频繁、如此骇人听闻？"……西北羌夷，有背盟犯顺之心乎？"在这里，他特别对西夏"背盟"提出了警告。而且，他专门提出范仲淹的事，为范仲淹鸣不平。他说，"又见范仲淹以刚直忤奸臣，言不用而身窜谪；降诏天下，不许越职言事"。希望皇上能够"正心""择贤"。

宋祁紧接着又上第二疏，他提出三件"可虑"之事：第一，希望皇上能够把持赏罚操决的大权，不要把这些权力下放给大臣，防止结党营私。第二，为直言上书者保密，以防止直言之人受到迫害。第三，管好后宫，使"上下有制，不相踰越"。宋祁对谏官、御史这些天子耳目之官结舌不言提出批评，对谏官、御史的选拔制度提出质疑，同时，希望皇上能够宽容直言之人，不能让人因为"狂言"得罪。

宋仁宗之时，比之太祖、太宗、真宗，皇权似已旁落。仁宗安逸有余，对大臣的权力限制有所减轻，宰相等实权派权力加大，导致很多想升迁之人，纷纷走权臣之门。在这种情况下，一些直言之臣上书中，便把矛头指向了权臣，他们寄望于皇上，希望皇上能够收回大权。所以，直史馆叶清臣上疏中说，"王者之所以横制六合，抚有万民者，在握刑赏之权，不授人以柄而已"。

叶清臣等人的观点，恰是范仲淹当年对吕夷简专权指责的继续。由此也可以看到，由于受"朋党"之害，范仲淹指责吕夷简被贬之后，宋廷言路闭塞之重。而借助灾异频发之机，有识之士再不能缄口不言，皇上也在反思，不得不改变策略，放松"越职言事"的约束，君臣共治形成潮流。

右司谏韩琦上书，有当年范仲淹之风，他把矛头也指向了当朝的宰相，认为"丞弼之任，未得其人"。韩琦说的这个"未得其人"的宰相是王随、参知政事石中立，在韩琦等人的言路炮轰下，王随罢为彰信节度使，石中立罢为户部侍郎，张士逊、章得象、王鬷、李若谷、王博文、陈执中搭建了新班子。

在这个时候，韩琦当然没有忘记范仲淹那一帮被目以为"朋党"的哥们，他们是杜衍、孔道辅、胥偃、宋郊、范仲淹。韩琦说："众以为忠正之臣，可备选擢。"

但是，思想解放的潮流形成并不是一帆风顺。宝元元年十月，皇上再次下诏戒百官朋党。范仲淹当初被贬，罪名之一就是"荐引朋党"，这次借助灾异之变，很多大臣再次兴起力挺范仲淹的言论高潮，皇上害怕"朋党"风浪再起，只好再次下诏告诫群臣。但是，新任参知政事李若谷提出了不同意见，他说："近岁风俗薄恶，专以朋党污善良。盖君子小人各有类，今一以朋党目之，恐正臣无以自立。"宋仁宗对李若谷的意见表示赞同，已有用范仲淹之意。

后来，韩琦被派往西北御敌，他以身家性命担保，力荐范仲淹，范仲淹复出在即。

二

元昊称帝：挑战北宋的底线

深谙宋代典籍、汉家文化的元昊，不再继承父辈做大宋附庸的路线。他开始处处学习、效仿宋朝的礼仪、官制，模拟汉家的生活方式，并在国内进行了一系列的改革，为称帝做着准备。同时，试探性地向边疆地区挑衅……

宝元元年十月，元昊称帝。这一事件，让北宋君臣大吃一惊。当天，宋朝的大臣正在家休假，可是消息传来，还是让整个京城惊恐不已。那些权臣们自发地穿上朝服，坐轿的坐轿，骑马的骑马，匆匆忙忙从家中出来，直奔朝堂而去。东京汴梁的大街上，车水马龙，行色匆匆，大臣、武将的脸上写满了焦急，京城的百姓，议论纷纷……

宝元元年正月，元昊派人到五台山供佛，他特意写了一份请示，想让宋朝派人引导护送，当然，友邦来了"客人"，到宋朝的五台山烧香拜佛，少不了要好吃好喝招待。西夏人说得很委婉，但宋人是照单全收，不仅招待费全免了，还派专人护送，一直到佛教圣地五台山。元昊当然不是真心来供佛的，他是来刺探河东道路的，是为了入侵宋朝做准备。历史书中这样写的，"元昊实欲窥河东道路故也"，但是，当时的宋人是否真的知道元昊的真实目的，却未可知。事实上，外交使臣就是"合法的间谍"，从古至今，都是如此。所以，元昊派人到五台山供佛是假，刺探道路的远近、山川的险易、防备的有无，这才是真正的目的。

其实，元昊称帝，蓄谋已久，之前，早已做了大量的准备工作。

西夏是党项族建立的国家。北宋建立初期，西夏国向宋称臣。作为交换条件，宋每年要给西夏大量的金、银、钱、茶叶等。"金钱外交"换来了边境地区长达几十年平安无事，两地的百姓，也时常互相走动，进行贸易。

西夏王李德明的儿子李元昊自幼勤于学习，不仅创造了西夏文字，同时也是"汉语通"，精通汉学，嗜读兵书和宋朝的典章制度，喜欢骑射格斗，成为出众的西夏首领。他曾不止一次地劝谏他的父亲，不要再向宋称臣。

李德明则不然，他告诫儿子元昊说："我多年用兵打仗，实在是疲惫不堪了。我族三十年来，穿的是绫罗绸缎，过着舒适的生活，这都是宋朝赐予的，我们不能忘恩负义。"元昊对此嗤之以鼻、反唇相讥："穿着皮毛做的衣服，过游牧生活，这才是我们民族的习性，人生在世，应当称王称霸，怎么能满足受制于人的生活？"元昊暗下决心，与大宋分道扬镳。当时，宋仁宗改元为明道，可是元昊为了避其父李德明之讳，在夏境内称"明道"为"显道"，虽然也按例与宋朝交往，但是自立的想法已然萌生。

元昊申明号令，运用兵法统领各部，同时模仿宋朝的仪制行事：穿着上一改过去的装束，穿着白色的紧身小衫，戴着红里的毡帽，帽子后边垂着红色的带子，自号"嵬名吾祖"。官府机构的设置也模仿宋朝的制度，有枢密、三班、御使台、开封府等，自中书令、宰相、枢使、大夫、侍中、太尉以下，都分别让夏人或者投诚的汉人担任。文武官员制服各有不同，上朝时分为文、武两班，每月逢六、九日，元昊上朝见官属。

景祐元年（1034），元昊开始试探着向宋朝挑衅，攻打环庆路。元昊的残忍令人发指，其智慧又不能不令人心生敬畏。明道二年（1033）三月，元昊颁布秃发令，自己率先垂范把头发剃了，然后下令全国人和所属各少数民族一律按照自己的式样剃发，三天之内必须剃完，否则允许其他老百姓将不剃发者杀死；西夏地区老百姓争先恐后剃发，耳朵上挂上沉重的耳环，以区别于汉族。

每次举兵前，他都要组织各地酋长土豪一起狩猎，有所收获便坐下来，用刀割下猎物的肉生吃掉。元昊母亲米氏的族人山喜不喜欢元昊的独断专行，想谋杀他，结果事情败露。元昊因此把自己的母亲用毒酒杀死，又把山喜的族人全部投河淹死，其残暴行径令人不寒而栗。

唃厮啰是吐蕃族的一支，元昊及其祖先曾多次与吐蕃发生战争，唃厮啰担心被西夏吞并，于是屡次派遣使者到宋朝秦州表示臣服之意，希望得到宋朝的庇护。宋仁宗下诏授予唃厮啰首领为宁远大将军、爱州团练使，其后又改封为保顺军节度观察留后。元昊惧怕唃厮啰政权力量逐渐强大，明道二年七月，他派大将苏奴儿率领25000兵马进攻猫牛城（今青海省互助土族自治县西），唃厮啰出兵迎战，结果西夏军队大败，苏奴儿被生擒。九月，元昊亲自统帅大军进攻猫牛城，经过一个多月的苦战，仍未攻克猫牛城。于是元昊假装派人去同唃厮啰议和，暗中却派士兵跟随使者，城门打开后，元昊军队占据了城门。元昊趁机攻占猫牛城。为了报复，元昊下令屠城，猫牛城中百姓惨遭杀戮，城中物资被洗劫一空。

唃厮啰部将安子罗率兵截断元昊归路，元昊昼夜与之搏战，相持200多天，安子罗兵败，元昊乘机又占领了瓜、沙、肃三州。

此时的元昊已今非昔比，他完全占有夏、银、绥等十八州，自己仍然坐镇兴州，以黄河和贺兰山为天险，开始做起皇帝大梦。首先，更加完善官僚机构，建立了完整的官僚体系；其次，在全国设置十二监军司，在四周战略要地部署重兵把守，全面加强国防建设，兵力达到50万之众。

元昊不甘臣服，可是北宋统治者却像一头睡狮，依然在沉睡之中。明道元年（1032），李德明死后，元昊继位。宋朝给予李德明以很高的礼遇：命令朝中放假三天，赠李德明太师、尚书令兼中书令，命令开封府判官、度支员外郎朱昌符为祭奠使，带着丰厚的祭礼到西夏首府吊唁，仁宗皇帝和皇太后在宫苑之中亲自穿着丧服悼念。对李德明的继任者元昊也是恩宠有加——封元昊为特进、检校太师、兼侍中、定难军节度、夏银绥宥静等州观察处置押蕃落使、西平王。

景祐元年（1034），元昊攻打环庆路。宋仁宗尚存仁义之心，下诏指责元昊，要求其下不为例。随着元昊的不断挑衅，宋朝一些边将也开始反击。庆州柔远寨蕃部巡检嵬遘进入夏州境界，攻破后桥诸寨。这下元昊更为自己的挑衅行为找到了借口，声言报仇，率领一万余众向宋朝边境发起攻击。缘边都巡检杨遵、柔远寨监押卢训率领700旗兵与元昊兵战于龙马岭，兵败。宋朝援兵到来，在节义峰驻扎，结果又遭到元昊伏兵的袭击，环庆路都监齐宗矩被俘虏，被监押很长时间后放还。

这时候，知定州的刘平被调任环庆路副都部署。刘平此前在定州时曾经上书说，元昊车马穿着都有僭越的苗头，其势必定要叛乱，应该严加防备，可是，皇上并不听。这次调任，皇上特意告诫刘平："朕知道你有将略，并不仅仅是诗书之将，所以才委以边任，希望你一定要小心谨慎，不可轻易和元昊闹翻。"

元昊开始派间谍频繁地出入宋地，刺探军情，同时还实施反间计。宋朝大将高继嵩知环州，有一次军士捡到一支箭，箭的上面写着一行字，说高继嵩已经叛变，不久便会率军投诚。高继嵩知道这个事后，心里十分不安，于是便上书朝廷，要求还朝另行安置，以表明自己的清白。朝廷收到高继嵩的上书后，决定任命高继嵩为左藏库使，并担任契丹正旦副使，随正旦使韩琦出使契丹。韩琦一针见血地指出，这是元昊的反间计，要不就是高继嵩的手下使的阴谋，坚决不同意朝廷的任命，建议朝廷让高继嵩返回环州，继续执行自己的使命。这样，一来可以粉碎元昊的反间阴谋，二来可以让内鬼不攻自破，三来可以坚定高继嵩的用命之心。

面对元昊的挑衅，宋朝统治者一直保持克制态度，这一点，在对待山遇的问题上更见诚意。

在称帝之前，元昊把诸族中的豪强酋长召集到一起，用刀刺破手臂，以血和酒放在骷髅中，与众人一起饮酒盟誓，相约要亲率大军自德靖、塞门寨、赤城三路并进，攻打宋鄜延。如有人劝谏，格杀勿论。元

范仲淹
为官师表
WEIGUANSHIBIAO
FANZHONGYAN

132

昊的叔父山遇多次劝阻元昊，元昊不听。山遇害怕被冷酷无情的元昊杀掉，便派人到宋朝李士彬部约降，不久带着自己的妻子及亲属32人和大量的珍宝、名马来投降。到了保安军，知保安军朱若吉把山遇来投降的事情报告给了延州知州郭劝，郭劝与钤辖李渭犹豫不决，不敢受降。在这之前，山遇曾经私下里送给李士彬珍宝数以万计，郭劝因此责备李士彬不应接受山遇的财物，李士彬矢口否认。郭劝、李渭认为，自与李德明约好以来，四十年间有夏人来投降，均不能容留。因此，他们商议把山遇遣还。朝廷知道这件事以后，肯定了他们的做法，同时下诏边防各地加强警戒防卫，如果再有投降的夏人来，一定不能接受，一律遣送回去。

山遇没想到会被宋遣返，他知道回去后绝不会有好果子吃，因此执意不走。郭劝等便让监押韩周等人强行将山遇押送回去，在交接的过程中，山遇被元昊的弓箭手射杀。

元昊继承父业后，经过六年的准备羽翼渐成，宝元元年十月，时年三十岁的元昊称帝。

即便如此，宋朝统治者也不想过早地搅动元昊反叛的神经。宋仁宗按例到京都南面的郊外祭天，元昊竟然没有朝贡。大臣们商议应该以此为由立即对元昊进行征讨，以立大宋之威。翰林学士、权知开封府胥偃说："如果我们立即对元昊逆贼征讨，未免太过急躁和残暴，不如先派人前去质问，当面指出元昊的阴谋，待其理屈辞穷然后加兵，这样我们就师出有名了。"

元昊称帝后，派使者到宋朝送信通报此事，在边界延州，知州郭劝看元昊的信函上仍然称"臣"，便派韩周和元昊使者一起到京师。但最后打开书信发现，元昊带来的表函内容十分不恭，郭劝因此被降职。"朝廷虽知元昊决反，然犹善遇。"元昊使者虽然侮慢，但仍被放还。

元昊的变本加厉，深深地激怒了以宋仁宗为首的大宋朝廷，他们并没有意识到一个边疆少数民族正在崛起，一个年轻的首领注定要成为和大宋朝分庭抗礼、平起平坐的王者。宋仁宗立即召开紧急会议，商议对策。当时的宰相张士逊极力主张先与西夏断绝外交关系，然后大举进兵，以武力征服他们。

在南宋末期，宋朝从皇帝到大臣，面对金的强大攻势，绝大多数人采取的是逃跑战略，最终有"靖康之耻"。可是，在宋仁宗的时候，皇上和大臣对自己、对宋朝的实力还是颇为自信的，很少有人能够像范仲淹那样，对形势的判断、对自己实力的估计有清醒的认识，所以，张士逊的提议一出，立即得到很多大臣的赞同。他们甚至认为，元昊不过是跳梁小丑而已，只要宋朝大军一发，用不了多久，便会将其一举歼灭。

但是，也有人表示反对。谏官吴育上奏说，自李德明以来，西夏一直向宋称臣，但这不过是名义而已，实际上本来就是独立的。至于是叫王还是称帝，也不过是名号而已，只要他没有对我朝动武，我们就不必太过计较。现在，我们向他们进兵，条件并不成熟，不如积极做好战争准备，等待时机成熟再出兵。

张方平也表达了大致相同的意见，他说，自从澶渊之盟以来，已经有30多年了，我们不修战备，将不知兵，兵不知将，民不知劳，突然用兵，势难速胜。如此，不但达不到我们出兵的战略目的，而且会授人以柄，把国家和百姓拖入战争的泥潭。当务之急，应该加紧备战。

就在宋朝廷内部为此争论不休的时候，西夏则开始敲响了进军的锣鼓。

他们先是在边境地区不断挑起事端，掳掠边民的牲畜、粮食等，还不时地向宋边境城寨发动袭击，宋边境地区许多土地落入西夏之手。

元昊精通宋朝的典章制度，深知"以夷制夷"的重要性。西夏立国之初，"主谋议"的六个人中有五个人是汉人。尤其是张元、吴昊两个人，用现在的话讲是"铁杆汉奸"，元昊治国方略大多出自二人之手。这两个人在宋时久试不第，自恃胸中文韬武略，本来想在军中献计献策立功名，谁知却一直不受宋人重视，二人于是相约叛逃至西夏。

为了引起夏国的重视，二人到达兴庆府（今银川）后，天天在酒馆里痛饮欢歌，说元昊的坏话。事后，还在墙壁上用笔墨大书"张元、吴昊来此饮酒"，被西夏探子发现，连夜抓起，直接押往元昊处。元昊亲自审问，怒问二人怎敢犯我名讳。张、吴二人毫无惧意，反问道："你连自己姓什么都不在乎，何必在乎名讳呢?"一句话让元昊颜面扫地，这正是自己最心痛、最不甘心的地方：唐朝五代直到宋初，元昊一族姓"李"，而后至今，元昊一族姓"赵"，皆是中原王朝的"赐"姓，真是奇耻大辱。于是，元昊亲去绳索，好言相谢，三人顿时言语甚欢，张、吴二人成为他侵宋的最重要谋士。

张元、吴昊二人力劝元昊进取关右之地，占领关中，向中原腹地挺进。同时，与辽国联合，让契丹人在河北进袭宋朝，最终使宋朝两面临敌，"一身二疾，势难支矣"。

元昊对宋朝的熟悉程度令人咂舌。宝元二年（1039），元昊为了让自己称帝行为合法化，他派人上表给宋朝，其中说："臣偶以狂斐，制小蕃文字，改大汉衣冠。衣冠既就，文字既行，礼乐既张，器用既备，吐蕃、塔塔、张掖、交河，莫不从伏。称王则不喜，朝帝则是从。辐辏屡期，山呼齐举……于时再让靡遑，群集又迫，事不得已，显而行之。"

元昊说自己称帝"为众所推"，是众望所归，是大家"逼"自己的，是不得已而为之，显然是暗用了宋太祖赵匡胤"黄袍加身"的典故，言外之意十分明显——只许州官放火，不许百姓点灯，怎么有这样的道理？既然宋太祖受万民拥戴，不得已"黄袍加身"，如今，大家都要求我"称帝"，我也是没有办法，这是民意啊！令人不能不佩服元昊的聪明睿智。元昊此举，不仅达到了自己的目的，还让宋朝统治者祖宗蒙羞，有苦难言。

三
越州任上，皇帝"急诏"

三川口之败，朝野上下为之震惊。仁宗皇帝心急如焚，上朝议事，可朝堂之上，刚刚还在大发议论的大臣们竟然无人应声。面对默不作声的君臣，宋仁宗想起了远在江湖的范仲淹，向他发出了紧急征诏令。

经过多次挑衅后，元昊开始对宋朝边境大举进攻。延州既是宋朝西北边境的军事要地，也是西夏出入的要冲，因此成为元昊对宋战争的第一个目标。

塞门寨是延州一个重要门户，夏军围困数月，可是延州等地各路诸将，没有一个人敢前去救援。康定元年（1040）正月初二，元昊亲率大军突袭宋塞门寨（今陕西省安塞县镰刀湾乡），塞门被破，寨主高延德被俘。

夏军又向离塞门寨西北约四十公里处的金明寨发起进攻。当时，任振武军节度使、延州知州的范雍正在延州。范雍比范仲淹大八岁，真宗朝进士，也算是两朝元老，曾官至枢密副使。明道二年罢知陕州，后又知永兴军。那时候，他对边境防卫之事也有过先见，曾经陈安边六事，请朝廷在天雄军驻扎精锐部队，防备辽国；在永兴军、河中府招募士兵，扩大兵员规模，以备西夏。宝元二年，夏宋矛盾升级后，范雍以资政殿学士、吏部侍郎的官阶为振武军节度使，知延州。

深知元昊进攻延州的利害，范雍火速上书朝廷，他说："延州是夏贼进攻的首要之地，这里地势平坦开阔，敌人骑兵长驱直入甚为便利，而我方周边防御工事极少，近的相隔也有百里之遥，远的则相隔二百多里，情况危急的时候，根本来不及支援和接应。另外，现有的兵员老弱病残，根本不是打仗的料，请求朝廷赶快派援军支援延州。"但是，范雍要求增兵的表奏并未引起朝廷重视。

对于防御西夏，范雍还是有先见之明的。定川寨战役之前，范雍知永兴军，这时候，老范吸取了在延州时的教训，决定加固永兴城。不过这一举动也遭到了同僚的非议，有人说这样做劳民伤财，有人说没有必要成惊弓之鸟，西夏之贼断不敢攻打永兴城。朝廷下诏命令范雍停止这项工程，诏书传到永兴城，范雍密而不宣，而是昼夜施工，很快把城修完了。第二年，西夏在定川寨大败宋军，葛怀敏等十几员大将战死，临近的邠州、岐州之间军民十分恐慌，唯独永兴城内的百姓心里十分踏实。到这时候，那些反对范雍加固城池的人们，才体会到老范修城的好处。

元昊一面派使者送信给范雍，表示自己要与宋朝议和，令范雍放松警惕，一面又猛攻延州外围的李士彬所率各部军事据点。李士彬当时是宋朝的金明都巡检使，他本人就是党项族酋长，掌有十八寨近十万众的彪悍羌兵，驻扎在延州北面的金明寨，控制整个中路地区，时号称"铁壁相公"，夏人十分惧怕他。

在这里，元昊的进攻遭到了宋军的顽强抵抗。多次进攻无效，元昊曾经派人诱惑李士彬，企图纳降于他，但派去的使者被李士彬处死。元昊便让他手下的老百姓假扮士兵到李士彬部投降，李士彬向范雍报告情况，请示如何处置这些投降的夏兵，同时建议把这些降兵发入南方安置。范雍说："讨伐而擒获他们，怎么比得上不战而招降他们？"于是他命令厚赏这些西夏降人，并让李士彬把他们编入金明寨周围的各个军事据点。夏军来"投降"的越来越多，他们则源源不断地被补充到李士彬的部队里。元昊进而命令夏军遇到李士彬的部队只许败不许胜，并故意放出口风，说害怕李士彬的部队。在发生遭遇战的时候，夏军高喊："铁壁相公来了，我们赶快逃命吧！"如此一来，李士彬颇为自负，以为夏军真的害怕他。李士彬不但自负，而且对下属十分严酷苛刻，大家对他敢怒而不敢言。元昊乘机暗地里用金钱拉拢李士彬的下属将领，不少将领被腐蚀拉拢过去，可是，李士彬还蒙在鼓里，继续沉浸在"铁壁相公"的"美誉"之中。

做好了这一系列铺垫，元昊派衙校贺真去见范雍，表示想改过自新，重新归命朝廷。范雍不辨真伪，信以为真，不但厚礼遣返贺真，还对先前抓获斩首的夏兵进行安葬，并举行葬礼。

贺真回到夏境，范雍还幻想着不战而屈人之兵，孰料夏军已经大举入侵。当时李士彬正在黄堆寨中，听到敌人已进寨中，连忙命人备马，不承想身边的人早已是敌人的内应，他们假意听命，却把一匹弱马牵来，李士彬还未及上马冲锋，便和他的儿子李怀宝一起被掳获。

先前，李士彬发现形势危急，情急之下慌忙派心腹带着珠带等信物去向他的母亲报信，让她逃跑，其母在随从的陪伴下骑着快马直奔延州。

"什么？元昊大军已入李士彬营寨？"身在延州的范雍听罢此言，半信半疑，便派人前去打探，结果无一人能回。当初，范雍获得夏军大举来犯的情报时，曾命令李士彬分兵守护三十六寨，不要让夏军进入任何一座营寨。李怀宝认为不妥，劝谏他的父亲李士彬应该聚兵一处，李士彬不听，结果父子兵败，怀宝战死，李士彬被俘。相传元昊割其耳而不杀他，在夏境十余年而死。

战败李士彬，元昊大军乘胜前进，直逼延州城下。

范雍一面命人紧闭四城拒守，一面派人带信急召鄜延、环庆副都部署刘平。开始的时候，范雍让刘平到保安，与鄜延副都部署石元孙合兵一处，直奔土门。延州危急，范雍又急命刘、石二人支援延州。

刘平刚接到范雍的命令时，立即从庆州发兵，走了四天，到土门与石元孙会合。范雍第二封要求救援延州的檄文到时，刘平昼夜兼程又经保安、万安镇向延州方向驰进。鄜延都监黄德和、巡检万俟政以及巡检郭遵都接到范雍的告急书，也同时往延州方向集结。元昊早已得知宋军动向，便在三川口（今延安西北）设下埋伏。

刘平与诸将会合后，集步骑一万多人，结阵东行。走了五里，遇见严阵以待的西夏兵。当时，天下大雪，两军均摆偃月阵，一时相持不下。关键时刻，远居后阵的宋将黄德和心怯，见前军退却，以为战败，他马上召集麾下往后狂逃。大家一看主将逃跑，立即紧随其后，掉头一齐往后跑。刘平见状，马上派自己的儿子刘宜孙乘马追赶黄德和，拉住他的马缰苦劝："万望将军勒兵回击，并力击贼，不要再跑。"黄德和不听，纵马驰奔而去。刘平的另一麾下西路都巡检使郭遵驰马入阵，挥动大铁杵杀伤数十人。夏军骁将杨言与之对阵，郭遵挥动铁杵击中杨言头部，其当场毙命，两军大呼。郭遵越战越勇，这时候，正赶上黄德和逃跑，郭遵抱着必死的决心，愈发顽强地杀敌，如入无人之境。夏军恰好在高处抛下绊马索，马倒地，郭遵被杀。后来，有种地的人在原来的战场上得到郭遵使用过的兵器，包括铁杵、枪、稍，加在一起重达九十斤。皇祐年间，朝廷命人把这些武器连同郭遵的衣冠一起埋葬在他的老家河南开封。

刘平指挥剩下的千余名士卒苦战三日，最后，不得不率众退至西南山，"立七栅自固"。半夜，西夏集大兵围攻，宋军苦战不支，绝大部分战死，刘平、石元孙皆为西夏军生俘。

攻破金明寨后，元昊乘势攻打安远、塞门、长平等寨，在这里，元昊遭到了宋军的顽强反击。安远寨在这些寨子里地处最为偏远，夏军攻破了两道寨门，正待攻打第三道门的时候，都监邵元吉率领军士顽强抵挡，拒守数日，没让夏军前进一步。夏军知难而退，在延州北三川口列十寨，袭扰延州城。城上宋军射箭杀敌，夏军死伤不少。第二天，恰逢天下大雪，寒风凛冽，夏军缺少御寒衣物，遂致军纪松弛，无心再战。元昊又得报宋麟州都教练使折继闵、柔远寨主张岊、代州钤辖王仲宝率兵攻入夏国境内，于是率军回师，安远寨主蔡永等率兵追击，又斩获无数。

面对夏军的进攻，永平寨主、监押想带着部队从寨中撤出到深山中避敌，指挥使史吉率领所属的兵士数百人遮住城门，立于寨主和监押的马前质问："二位大人想去哪里？"二人把想法说出，史吉说："这样做，部队是保住了，可是寨里的老百姓和粮食将会怎样？将来有司知道了这件事，一定会追究责任，到时候我这个指挥使免不了要被处斩，今天，请二位大人先把我杀了，否则，不敢带着我这些兵和你们一道弃寨逃跑！"寨主、监押二人羞惧交加，只好作罢。元昊进攻永平，史吉率众拒守，最终使永平寨得以保全。事后，寨主和监押因为保寨有"功"各迁一官，士卒为此替史吉抱不平，史吉说："所幸的是寨子得以保全，我岂在乎是不是立功受赏！"

刚一交锋，宋军便遭遇惨败。面对这种情况，本应该上下同心，共同总结教训，研究有效对策才是。可是，为了减轻自己的责任，对三川口之败负有责任的几名将领却起了内讧。

上文中提到的黄德和首先上书告状，厚颜无耻地说刘平被西夏军俘虏后投降，自己在战斗中身先士卒，苦战得脱，可是范雍却诬告自己临阵脱逃。陕西钤辖卢守勤则交给朝廷一个"物证"——黄德和写给他的一封信，上面提到，如果有中贵人（指宦官）来延州调查三川口战事，请求他们一定要为他营护。这封信让黄德和的"猫腻"暴露无遗。不久，卢守勤和延州通判计用章也因为延州被围之事在朝廷上互相指责。

他们为什么互相指责？朝廷最后还是查明了真相。原来，黄德和、刘平、石元孙被夏军围困，刘平被俘后大骂元昊及夏军将领，表现得大义凛然。黄德和临阵脱逃是实，他是为了逃避责任才诬告刘平的。而延州被围之时，贪生怕死的卢守勤第一个站出来，请求范雍派李康伯向元昊求和，计用章则认为事情危急，不如退守鄜州，李康伯支持计用章的意见，表示"宁可遇难而死，不可出城见贼"。

延州围被解后，卢守勤担心自己当时说的话被人揭发，因此，也先发制人，把矛头指向黄德和和计用章。

这才有了这场战后闹剧。

三川口之败，朝野上下为之震惊。"元昊逆贼犯我边境，如今谁可担此重任带兵御敌？"仁宗皇帝心急如焚，上朝议事，可朝堂之上，刚刚还在大发议论的大臣们竟然无人应声。面对默不作声的群臣，宋仁宗想起一个人来。十几年前，范仲淹尚名不见经传的时候，就多次提出武备的问题，还有一旦开战将无将可用的忠告。"现在，不正应了范仲淹的话了吗？"

延州解围之后，夏军对塞门、安远寨进行围攻，延州诸将惧怕夏军，竟然没有人敢出城相救。三川口兵败后，范雍被问责，左迁户部侍郎、知安州。

当时，在西北指挥军事的韩琦任陕西安抚使，他深知范仲淹的为人与才干，因此，不顾范仲淹正因为朋党之嫌贬官在外的现实，决然上书推荐范仲淹，他说："如果臣因为个人关系举荐他，误国误军，甘愿灭门九族。"

朝廷内部虽然无人响应御敌的号召，但是，对于起用范仲淹，大家还是心有顾虑。毕竟，这是关系到大宋命运的大事，与每个朝中大臣的切身利益息息相关，范仲淹一直从政，带兵打仗能行吗？

宋仁宗道："带兵打仗，有武功固然重要，但是，比武功更重要的是忠义和谋略。范仲淹虽然性格刚直，时有过失之言，但其忠义之心大家还是有目共睹的，再者，范仲淹学富五车，深谙六经之义，他去西北御敌，朕可以放心了。"

元昊称臣

—— YUANHAOCHENGCHEN ——

"为今之计，莫若且严边城，使之久可守；实关内，使无虚可乘。""国家用攻，则宜取其近，而兵势不危；用守，则必图其久，而民力不匮。""以和好为权宜，以战守为实事。"……

范仲淹高瞻远瞩，深思熟虑，他全面分析了和守攻备策略，创造性地提出了自己的军事思想，并在与西夏的军事斗争实践中成功应用，不战而屈人之兵，最终迫使元昊求和称臣。

四位军事家的影响

张良，帝王之师，运筹帷幄，决胜千里；李牧，战国名将，在军事实践中创造了一个又一个经典战例；严尤，极力阻止王莽攻打匈奴，王莽不听劝谏，终食苦果。受三位军事家的影响，年轻时的范仲淹树立了抗敌报国的理想，而"老乡"兵圣孙子的军事思想，更让范仲淹运用自如。

"男儿何不带吴钩，收取关山五十州。"

范仲淹怀着忠君报国的壮志赶赴边塞。此时，三次被贬黜带给他的心灵创伤正在他记忆的海浪中慢慢地消退，以至于无影无踪，金戈铁马的战地生活激发了他血性男儿的壮志豪情。

"范大人是一个好官，是难得的人才，但是，毕竟是一个文官，让他去带兵打仗，这难道不是大宋朝武将的耻辱吗？"消息传来，越州城一片哗然，百姓不舍得这位贤知州离开，更不理解，堂堂大宋朝，一百多万人的军队，为什么要让一位年过五旬的文臣去担此任！

可是范仲淹却不这样想，相反，他觉得自己像是早已攒足了劲，专门等待这一天的到来。早在20多年前，自己进士及第不久，在亳州担任推官期间，就有过一趟河朔之行。河朔，泛指黄河以北地区，多属燕赵之地，自古多豪侠。身在其中，感同身受，范仲淹写下了著名的《河朔吟》诗一首："太平燕赵许闲游，三十从知壮士羞。敢话诗书为上将，犹怜仁义对诸侯。子房帷幄方无事，李牧耕桑合有秋。民得袴襦兵得帅，御戎何必问严尤。"

在这首诗里，范仲淹提到了三位历史上赫赫有名的军事人物：张良、李牧、严尤。这一年，自己三十岁。三十岁，而立之年，正是建功立业的时候，可是自己依然是一个小小的幕僚，没有什么建树，真是愧对这豪侠之地！他暗暗下定决心，有朝一日，自己一定要像张良那样运筹帷幄之中、决胜千里之外，要像李牧那样屯田戍边、保家卫国，要像老将严尤那样爱护百姓、建功立业！

范仲淹确实是个热血青年，很早的时候，便充满激情。刚进士及第不久，便给当朝宰相等重臣上书，表达自己建功立业的强烈愿望；在丁忧期间，又《上执政书》，洋洋洒洒不下万言。虽然在当时的背景下，他的言论不会给他带来实际的收效，也不会真正得到统治者的认可和施行，但是他看似有些幼稚的举动，却真实地展示了他为国分忧、为民请命的决心和意志。

"敢话诗书为上将！"这不是毛头小子的轻狂之语，这是自己从政后的第一次心灵的呼喊，也是对三位前辈军事思想、军事人格和军事成就悉心研究后发出的杀敌报国、建功立业的宣言！

早在南都读书时期，范仲淹便深深地被这些古代的政治家、军事家的事迹吸引，事实上，在西北抗击西夏的军事实践中，范仲淹也确实受到了三位军事前辈的影响，从而形成了自己的军事思想体系。

首先是汉之大臣张良。张良本是战国时期韩国人，祖先五代为韩国效力，韩国被秦灭亡后，他不过二十几岁，怀着国仇家恨，张良和朋友一起在博浪沙刺杀正在得意之秋的秦始皇，事不成逃亡到下邳隐姓埋名，以过人的智慧和品格赢得黄石公的信任，得其真传，习得《太公兵法》。后来归附刘邦，成为刘邦的智囊，楚汉战争中，提出不立六国后代，联结英布、彭越，重用韩信等策略，又主张追击项羽，歼灭楚军，为刘邦完成统一大业奠定了坚实的基础。刘邦称帝后，封张良为留侯，并给予他高度评价，称他"运筹帷幄之中，决胜千里之外"，那是何等的荣光！

"张良，虽然当过刺客，有过豪侠之举，但他说到底还是个文臣谋士！张良能够做到，自己有什么不可以的呢？有朝一日，需要我上战场

145

去指挥千军万马，我一定会义无反顾！"

对范仲淹产生重要影响的还有战国时期赵国杰出将领李牧。

李牧是一个颇有传奇色彩的人物，曾受封赵国武安君，战功显赫，生平未尝打过一次败仗，守卫边疆十年，匈奴不敢南下而牧马，他与白起、王翦、廉颇并称"战国四大名将"。

赵国北边和匈奴接界。公元前309年，赵武灵王时期，下令国中推行"胡服骑射"，进行了一系列改革，并修筑了长城抵御匈奴，军事力量逐渐强大，屡败匈奴等北方胡人部落。但是，到了惠文王、孝成王时期，匈奴各部落军事力量逐步恢复强大起来，他们开始不满自己从属和受制于赵国的现状，开始不断骚扰赵国北部边境，赵惠文王便派李牧为将，镇守北边，帅府驻在代雁门郡（现在山西省西北部宁武县以北一带）。

当时，赵国与匈奴的关系与宋仁宗时期宋国与西夏有着太多的相似之处，很早就意识到宋夏战争潜在威胁的范仲淹，自然对这段历史格外关注。青年时期范仲淹立志苦学，李牧就是他学习的众多偶像之一。在此后针对西夏的军事斗争中，范仲淹多次运用李牧的军事思想。

对范仲淹影响至深的第三个人物是严尤。严尤对待匈奴的态度，对范仲淹的军事思想有着直接的影响。严尤本姓庄，是庄君平的远房玄孙，因避讳汉明帝（光武帝刘秀的第二子）刘庄，遂改姓严，曾与王莽共读于长安敦学坊，著《三将》。自比乐毅、白起，颇受王莽器重，曾经担任大司马，征战无数，胜多败少。王莽要攻打匈奴，严尤认为攻打匈奴有"五难"，力谏不可。

严尤说，匈奴为害由来已久，但是没听说古时候有哪个朝代完全征服他们。周朝、秦朝、汉朝，曾经征讨过匈奴，但没有一家可称得上是上策。其中周宣王时，匈奴人入侵，他只命令大军将敌人驱逐出境便罢兵，在周宣王看来，匈奴入侵，就好像蚊子、虻子蜇人，把他们赶跑就是了，不必斩尽杀绝，因此，算是得了中策；汉武帝选将练兵，实施远征，虽然斩获无数，但是，因此却兵连祸结三十年，中国人力、物力、财力大量消耗，匈奴也受到战争的创伤，实际上两败俱伤，不过，武帝敢于直面强敌的挑战，也称得上勇武，因此，算是得了下策。至于秦始皇，不忍小耻而轻民力，筑长城之固，延袤万里，转输之行，起于负海，虽然保全了疆土，可是偌大的国家经不起内耗，最终社稷不保，所以只能说是无策。

王莽不听严尤的劝谏，依然大兴刀兵，最终导致天下大乱。严尤对攻打匈奴的"五难"之说，分析透辟，十分符合实际。西夏的情况与匈奴有太多的相似之处，这"五难"用在北宋进攻西夏上面，完全适用，范仲淹在后来对形势的分析中，多次提到类似的观点。

十几年的苦读生活，加上十几年的政治生涯，让范仲淹积聚了深厚的理论功底和实践经验，历史上诸如张良、李牧、严尤这样的军事家们对他产生积极影响，使他具备了军事家的战略思维。

提到军事家对范仲淹的影响，除此三人外，兵圣孙子当然更不可忽视。

范仲淹到没到过离家乡邹平长山不到百里的黄河边，还有待考证。但是，范仲淹受孙子的影响则确定无疑。范仲淹曾经说过，"自古用兵之术，无出《孙子》，此皆孙子之深戒，非臣之能言也"。范仲淹对孙子兵法推崇备至，并多次用之实践，取得了明显的战果，他明确表示，自己只不过是运用了孙子的谋略而已，虽然有谦虚的成分，但是范仲淹推崇孙子兵法，认真研读并实践，却是确定无疑的。范仲淹的奏疏文集中，直接引用《孙子兵法》的就有十余处，而范仲淹根据战争的实践，也总结、完善了自己的军事战略思想。

孙子出生在山东省滨州市的惠民县，是范仲淹名副其实的"老乡"。当年勤学苦读的范仲淹对孙子这样一位千古"兵圣"，当然是推崇备至。这对于后来范仲淹军事思想的形成及忧国忧民意识的觉醒提升，自然功不可没。

生于忧患，死于安乐。对边防的思考，范仲淹已经做得很久了。

"范仲淹少时，求为西溪盐监，其志欲吞西夏，知用兵利病耳。"这是在《冷斋夜话》中记录的一则信息，其中说，范仲淹少有吞并西夏之志，恐怕不是事实，但是，他研究了西夏历史，对加强边备做了详细的思考，这却有据可查。

天圣三年（1025）四月二十日，范仲淹担任大理寺丞，这是一个掌管刑狱的低级官员，范仲淹不顾人微言轻，"欲倾臣节，以报国恩"，直接给摄政的皇太后及宋仁宗皇上上《奏上时务书》。在这封上书中，范仲淹对国家日益显现出来的文学上的浮华、武备上的废弛、言路上的不畅等现象给予极大关注，特别在军事方面，他引经据典，结合古今实例，提出要加强武备，巩固边防，强化军事指挥人才的培养、选拔，加强军事训练，提高部队战斗力，防患于未然的主张。

他说，没有武备的危害，在历史上数不胜数。远的不说，就拿唐代和五代时期为例，"唐明皇之时，太平日久，人不知战，国不虑危，大寇犯关，势如瓦解"。五代的时候，平时高枕无忧，毫不设防，突然战事来临，部队仓促上阵，因为无将可选，只能在士卒中提拔，一时间"豺狼竞进，真伪交驰"。

前车之鉴，不可不记。

在这封上书中，范仲淹分析了宋朝军备现状，对重文轻武的现象表示深深的忧虑。他说，真宗朝的时候，我们整个国家还有很多参加过实战的将士，边境如有战事发生，还足以防御应对，可是现在，我们已经休兵二十余年了，那些老将老兵年事已高，有的已经离开人世，新上来的军官和士兵，又没有经历过实战，加上平时训练又不刻苦，其战斗力可想而知。

范仲淹主张与少数民族和谐相处，不主张发动战争，但是，他对古代中原王朝与边疆少数民族的关系也有清醒的认识。在这封上书中，他提出"古来和好，鲜克始终"的观点。他说，从京师到边关，一路上并没有关险可据，虽然现在边境太平，但是天下大势分久必合，合久必分，一旦外族失去信誉，发动战争，我们有多少将军可代长城？

因为没有名将，或者将军临阵脱逃，抑或守而不战，战而无功，那么敌人极有可能突破防线，深入内地，直逼京城，到那时，恐怕我们又要有"澶渊之忧"了。

所以说，我们一定要居安思危，"防之于未萌，治之于未乱。"先命大臣秘密举荐忠义有谋的人，把国家的战略思想传授于他，让他到边地任职。然后，命令武臣秘密地选拔壮士，根据他们的实际情况，分别到军中各阶层任职，组织军事训练。同时，还应该恢复唐以来的武举制度，大张旗鼓地选拔军事人才，这样，不出几年，军队战斗力就会大大增强，就算有战事发生，也完全可以从容应对。

这封闪耀着范仲淹杰出军事思想的上书发生在西夏大举入侵宋朝的十五年前。如果说《奏上时务书》还只是范仲淹的一次"小试牛刀"，那么接下来他在"丁忧"期间写的洋洋万言的《上执政书》，则体现了他深思熟虑后自成体系的思想内核。

天圣四年（1026），范仲淹母亲丧事既办，个人的私痛和寂寞很快就升华到忧国忧民的境界，他以超乎常人的预见性、强烈的爱国心、高度的责任感，"不以一心之戚，而忘天下之忧"，破除"守丧不言国事"的禁律，"冒哀上书"，向宰相府提出迫切改革的方案。

在《上执政书》中，范仲淹对边防问题做了详细而深刻的剖析。他认为"备戎狄"的关键在于"育将材，实边郡，使夷不乱华"，要防御外侵，就必须培育将才、充实边防，使外族、外国不敢对我有妄想。自古以来，善防御者，首先要有良将，而且要训练有素，做到有征无战，边防不缺粮草。敌人来围城了，居高临下，固若金汤，让敌人怀疑又害怕，怎么敢随便深入？

范仲淹身在陋室，远虑边疆。他说："天下太平，很长时间没有战争，军队得不到实战的锻炼，那么战斗力岂能不下降？"

"备戎狄者，在乎育将材，实边郡，使夷不乱华也。"范仲淹指出，防备少数民族地区的叛乱与扩张行为，一个关键问题是要培育军事指挥人才，促进边境地区发展，使之物资储备丰厚，一旦有战事，可以有足够的人力、物力和财力支撑，以达到巩固边防的目的。

在《上执政书》中，范仲淹援引古代的战例，说明善御戎者必须"将不乏人""边不乏廪"的道理，同时，批判了"沿边诸将，不谋方略，不练士卒，结援彃谤，固禄求宠"的现实，提出了"中原益困，四夷益骄"的严重警告。

康定元年（1040），范仲淹在《论西事劄子》这封上书中提出"为今之计，莫若且严边城，使之久可守；实关内，使无虚可乘"。

这两次上书，引起了宋仁宗及当朝大臣的重视。天圣七年（1029），宋仁宗下诏进行武举考试，天圣九年（1031）五月，宋仁宗在崇政殿亲试武举人。

十五年后，边关更虚，西夏入侵，堂堂大宋无力抵抗，屡战屡败，将亡地失，仁宗皇帝这才意识到范仲淹《上执政书》的分量。

二
比荒凉更可怕的风景

塞下秋来风景异。初至塞外，扑入范仲淹眼帘的是不尽的荒凉，令人绝望的空旷，沟壑纵横，风沙漫天。从这独特的"风景"中，范仲淹感受到未来开展军事行动的巨大压力。然而，更令范仲淹担心的"风景"是——将帅乏人，守御无术。

塞下秋来风景异，衡阳雁去无留意。四面边声连角起，千嶂里，长烟落日孤城闭。

浊酒一杯家万里，燕然未勒归无计。羌管悠悠霜满地，人不寐，将军白发征夫泪。

范仲淹不怕战争，但他反对战争。长烟、落日、孤城、远去的大雁、连绵的鼓角，浊酒、羌笛、寒霜、无眠的将军、疲惫的战士……看着这与内地迥然不同的边塞风光，看着这些瑟瑟秋风中为国戍边、英勇杀敌的将士，思想着复杂多变的战局和大宋的安危，范仲淹心潮起伏、思绪万千，一曲《渔家傲·秋思》脱口而出。这里没有"金戈铁马，气吞万里如虎"的气势，也没有岳飞《满江红》的豪情，然而一把将军泪却诉说了多少爱江山更爱将士臣民的深情。

来到边疆已经有些时日了，范仲淹夜以继日、马不停蹄地视察军队，侦察地形。边塞地区自然条件的恶劣，山川的险要，道路的崎岖，军队生活条件的艰苦，让他喘不过气来。

"范大人，您不要难过，有您在，我们就有信心，我们一定会追随大人，奋勇杀敌，立功报国！"一位随从安慰范仲淹说。

两行热泪顺着范仲淹的脸颊悄然落下。"我怎能不难过？什么时候才能结束这场战争？什么时候我们的百姓才能过上安稳的日子？什么时候我们这些将士能够回家和亲人团聚？"范仲淹像是在回答属下的问话，又像是在自言自语。

从物阜民丰的越州移居塞北，范仲淹见到的是一番别样的景象：被西夏攻打洗劫过的废寨随处可见，映入眼帘的是不尽的高山、大河、荒漠，崎岖的山路在大山和大河之间曲折蛇行，凛冽的寒风夹杂着特有的异响卷起尘沙，掠过山谷，在大漠上放纵地横行。那感觉是那么恐怖、孤独、绝望。在给晏殊的信中，范仲淹记录了在这里的所见所闻：

> 今至延安，北入金明，视城垒之役，且欲深见边事。戎马之后，原野萧条。金明北百里之间，元有塞门、栲栳二寨，并李士彬下蕃部寨三十六所，悉已荡去，尽没蕃路，人不敢诣。又此间随川取路，夹以峻山，暑雨之期，湍走大石，秋冬之流，屈曲如绕，一舍之程，渡涉十数。山川之恶，诸处鲜并……

范仲淹到达延安的时候，正值秋天，应该是收获的季节，可是秋雨连绵不绝，加上老百姓时时要防备西夏军的侵扰，地里的庄稼还没有收割。作为一名军事主官，范仲淹从眼前的自然景象中看到了这里的地形对未来开展军事行动的不利影响。

然而，比这更可怕的是将帅的庸碌无为。到延安不久，范仲淹便到金明寨现场查看，那里原本有大小寨堡三十六座，人马不下数万，可是经过元昊大军的洗劫，损失殆尽，战后虽然从附近的番部招安来三百多户来此居住，但是，情况已远非昔日可比。离金明寨不远的塞门寨，原来也驻扎军民数千人，可是，被元昊大军围困数月，周边的军队竟然没有敢去救援的，结果也被元昊军洗劫一空。除这两个重要寨堡外，另有承平、南安、长宁、白草四个营寨，都沦落到西夏手中。延安城的北面门户大开，东西四百里间，几乎没有什么防卫可言。

在给宰相吕夷简的信中，范仲淹说，"自延州至金明四十里，一河屈曲，涉者十三度，此言山川之恶也。或遇风雨，不敢自困"。

而对军队训练不精、将帅无谋的情况，范仲淹更是心急如焚。

范仲淹感受到了自然环境的恶劣，更深切地体会到形势的严峻。面对北宋军队战斗力极端低下的现实，范仲淹忧心忡忡。

战争阴云密布边城。

范仲淹马不停蹄，为"疾病缠身"的大宋边防频下"猛药"。康定元年，由于多次遭受西夏军队的袭扰，宋朝边防线上许多营寨已经破败不堪，失去了防守御敌的功能。特别是塞门寨、金明寨被破后，宋军又被迫放弃了承平、南安、长宁、白草等边境要塞，延州北部地区，东西方向四百里防线上，寨堡损失殆尽，已无防可言。当地的番部百姓看到战事不断，生产无以为继，纷纷向内地逃去。范仲淹担心，如果等到春天播种时节，这些难民看到无田可种，北入横山，或者抢夺汉族财物、粮食，那么延州东界的百姓恐怕就要遭殃了。

知制诰叶清臣用"漫落大瓠"来形容当时的边防形势，担心"大瓠之穿"。

在这种情况下，范仲淹向朝廷请示，兴修废寨。

范仲淹一面加强警戒，一面发动兵民，昼夜施工，修复城寨。一些因害怕战事逃离这里的群众，听说这个消息后，也主动返回，加入到修城筑寨的行列。

范仲淹亲自到施工现场检查指导，在他的带动下，一些下层军官也像士兵一样，积极参加筑寨劳动。为鼓励士兵修城热情，还特意给每位士兵增发了伙食补贴。一时间，军民团结，干劲高涨，不到一个月时间，十几座城寨加固完毕。在修复废寨的同时，他还组织发动兵民在地势险要、战略位置重要的地方兴建新寨。

延州城兵马数以万计，本来足可以御敌，可是范仲淹发现，这些士兵训练不精，将帅无谋，难堪大任。有一次，范仲淹召集各路将帅，问大家如果夏军来袭击，有何退兵之策，众将中竟然没有人能说出个子午卯酉，只会说"出兵！出兵"。

这种情况怎能不让范仲淹这个"新官"上火？他幻想着这样一幅图景：军中有众多良将，精心组织训练，然后，依据山川之险，以逸待劳，等敌军来袭，伺机而攻，然后乘势深入，敌人胆怯，像鸟兽一样，在沙漠中四处逃散。"真到那个时候，收复失地，恢复汉室山河，不是指日可待吗？"范仲淹想。

城防工程完工，范仲淹来不及舒口气，便开始了更大规模的整肃军纪行动。三川口之战，宋兵损失惨重，加上原来部队长官贪吃"空饷"，号称18000兵将的延州守军，兵员严重不实。范仲淹命令逐级严密核查各营军官与士兵的数量，惩处了那些贪污军饷的官员，让那些老弱病残的士兵从战斗序列中退出，从事后勤、生产等工作。得到朝廷的批准，范仲淹开始招募兵员，补充兵力，对那些有一技之长、特别是有武功的青壮男子入武，则优先录用。

按照宋朝军制，将官上阵带兵的数量由官阶决定，总管领1万人，钤辖领5000人，都监领3000人。每次与敌对战，总是由官职低的人先上，官大的在后督战。这种不顾战场实际，近乎机械的用兵方式，其弊端显而易见。

范仲淹下令将全州18000名官兵分为六队，每队3000人，每队选一位将领负责，队长之下又选拔指挥使12人，分别负责本队的军事训练任务，在每营（500人）中挑选出25名身强力壮的士兵，担任教头（类似班长），每一教头负责10名士兵的训练，分两批完成。战时，则根据敌人的兵力实际，确定出战的规模，改变过去那种以官职高低为标准出战的规则，从而也调动了各级军官加强自身素质，提高所属部队训练的积极性、主动性。

范仲淹爱兵如子。庆历元年（1041）正月，朝廷下令延州军出兵偷袭西夏控制的塞门寨。范仲淹在调查中得知，从延州到塞门寨一路上并无人烟，一条大河曲曲折折通过塞门寨，从延州到那里，有六七十处得涉水才能通过。当时正值冬季，范仲淹担心此时出兵会冻伤士兵手脚。同时他还担心，塞门寨周围并没有和宋友好的熟羌，纵然偷袭成功，一座孤寨，如何把守也会成为问题。

因此，他特上书朝廷，说此时不宜出兵，不如利用冬季加紧进行军事训练，等到春天到来，可以涉水过河，或者采取小部队偷袭，或者大部队攻击，就算他们弃城逃跑，我们的士兵也不至于有损失。

宋代军队有一条伤害士兵的陈规陋习，为了防止士兵逃跑，入伍的第一件事就要在士兵脸上刺字，叫作涅面、黥面，所以，人们把从军也叫招刺。一些士兵害怕刺面，经常想方设法逃匿。范仲淹有感于此，请求朝廷恩准，改刺面为刺手、涅臂。同时，让那些士兵战时参战，没有战事及军事训练之时，则让他们回家务农。改刺面为刺手臂的做法，在南宋时期被作为一项制度确定下来，范仲淹功不可没。

进行完体制改革，范仲淹又制定各种奖惩条例，颁布在全州部队施行。经过这一系列的行动，军队士气大振，军营里每天喊杀训练声不断，秩序一片井然。

经过紧张的备战，陕西的防御体系初步形成了。范仲淹开始深入地思考对敌战略。康定元年，朝中大臣包括很多边将提出五路进讨的主张，希望毕大功于一役，速战速决，从根本上摧毁元昊大军及政权。

面对这种"速战速决论"，也有有识之士提出了自己的观点，高志宁就是这样的一位。元昊刚称帝时，知隰州的高志宁第一时间上书朝廷，希望能够趁着元昊尚未坐稳帝王宝座的机会，挑选骁将锐兵，以迅雷不及掩耳之势，直捣敌人巢穴，那时速战速决或许还有可能。可是，"太监急皇帝不急"，高志宁的书上了数十次，却没有引起执政者的重视，皇上连上书都没看着。所谓机不可失，时不再来。三川口兵败以后，再想速战速决，恐怕只能是痴心妄想了。

面对日益紧张的形势，仁宗皇帝也曾多次向大臣询问御敌之策，翰林学士丁度上奏也不同意大军进讨。

经过现场调研的范仲淹对形势有了更为深刻的认识，他认为不可轻举妄动。他提出了三点理由，一是有史为鉴，太宗朝，宋太宗亲自率领宿将精兵北伐西讨，历经艰难，也没有打败戎狄，如今天下太平日久，连宿将精兵也没有了，再进行大规模的征讨，怎么能有胜算？二是大军出征，"粮车甲乘，动弥千里"，而敌人善于骑射，机动灵活，"乘风扬沙，一日数出"，到时候我们"进不可前，退不可息，水泉不得饮，沙漠无所获"，不但无利可图，反而有无穷之患。三是现行的体制对边将指挥不利。汉唐的时候，之所以能够拓疆万里，因为最高当局给边将很大的权力，边将不但有兵权，还有收取赋税的权力。同时，仗怎么打，啥时候打，都由边将说了算，进兵不用等待朝廷的命令，退守不会受到有司的追究，完全可以便宜从事，选择有利时机反击。可是现在不行，边将没有便宜从事的权力，更没有收取赋税的权力，如果不改变这种指挥体制，实行大规模进讨，岂不是空话？

反对五路大举进攻，但不等于反对"攻"，在范仲淹看来，"攻"有个时机问题。范仲淹第一次以边将的身份在《论西事劄子》中正式提出了自己的观点："为今之计，莫若严边城，使之久可守；实关内，使无虚可乘。"在攻与守的问题上，朝廷内外一直争论不休。有人强调，"必行进讨，以期平定"；有人主张，应该用守策，"来则御之，去则勿逐"。范仲淹认为，这些观点都是脱离实际的，没有说到点子上。

庆历元年，范仲淹《上攻守二策状》，提出了这样的观点："臣谓国家用攻，则宜取其近，而兵势不危；用守，则必图其久，而民力不匮。然后取文帝和乐之德，无孝武哀痛之悔，则天下幸甚！"

如果进攻，宜选择"近攻"，不能深入敌境，就好比当年周宣王攻打匈奴一样，把他们当作叮在身上的蚊子、虻子轰走就算了，不必赶尽杀绝，这样，既能达到我们的战略目的，又能够避免使我军受到威胁；如果用守策，必须重用土兵和弓箭手，同时，像汉代赵充国、三国曹操那样，开展屯田，就地解决吃饭的问题，避免转输之苦。

155

庆历二年（1042），范仲淹上《再议攻守疏》，再一次重申了"攻其近者利必随，攻其远者害必至，守以东兵则危，守以土兵则安"的观点。

庆历三年（1043），范仲淹又上《奏陕西河北和守攻备四策》，鲜明地提出了"以和好为权宜，以战守为实事"的积极抗战的军事思想。

在边疆几年里，范仲淹亲自撰写的各种奏议、书策达150多件，其攻中有守、守中有攻、积极防御的战略思想，化作一个个具体的军事行动，取得了令人瞩目的战果。

在范仲淹负责西北军事的几年间，他主持修建的重要寨堡包括金明寨、青涧城、细腰城、大顺城、永平寨、德靖寨等数十处之多。这些寨堡在边境线上交错而建，遥相呼应，构成一道坚固的"钢铁长城"，对扭转宋夏局势，起到了重要作用。

范仲淹在寨堡中备足粮草、安置弓箭手，平时除操练外，与熟羌一起务耕农之事，有军情则各就各位，积极应战。熟羌遇到敌人来袭，便可退到寨堡中，避免被敌人劫掠粮食、财物。在对敌策略上，采取了灵活机动的战术，遇到敌人人多势众，就坚守不战；遇到敌人规模较小，便主动反击；时机成熟则大举反攻。

但是范仲淹依然夜夜难眠。

金明寨是宋朝延州一座重要城堡，有旧寨36个，人马数以万计，可是，经过一仗，如秋风扫落叶一般，寨破人空。后来，范仲淹上任后，从蕃部招安，请来300来户住在金明寨里，但人少物乏，已不足为备。被夏军洗劫一空的金明寨，经过修整加固，可以作为一路的保障，还要重新在宽州修筑寨堡。但是，那里远离延州，交通闭塞，如果不在那里多多驻军防守，迟早也会成为夏军的"囊中物"。这些不能不令人担忧啊！

夜深人静，范仲淹却辗转难眠，拿过随身携带的《史记》，特意找到《廉颇蔺相如列传》一章，静静地读了起来。这本书他已经不知读过多少遍了，可是，每一次阅读都会有一种不同的感觉，而且，这个时候，自己坐在边疆的营帐里阅读，更有特别现实的意义。

他再一次把目光聚集在李牧的身上。

李牧强调将帅的独立性、便宜行事权。作战中，战况瞬息万变，必须及时应对方能取得作战的胜利。而欲如此，将帅必须有便宜行事权；否则，就会丧失战机，应对失策，从而导致作战失利。李牧对此特别看重，以致赵王责其胆怯，竟不予理睬。当赵王因罢免他而饱尝对匈奴作战失利的恶果，请其再度出山抗击匈奴时，他一再称病谢绝。赵王再三勉强，李牧才说："王必用臣，必如前，乃敢奉命。"赵王只好答应了李牧的要求。

兵民是胜利之本，军队作战，离不开广大民众的支持、配合。而欲达此目的，必须禁绝抢掠民财、奸人妻女、毁民田苗、乱占民间房舍等扰民行为，切实保护民众利益。史书中对此虽没有专门论述，但他和军民不得轻易出击的约定能够顺利实施，其驻守过的地区的民众在其遇害后纷纷建祠祭奠，足以表明其没有扰民，保护了民众利益，因此深受民众爱戴。

李牧这位战国名将，在范仲淹的脑海中留下了深深的烙印。

兵马未动，粮草先行，对于几万人的部队来说，后勤保障的好坏直接关系到军事行动的成败。范仲淹对此的忧虑不下于"将不知兵、兵不知战"。过去，边境上一旦有战事发生，陕西各地的粮草都要送到边关。由于山高路远，交通不便，粮草供应困难重重，短则一个月，多则四五十天，方能运到，增加百姓及军队后勤部门负担不说，也不利于瞬息万变的战场需要。

范仲淹经过实地考察论证，建议在交通比较便利的鄜城县（今陕西洛川东南）驻军，盖营房、建仓库，同州、华州、河中府一带的军用粮草都交到这里，这样，要比直接送到延州减少一半的路程。

他还借鉴三国时期曹操军队屯田的做法，推广种世衡在青涧城垦荒2000顷的经验，做出了大兴营田的战略部署。由于守边士兵服役周期太长，许多从内地征招来的士兵，从青年到壮年直至老年，一直在边疆荒凉之地，无家室之安，无天伦之乐，士气低沉，战斗力弱。范仲淹决定让当地士兵家属随军，发给他们耕牛等农资农具，让他们搞好生产，明确规定，收获大部分归自己所有，适度上缴。此外，所有州兵实行每两年轮换一次的制度，轮流耕作，轮流防守。这些措施调动了州兵的积极性，当地的屯田开荒工作开展起来，生产发展了，军队有了保障，也稳定了军心。

三

地广千里　功亏一贤

"王者得贤杰而天下治，失贤杰而天下乱。""地广千里，功亏一贤。"而举荐贤才是做臣子的最大的"忠"，求贤，是君主最大的"德"。范仲淹以发现、推荐、使用人才为己任，是难得的"伯乐"。

"地广千里，功亏一贤。"

"王者得贤杰而天下治，失贤杰而天下乱。张良、陈平之徒，秦失之亡，汉得之兴。房、杜、魏、褚之徒，隋失之亡，唐得之兴。故曰：得士者昌，失之者亡。"

"臣之至忠，莫先于举士；君之盛德，莫大于求贤。"

以上三则言论均出自范仲淹之口。在他看来，得地千里，不如得一贤才；得人才者国家则兴，失人才者国家则亡；皇上最大的德行莫过于求贤纳士，他自己则把向国家举荐人才当作为臣的重要职责之一，不论是在地方任职，还是在朝中执政，不论是在和平时期，还是在战争期间，他不顾被人们广为诟病的"朋党"嫌疑，屡屡举贤用贤。

"自古兵不得帅，鱼肉无殊。"对军事人才的重视、举荐，范仲淹不遗余力。受宋朝统治者的"祖宗家法"限制，宋朝武将得不到重视，事有缓急，无将可用。范仲淹一接到到边关上任的消息，便把军事指挥人才的培养、选拔当作第一要务。早在赴边上任的途中，范仲淹便向朝廷举荐欧阳修、张方平两位人才。此后，经他发现、举荐的军事人才多达数十人，这些人才为加强部队战斗力，巩固边防，打赢对西夏的战争起到了决定性的作用。

有这样一份奏章可以为证——

在《奏边上得力材武将佐等第姓名事》中，范仲淹一次推荐的将佐就有十五人：

第一等：泾原路部署狄青，有度量勇果，能识机变；鄜延部署王信，忠勇敢战，身先士卒；环庆路权钤辖、知环州种世衡，足机略，善抚驭，得蕃汉人情；环庆路钤辖范全，武力过人，临战有勇。

第二等：鄜延路都监周美，谙练边情，及有武勇；知保安州军刘拯，有机智胆勇，性亦沉审；秦凤路都监谢云行，勇力有机，今之骁将；延州西路巡检使葛怀古，弓马精强，复有胆勇；鄜延路都有监谭嘉震，勇而有知，战守可用；泾原路都监黄士宁，刚而有勇，可当一队；鄜延路钤辖任守信，能训练，有机智；泾原路都监许迁，训练严整，能得众情；秦凤路钤辖安俊，勇而有辩，仓卒可使；环庆路都监张建侯，知书戢下，可当军队；鄜延路都监张宗武，精于训练，可备偏裨。

这十五个人，每个人有什么优点，可当什么重任，都一一注明。更为可贵的是，在举荐这些人才的时候，范仲淹能够从大局出发，因人而异，不因小过而掩其才，体现了"不拘一格"荐人才的个性。

在这些被推荐的人中，最后三个人在范仲淹上书的时候，已经提拔过一次，但是，范仲淹认为，提拔得还不到位，应该再升一级。而其中提到的第二等将佐葛怀古因为"贪污公款"的罪名，已经被朝廷有司立案调查，在这种情况下，范仲淹依然将其列入向朝廷举荐的人才名单之中。而且，在随后不久，范仲淹又专门就葛怀古的事向朝廷上奏。在这封奏疏里，范仲淹极力赞扬葛怀古的才勇，为其行为辩护，希望皇上能够法外开恩。

宋朝有公使钱，类似现在的招待费，按照规定花了多少钱，钱都花在哪里了，都要有记录凭证，否则就要定罪。但是，在非常时期，为了鼓舞士气，部队长官违规用些公使钱也情有可原。如果因此给指挥官定罪，可能会影响其他指挥官的情绪，对稳定军心、树立军队将领的权威不利。

他说："葛怀古弓马精强，复有胆勇，在鄜延路中最为骁果。"现在朝廷正在选将之际，这个人是难得的人才，希望朝廷能够重新修订一下典刑，对葛怀古的行为酌情减免处罚，使他能够继续在军队中效力。

除以上十五人外，范仲淹推荐的武将还有很多。在举荐人才的过程中，范仲淹除了看好人才的个人能力外，更不乏从战略的高度统筹考虑。

原州在泾原路的东北，大致区域在今宁夏回族自治区固原市原州区，自古就是关中通往塞外西域咽喉要道上的重要关隘和军事重镇。

宋时的原州与西夏地界最为接近，而且其境内有明珠、灭臧、康奴等少数民族，这些少数民族因为与西夏人生活习性相近、言语相通，经常联合起来与宋军作对。如果原州保持稳定，那么，镇守在泾原路的宋军就可以集中精力控制西北面的敌人。所以范仲淹非常希望朝廷能派得力之人镇守原州。恰在这里，范仲淹得知朝廷派北作坊副使蒋偕知泾州。范仲淹和韩琦认为蒋偕这个人可当大任，建议蒋偕出知原州。又因为泾州是近镇，而原州是极边小镇，让蒋偕离泾州而去原州，实在委屈，不能让好人、能人吃亏，因此，范仲淹又建议朝廷给蒋偕转一正使。

环庆路一位中级军官张信，多次与西夏兵交锋，这个人气豪胆勇，武力过人，范仲淹特意上书推荐，希望朝廷能给张信晋级加薪，然后派到种世衡手下，专门进行特殊训练，成立一支"特种兵部队"，作为奇兵使用。

在范仲淹培养提拔的人才中，有两个人尤其值得一提，一个是种世衡，另一个是狄青，两个人都为大宋的边防事业做出了巨大贡献。

种世衡是个十分有作为且正直的人，任武功县知县期间，曾经"毁淫祠，崇夫子庙以来学者"。在任泾阳知县时，有一个叫王知谦的地保因为贪污事发逃跑，后来，看皇上大赦的期限快到了，便现身于乡里。种世衡认为，如果不治他的罪，便会助长恶习，因此把他抓起来并施以杖刑。后来，种世衡到凤州做通判，凤州太守王蒙正有私事求他，并向他施以贿赂，种世衡断然拒绝，王蒙正因此怀恨在心。王蒙正的女儿嫁给了章献太后的侄儿刘从德，有了这层关系，他便唆使原来与种世衡有隙的王知谦诬告种世衡，自己则利用外戚的关系暗中使劲。

种世衡被贬到今天广东信宜县的窦州，后来仁宗亲政，将他移到比较近的汝州任职，种世衡的弟弟种世材，让出自己的官阶给他，种世衡做了孟州司马。后来，龙图阁学士李紘为种世衡平反昭雪，又经其他朝中大臣的举荐，种世衡最后到范仲淹的辖区鄜州任从事。

有一天，范仲淹为修城筑寨之事请大家商议对策，身为鄜州从事的种世衡出语惊人："范大人，延安东北二百里有故宽州，现在名为青涧，本是唐代绥州的一座军事重镇，目前仅存废址。如果在这里重新修城筑寨，左可致河东之粟，右可固延安之势，北可图银夏之旧，希望大人明察。"种世衡的话，让范仲淹为之一振，作为一个指挥官，他很清楚种世衡之言的分量，他不禁对这个属下刮目相看。

很快，朝廷批准了修建青涧城的计划，并任命种世衡全面负责这项工作。宋军到青涧城的消息传到西夏，深谙兵法的元昊同样意识到青涧城的战略意义，不时派部队进行偷袭与干扰。种世衡一边组织反击，一边夜以继日加紧修城，很快，一座坚固的新城重新树立在西疆，成为一座抵御西夏进攻的牢不可破的堡垒。

后来，种世衡担任青涧城知事，与羌族友好交往，成为大宋和羌的功臣。野利、遇乞二人是西夏的两员大将，皆以善于用兵打仗而闻名。元昊把部队分为左、右两厢，分别由野利、遇乞统领。种世衡在青涧屡次受其骚扰，便想除去二人。他让和他交好的悟空寺王和尚进入夏境，进行反间，最后造成元昊君臣猜疑，野利被杀，遇乞被赐死。

范仲淹又推荐他担任环州知州。种世衡主持修建细腰城，终成一代抗西夏名将。庆历五年（1045），种世衡去世，范仲淹含泪为他写下了 **161**

情深意切的墓志铭。

让范仲淹颇为欣赏的另一员爱将是狄青。有一次，范仲淹夜间巡营，突然发现一青年将领正在灯下聚精会神地读书，便走进营帐，一看究竟。原来，这名灯下读书的将领名叫狄青，他正在看的书是《孙子》。想不到军营中还有如此勤奋之人，范仲淹眼前一热，忘记自己统帅的身份，与狄青亲切交谈，对他这种好学的精神大加赞赏，同时，也耐心地给他传授经验。他说："《孙子》只能教给你战术，而《左氏春秋》能教你战略，一个人要想成为大将军，指挥千军万马，光有战术不行，更要懂得战略。为将者，不知道古今，不过是匹夫之勇，不值得让人崇敬。"第二天，他派人给狄青送去《左氏春秋》《汉书》等书。时年30岁的狄青最后成为威震西北的名将。

范仲淹深知"御寇之力，赖于将佐"，"军气强弱，系于将校"，"将校得人，士卒增气"，但边关的现实也让他看到，"将佐之中，少精方略"，"昧于韬钤，以致败事"者不乏其人。他因此一以贯之地强调，必须加紧对人才的培养。

他请求陕西、河东诸路，每路挑选"初识文字，机智勇武，久远可为将者"三五人，请经略司参谋人员为他们讲说兵书，传授兵法，讨论古今战例。从有实战经验的将士中选拔杰出人才，把他们培养成带兵一方的大将。此外，他还建议从全国的部队中选拔出众的人。后来，经过考核后，有180人充实到边地部队中，成为军事骨干。

范仲淹不论是身在"二府"，还是放外任，都把举荐人才当作自己的职责。如果因为自己的保举，让国家得到贤才，他感到无比快乐。

对人才的重视，在两个级别并不高的军官——刘沪和董士廉身上反映得更为明显。水洛城现在的位置在甘肃省平凉市的庄浪县，它位于甘肃东部、六盘山西麓，是渭州和秦州的重要联络点，军事地位极为重要。但是，庆历年间的水洛城已名存实亡。在是否有必要重修水洛城的问题上，朝廷大臣中有了较大的分歧。

韩琦和范仲淹奉命回朝任职之后，郑戬被任命为陕西四路都部署，他命令手下重修水洛城，但是，韩琦不同意。不久，郑戬在人们的反对下被罢免陕西四路都部署一职，而改任知永兴军，但是，郑戬仍然坚持自己的主张，认为有必要修建水洛城。于是，郑戬命令手下刘沪、董士廉二人继续组织实施水洛城工程。时任渭州知州尹洙及泾原副都部署狄青，不同意继续修建水洛城。郑戬当初任四路都部署的时候，曾经派泾原都监许迁率领兵将协助修建水洛城，等郑戬罢职以后，尹洙命令许迁回营，不再继续实施水洛城工程。这一消息让水洛城的蕃部十分意外，他们纷纷要求刘沪、董士廉留下来，要把修城工程干完，哪怕由蕃部自己出钱修城也可。刘、董二人十分犯难，一方是直接上级的命令，一方是蕃部百姓的请愿，况且水洛城工程已经开工，人员已经点集，物资也已筹备，如果在这个时候停下来，恐怕会让蕃部失望，如果因此引发蕃部的动乱，后果不堪设想。在这种情况下，刘、董二人没有执行尹洙的命令，而是加紧施工。

这一举动让尹洙十分不快，他再次下令刘、董二人回师，刘、董二人仍然不从。尹洙派瓦亭寨都监张忠前去取代刘沪，刘沪仍然拒不受命。尹洙大怒，命令狄青率兵将刘沪、董士廉二人擒拿，押送至德顺军下狱。蕃部因此大惊，开始收财货、杀吏民，发动动乱。朝廷派鱼周询前去调查此事，蕃部首领向鱼周询反映情况，要求释放刘、董二人，鱼周询将情况向朝廷反映，刘、董二人被释放，并被允许继续完成水洛城工程，事情得以解决。

但是，在这个过程中，却经历了激烈的争论。反对修建水洛城的人极力主张要对刘、董二人严厉处置。范仲淹却站在全局的角度，客观地分析了水洛城事件的始末。他认为，刘沪是边上有名的将佐，战功显赫，国家应当珍惜，不应该轻易地抛弃，如果狄青因为一时之怒，以违抗军令之罪杀了刘沪，恐怕边将会因此为之喊冤，说国家不爱惜有功之臣，到那时候，恐怕没有人愿意为国家效力了。而董士廉本是京官，不是武臣，他们二人也是奉命行事，如果因此二人被杀，其家人也不会答应，少不了要喊冤告状。范仲淹因此建议朝廷速派近臣前去，让鱼周询等调查刘、董二人所犯罪行过错，把他们押送到邠州拘管，"一则惜得二人，不至因公被戮，二则惜得狄青、尹洙，免被二家骨肉称冤致讼。"

在范仲淹的极力营护下，水洛城事件圆满解决，刘、董二人得以保全。

对另外两个人的关爱，更见范仲淹仁义之心。这两个人一个叫刘平，一个叫高延德。在塞门寨战斗中，高延德兵败投降，后来还作为元昊的特使专门送信给范仲淹表示求和之意，范仲淹因此被降官户部员外郎、贬知耀州；在三川口之战中，刘平被俘，是败军之将。更值得一提的是，刘平还是范仲淹的政敌。景祐三年（1036）范仲淹因为上百官图开罪吕夷简，时任沧州副都部署的刘平，向皇上上奏，痛斥范仲淹"诈忠卖直"，是另有所图，意在取吕而代之。

可是范仲淹对上述二人并没有怀恨在心。

刘平三川口被俘之后，朝廷中人对他说三道四，甚至鼓动皇上将刘平的家属抓起来，庆历二年范仲淹上书皇上，请求照管刘平。奏章中说，三川口之战时，延州城未曾加固，城防薄弱，不能抵御强敌，幸亏刘平星夜来救援，使得延州得以保全，这多亏刘平的忠勇之力。现在他的后代也在边城军中做事，恐怕流言对他们不利，请皇上多加关照。

对于高延德，范仲淹更是给予了充分的谅解，在给皇上的《乞宽贷高延德与近边任使奏》中，范仲淹说："在前几次战事中，我朝有数员将佐落入敌手，他们并不是贪生怕死之辈，确实是因为敌众我寡，力量悬殊，苦战力竭，才被敌人俘虏，如果宽待高延德，让他继续在边地任使，那么，那些陷入敌手的将士听说后，一定会受到感动，希望元昊能够归顺，以便早日与家人团聚；就算不能如此，念我朝的好处，他们也不会助夏为虐。否则，那些落入敌手的将士，必然感到没有归路，心中怀恨，或者成为敌人的帮凶，反过来危害我朝，其害不浅。请皇上留意！"

不仅对军事人才举荐不遗余力，作为一名胸怀天下的政治家，范仲淹高瞻远瞩，对各方面的人才统筹兼顾。

北宋历朝皇帝对医学之重视，是史无前例的。淳化三年（992），设置太医局，该机构是在沿革隋唐太医署的基础上创设的。庆历四年（1044）在太常寺设立太医局，开始选拔医官传授医学知识。太医局自创立以来，除北宋元祐年间和南宋乾道年间停办40多年外，整个宋代的大部分时间都独立开展工作。

在最高统治者的影响下，一些文臣武将也对医学给予了极大关注，如掌禹锡、欧阳修、王安石、曾公亮、富弼、韩琦、夏竦、宇文虚中等也都参加古医书的整理，苏轼、沈括、陈尧叟、孙用和均有个人收集的医方著述，计北宋现存的医方与临床各科医书约近百种。

范仲淹同样对医学给予了高度重视。在《奏乞在京并诸道医学教授生徒》中，范仲淹说，现在京师中人口上百万，行医的人也有上千人，但是，这些行医的人大都不是"科班"出身，凭经验、凭祖传偏方治病救人，时常发生误诊伤人事件。医学是人命关天的大事，因此，范仲淹建议皇上下诏，请医术高明的人开课讲学，对那些行医的人进行培训，成立专门的学科，通过考试等方式，层层选拔医学人才，成立专门的医学机构，"所贵天下医道各有原流，不致枉人性命，所济甚广"，让更多的百姓得到方便、安全和健康。

四
一个让羌人敬服的长者

范仲淹意识到，熟羌是一支重要力量，争取他们比打击他们会更有利，一来可以在边境地区增加一个"缓冲区"，二来可以防止把他们推向西夏，三是可以为我所用，增加宋军军事力量。他因此决定执行安抚的民族政策，提出"御夏联羌"的政治主张。

在宋、西夏之间的边远地带，生活着许多少数民族，汉人称他们为"羌"或者"熟羌"。他们深受战争之害，对西夏、对宋都怀有戒心，时而偏向西夏，时而偏向宋，游移不定。为了保护自己的利益，他们成立了自己的武装。元昊软硬兼施，采取各种措施迫使熟羌就范，有些羌人酋长暗地里与元昊勾结，向他们传递宋朝军方情报，有时还为西夏军入侵宋朝带路。宋朝一些军地官员主张对这些羌人实施军事打击，消灭他们，防止助西夏为虐。

范仲淹意识到，熟羌是一支重要力量，争取他们比打击他们会更有利，一来可以在边境地区增加一个"缓冲区"，二来可以防止把他们推向西夏，三是可以为我所用，增加宋军军事力量。他因此决定执行安抚的民族政策，提出"御夏联羌"的政治主张。

种世衡、周美久居边疆，与羌人关系密切。范仲淹便派他们经常深入熟羌居住地，与族人及其首领密切接触，还经常赠送一些礼物，时时送上慰问物资，以示友好。有一次，有羌人来向种世衡报告西夏军的情报，种世衡正在席间饮酒，他想都没想，就顺手拿过餐桌上使用的银质酒具赠给报信人。每有羌人首领来访，范仲淹总是热情接待，视为朋友，常常引到自己的居室畅谈。

有一次，范仲淹了解到石昌镇蕃族部落间发生相互仇杀，立即派人前去调解，防止矛盾进一步激化。范仲淹意识到，羌人内部矛盾搞不好，也会让宋"联羌"的努力化为泡影。因此，他利用集体招待羌人首领、论功行赏的机会，宣布一条"共同纲领"，其中规定，如果两族或者两人之间有仇已经官府调处，再私自报仇且有伤人的行为，罚羊100只，马两匹；如果有债务纠纷，一律报官府处理，私自绑架欠债者，罚羊50只，马一匹；遇到西夏兵进入本界，不反击的每户罚羊二只，扣押其首领；敌兵大举进攻的时候，全体老幼都入本寨中，由官府统一发给食物，如果一家不入寨，罚本家二只羊，如果全族都不进寨，扣押其首领。

这个"共同纲领"把协调羌人内部矛盾、保护他们本族利益与加强抗击西夏结合起来，恩威并重，得到羌人的认可。

范仲淹在很多场合反复强调诚信的重要性，同时，也要求下属与少数民族首领交往尤其要注意以诚为本，用心相交。羌族有一个叫奴讹的首领，自以为强大，不肯服从宋朝的领导，从未会见过宋朝的官员，但是听到种世衡的大名，还是有几分敬畏，知道种世衡在自己的辖地附近，便去迎接。种世衡对奴讹说："明天早上我带人去慰问你们的族人。"奴讹说："好，欢迎。"可是，那天晚上，天降大雪，地上的雪足足有三尺高，把路都堵上了。种世衡的左右劝阻他说："奴讹为人凶残奸诈，曾经向我军的将领挑战，况且大雪封山，道路难行，您还是不要去了。"种世衡说："现在我们刚刚与羌族接触，正是树立信誉的时候，怎么能因为这些就违反自己的承诺呢?"于是，第二天一大早，种世衡率领一行人带着慰问品，踏着大雪直奔奴讹所在族帐而去。奴讹本来对种世衡当初的许诺就表示怀疑，认为种世衡不过是顺口说说而已，又见天降大雪，就认为种世衡一定不会前来慰问，因此，躺在床上安安心心地睡起了回笼觉，正在这时，有人来报告，说种世衡已经到了。奴讹大惊道："我世世代代居住在这大山之中，汉人中的军官没有人敢来这里。现在看来，种世衡并不怀疑我，确实想和我交朋友啊。"于是，奴讹与族人一起跪拜在种世衡面前，并宣称："今后，我们族人任凭种君所使!"从此，熟羌中许多族人都相信种世衡。

为了进一步取信于羌，范仲淹在环、庆二州之间划出专门区域，让羌兵驻守，还适当资助军需物资。又在羌人居住区设置烽火台，遇到西夏军入侵，及时报警。要求宋军中的汉人尊重羌人的民族传统和风俗，与羌人和谐相处，共同御敌。

宋人重视羌人，尊重羌人，消息传开，熟羌与宋的关系日益融洽，主动向宋示好、为宋效力的人越来越多。

五
"胸中自有数万甲兵"

白豹城一战，不仅报了三川口之仇，也给西夏军以沉重打击。范仲淹的威名也开始在西夏传播开来，军中流传这样一句话："小范老子胸中自有数万甲兵，不比老范老子可欺。"

在范仲淹加紧整肃军队、修营筑寨，与朝廷密切沟通之际，元昊又在酝酿新的阴谋。

康定元年八月，元昊兵偷袭延州金明寨，没有得手，转而对宋军发动猛烈进攻，又把兵锋转向环庆的西邻镇戎军（今宁夏固原），企图打开南下渭州（今平凉）、泾州（今泾川）直达关中的通道。九月，元昊亲率大军首先扫清镇戎军外卫三川寨、狮子堡、刘番堡、乾河、乾沟、赵福等寨堡后，集中兵力围攻镇戎军城。

范仲淹意识到，必须给元昊以沉重回击，以压制他日益膨胀的侵略野心，树立大宋的威信。经过反复论证，他决定从攻破白豹城开始。

白豹城在今甘肃华池县东北约25公里处，当时在西夏境内约20公里，北邻西夏叶市，东接后桥诸堡及金汤城，是西夏深入宋境建立的重要军事基地，控制着东进鄜延、南下庆州的交通要冲。宋仁宗景祐元年（1034）七月，元昊大举入侵庆州时被占领，并在那里修建了一座军城。城寨修筑在白豹川与其支流交汇处北侧半山腰，依山而建，城池坚固，地势险要。西夏在白豹城设置太尉衙署，总理军政事务，委派团练级将领镇守。

范仲淹、韩琦命令任福攻打白豹城。任福接到韩琦的紧急命令后，即与其子怀亮、侄女婿成皓以巡视边防的名义到华池凤川寨，召集邻近各城寨将领举行秘密军事会议，对攻打白豹城进行部署，约定九月二十日丑时同时发兵出击。九月十六日晚，庆州城门关闭后，任福将盔甲及作战器械等发放给参战诸将领，并对州城留守防务作了安排。十七日天未亮，任福率大军出发，对外宣称巡边，令各城门不得放任何人出城，严密封锁消息。十八日晚，大军抵达距离白豹城大约七十里远的柔远寨，任福设宴慰劳柔远寨党项羌各部族首领，席间，宣布了攻打白豹城的战斗命令和参战各将领的具体任务：庆州驻泊都监王怀政围白豹城西面，攻敌李太尉衙署，堵截西夏军援兵；庆州北路都巡检范恪围城东面，阻挡金汤一路敌援兵；柔远寨寨主谭嘉震、监押张显围城北面，切断西夏叶市援兵之路；环庆路供奉官王庆围城南面，攻击党项赏渥等族；环庆路驻泊都监武英主攻城门，与城内之敌厮杀；任福大营驻扎城南，统一指挥各路兵马。

任福宣布战前命令，各首领不得擅自离席，柔远寨各门全部关闭，不许任何人出入。宴会直至当天下午结束，任福让蕃官头前带路，率汉、蕃兵马7000余人离开柔远寨，连夜向白豹城进发。大军顺柔远河谷急速北上，翻打扮梁，下郭克郎，沿白豹川东进，天还未亮，已到达白豹城下。宋军各部分别占据指定位置，将城重重包围，任福下令立即攻城。

深秋的凌晨，秋风徐徐，凉气袭人，正值交更时分，天色阴沉。城内一片寂静，宋军一声炮响，城内西夏军才从酣梦中惊醒。城上守卒有的吹起牛角号，有的擂起牛皮鼓报警。任福令大部宋军从四面攻城，分出一小部兵力与赵明所部蕃兵向城周党项各族帐出击。宋将武英率部抬着云梯攻打南门，西夏军大兵未至，数十名守卒抵挡不住，被率先登上城墙的武英等宋将杀死。武英打开城门，宋军打着火把蜂拥入城。攻打西城的王怀政一箭射中城上风灯，敌楼起火，守卒惊慌失措，有的被登上城墙的宋军杀死，有的被活捉。

王怀政引兵直扑西城下太尉衙署，放起大火。顿时，城内火光熊熊，杀声震耳。镇守白豹城的西夏军张团练尚未披挂停当即被冲进来的武英生擒。西夏兵失去主帅，群龙无首，未作抵抗，争相逃命。天色将明，宋军占领全城。

任福放纵兵士烧毁城内李太尉衙署、酒税所、粮仓、草料场及居民室，躲藏在地窖中的党项居民多被活活烧死。守城西夏军除少数乘乱逃脱外，大部分做了俘虏。宋军斩杀西夏兵首领7人、士兵250人，活捉张团练及蕃官4人，麻魁（女兵）7人。缴获各类器械330件，印记6面，元昊宣敕告身及蕃书50余通。城外，赵明等汉、蕃兵马攻破党项族帐41处，城周20公里内收获的庄稼全被烧毁，搜获马、牛、羊、骆驼7180多头。整个战斗，宋军仅阵亡1人，负伤164人，大获全胜。围攻镇戎军的李元昊接到白豹城失守的急报后，担心后方空虚，恐环庆与鄜延两路宋军合兵进攻其国都兴庆府，下令撤围回军，自率一支精骑驰向白豹城。

任福见西夏军数路袭来，即率宋军撤出白豹城，并令范恪与赵明担任后卫。元昊命一蕃将领骑兵追击，范恪又在打扮岭下一段崖险处设下埋伏，追击的西夏兵突遭宋军伏兵夹击，被斩首400多人，俘虏70多人，余兵逃回。宋军押着战俘，带着缴获的战利品，胜利返回。

白豹城一战，不仅报了三川口之仇，也给西夏军以沉重打击。之后，范仲淹又派狄青等攻克芦子平。这年十月，派朱观等袭击西夏洪州界的郭壁等十余寨。范仲淹的威名也开始在西夏传播开来，军中流传这样一句话："小范老子胸中自有数万甲兵，不比老范老子（指范雍）可欺。"

范仲淹取得白豹城之战胜利不久，一场关于是大举进攻西夏，还是采取积极防御措施伺机而动的分歧在统治集团内部出现。与范仲淹同为西北军事副总指挥的韩琦主攻，范仲淹主守，二人态度截然相反。

宋仁宗决定对西夏用重兵，为此他特意派人到永兴军与陕西经略安抚使夏竦商议，夏竦开始认为，宋朝城寨刚修还未固，兵才练还未精，应以防御为主，伺机出击，不可争一时之胜，后来，因韩琦和其他朝中大臣一味主战，夏竦的态度也发生了转变，开始同意大举反攻。

韩琦对宋夏战争的战略认识是敌弱我强："昊贼据数州之地，精兵不出四五万，余皆老弱妇女"；而宋军则"屯二十万重兵，只守界壕，不敢与敌。中夏之弱，自古未有"。战术上，他认为宋军的失败是由于"吾逐路重兵自为守，势分力弱，遇敌辄不支"。在对西夏用兵的策略上，韩琦主张集中延州、泾原两路兵力进讨，加强进攻，寻找敌主力进行决定性的歼灭战，速战速决。韩琦认为宋军只要"并出一道，鼓行而前，乘敌骄惰，破之必矣"。

然而，当时的情形是，宋朝全国禁军主力集于京师，驻防内地要冲地带，边境地区只驻扎少量用于守御的部队，削弱了国防力量。而此际正是西夏的全盛时期，其国力、军力均呈上升趋势，军事战略上居于主动地位。西夏军以骑兵为主，行动迅速且士卒耐饥渴、善奔走，行军不需军饷。加上元昊惯用声东击西，集中优势兵力诱敌深入设伏聚歼的战术，充分发挥了西夏军的优势。而宋军经过调整、增募，虽在数量上占优势，以20万众对西夏军四五万人，但战线过长，指挥失误，宋军久不习战，军纪和战斗力都差。

范仲淹极力主张"以和好为权宜，以战守为实事"，意思说得很明白，那就是先与西夏约好，待做好充分战争准备后再兴兵作战。他引用汉代孝文帝和好匈奴的事迹，说明应该与西夏讲和，以息民力，"司马迁以文帝能和乐天下，协于大乐，故著于《律书》，为后代法"，如果现在乘愤与西夏战争，万一再次战败宋廷就会失去与西夏讲和的机会，"且兵马精劲，西戎之所长也；金帛丰富，中国之所有也。礼义不可化，干戈不可取，则当任其所有，胜其所长，此霸王之道也"。如果朝廷以一郡所产之绢帛纳与西夏，以求得一国之无战，是"息天下之弊"，有利于宋廷。

虽然范仲淹强调"和"，但他提出的"和"有一个前提，那就是积极备战，以守为攻。范仲淹虽然赞同君王以德行、仁义宾服天下的政策，但他鉴于宋代几朝的历史教训，认为李元昊屡次请和，又屡次背盟出兵，不是守信义之人，所以讲和并不能一劳永逸，应该在边备不足、士卒未练、将帅不得其人的情况下，与西夏暂且约和；在休息民力的同时，发展武备，充实库禀，像唐太祖、太宗对待突厥一样，"隆礼敦信，以盟好为权宜；选将练兵，以攻守为实事"。

就以守为战的策略而言，范仲淹又提出了"守以土兵则安，守以东兵则危"的观点。"土兵"即土著之兵；"东兵"即京师之兵。之所以这样说，这是因为土兵"习山川道路之利，怀父母妻子之恋，无久戍之苦，无数易之弊"。而守之以"东兵"，必然有粮草辎重远输之劳，有士兵远戍之怨，"费厚则困于财，戍久则聚其怨。财重则难用，怨聚则难保。民力日穷，士心日离，他变之生，出于不测"。

范仲淹进一步提出了"屯田"养兵以守的政策，使兵寓于农，免除远馈粮草之劳，充实边境库廪。将兵士之家徙于边境，免除兵士远戍怀乡之怨。范仲淹从天时、地利、人和等几个方面，论述了宋廷不宜战争的现状，提出了以和守备战的军事策略。这些观点都是范仲淹从边防实践中得来的，论述深刻合理，不同于一般儒士从历代战争事例中分析成败得失的疏阔之论，具有很强的现实意义。

夏竦不置可否，派人把范仲淹、韩琦的攻守二策送至朝廷，请朝廷决策。宋仁宗还是采纳了韩琦的建议。康定元年十二月，朝廷下诏命令鄜原、泾原两路第二年正月上旬进兵，同时，命令开封府、京东、京西、河东府等路向陕西运送军用物资。

就在这个时候，范仲淹正在紧锣密鼓地部署在延州的防务。他命令朱吉与东路巡检驻军延安寨，西路则委任王信、张建侯、狄青、黄世宁等将在保安军每天加紧训练士卒。此外，还密令西路巡检刘政在德青寨、张宗武在敷政县分布兵马，一旦元昊兵来犯，便令其深入，然后合围歼灭他们。在延州进行这些军事部署的同时，范仲淹还派环庆路通判马端向部署司通报这里的情况，并让他们像鄜延路一样做好战备。

朝廷下诏拟大举进兵，不仅要打破自己在延州的军事部署，同时，还有更多危险。因此，得知朝廷下达明年正月进兵的命令，一向主张积极防御然后缓图之的范仲淹心急如焚，立即上书反对。他在《论夏贼未宜进讨》中说：明年正月起兵，兵马粮草将数以万计，进入西夏山川险阻之地，一旦遇到雨雪天气，大军困于道路，给敌人以可乘之机，我军伤亡必然严重。如今，鄜延路已做好应敌准备，不必担心敌人先来侵扰。等到春暖花开的时候，西夏马瘦人饥，形势对我们十分有利，到那时再出击，可以扰乱耽误他们的农时，扰乱他们的春耕，就算没有大的收获，也不至于有其他担忧。

他旗帜鲜明地提出，"修城垒，运兵甲，积粮草，移士马"，这是"攻守全胜之策"，如果轻举重兵，万一有失，那么，不止是边境的祸患，而且是事关朝廷安危了。如果皇上执意出兵，请允许鄜延一路不出兵，在加紧备战的同时，也可为将来议和留条路。

接到范仲淹的奏论，皇上及朝中大臣并不赞同范仲淹的想法，为了促其同意一同进兵，特派范仲淹的好友尹洙前来劝说。尹洙奉命谒见范仲淹，请他与韩琦同时发兵。

尹洙，天圣二年（1024）登进士第，授绛州正平县主簿，历任河南府户曹参军等职。后充馆阁校勘，迁太子中允。范仲淹贬饶州，尹洙上疏自言与范仲淹义兼师友，当同获罪，于是被贬为崇信军节度掌书记，监郢州酒税。他一生喜谈兵事，所著《叙燕》《息戍》《兵制》都是谈兵并讲西夏形势的，很有见地。

虽然范仲淹与韩、尹是至交，但范仲淹认为公是公、私是私，反攻时机尚未成熟，不能拿全体将士的性命开玩笑，不能拿大宋的命运当赌注，坚决不同意。尹洙慨叹道："韩琦和我说过，打仗要先把胜负置之度外，可是你也实在是太谨慎了，从这一点看，范公你不如韩公啊！"范仲淹完全没有给这位挚友留面子，他说："大军一发，万命皆悬，我不能不谨慎从事，置之度外的观念，我不知高在何处。"尹洙在营中两旬，无功而返。

情急之下，范仲淹再上一书《乞先修诸寨未宜进讨》，再次更加详细地阐述了不宜进讨的原因，特别增加了先修营寨的内容，再次重申这样做"有经久之利，而无仓卒之患"。

就在大宋准备重兵出击的时候，元昊大军却主动"送"上门来。

庆历元年正月的一天，元昊派一支数千人的部队突然出现在宋军要塞怀远城附近，韩琦得到消息后，马上集结起一万八千人的部队，由行营主管任福率领，并派桑怿、朱观、武英等人为副将，由镇戎军出发，解怀远城之围。

韩琦在任福出发前交代：自怀远城经得胜寨直趋羊牧隆城，出敌之后对西夏军发动攻击。各堡垒相距才四十里，道路便利，辎重在近，审时度势，能打就打，不能打就"据险置伏，要其归路"。并再三告诫，一定要严守军令，不可擅自行动，否则，就是有功也要军法从事，绝不容情！

根据韩琦事先得到的情报，包围怀远城的西夏军只有几千人。所以，以任福一万八千人的兵力是有绝对的优势的，他命令任福解怀远城之围后，继续向西南方向的得胜寨和羊牧隆城进发，以得胜之师巡视各宋军驻守的城寨，以震慑西夏军，使其不再敢轻举妄动。

谁想到，这是元昊的用兵之计。他确实只派出去几千兵马大张旗鼓地围攻怀远城，并声称要一直打到宋的渭州去，而自己则率领十万主力大军在远离怀远城数百里外的天都山里潜伏。

任福按原计划，从镇戎军出发，翻过六盘山，直逼怀远城。到怀远城后，发现敌人已经改变了作战计划，南下进攻宋军在六盘山东麓的另一个要塞张义堡。任福只好率军尾随其后，追到张义堡，遇到这伙西夏兵正和守寨的宋军常影、刘肃部激战，任福立即率部投入战斗，西夏军溃败，被斩首数百后，继续南逃。

在南逃的过程中，西夏兵又兵分两路，一路沿着笼洛川西进，另一路继续南下，在离笼洛川口以南10公里左右的好水川川口西进。任福也相应地把自己的部队分作两股，一股由朱观率领追击逃入笼洛川谷的敌军，另一股由他本人率领追击逃入好水川谷的敌军。

一路上，随处可见西夏军丢弃的羊、马、驼等辎重，任福根据战场现象和就近数十里范围内的侦察以及没有发现敌人的援军的实际，一路放心大胆地追击下去。

正月二十四日早晨，任福的部队发现被追击的敌军不见了，于是继续西行，希望直抵本来就预想要到的羊牧隆城。在距羊牧隆城还不到5里的地方，士兵们发现路上有近百只泥盒子，不知是什么东西。任福命令打开观看，盒盖一开，数百只带着哨音的信鸽腾空而起，这是元昊的总攻信号，他的5万大军迅速从四面八方向任福的8000人马杀来。任福来不及布阵，两军就进入短兵相接的状态，任福手挥四刃铁锏奋勇杀敌，左脸中枪并直插咽喉而阵亡，所部8000人马全军覆没。

元昊随即率领得胜之师，回师笼洛川，从后面包围了宋军增援的王珪部和赵津部，于午时下达总攻命令。这时，他是以10万大军对付宋朝18000人的部队，而且将这18000人分割在三个路段上，王珪的4500人和赵津的3000人分别面临着5倍于自己的兵力，迅速被击垮，王珪、赵津战死。得胜的西夏军与已经包围住朱观的原来的5万西夏军会合起来，一起进攻朱观的部队，也是将近10倍的优势，所以，战斗很快就结束，黄昏之前，这10000人的部队绝大多数被歼，只有朱观率领1000多人一直依托一处民宅，射箭坚守到深夜，敌兵撤了，他们才得逃生，向西北方向退回镇戎军。

此役，元昊只用一天时间全歼宋军近两万人，战后迅速带兵撤回天都山大营，宋军遭受与西夏交兵以来最为严重的一次惨败。韩琦引疚自请降罪，朝廷免去其经略安抚副使之职，降知秦州。陕西经略安抚史夏竦也被免职。

复杂的边境形势和战火实践的洗礼，让范仲淹更加成熟。

在思考边境退敌之策，巩固边防的同时，他站在全局的高度，以战略的眼光，审视宋、西夏、辽的关系和局势，向朝廷提出了更加科学、更加深远的御敌战略。

"锐则避之，困则扰之，夜则惊之，去则蹑之。"在实践中，范仲淹形成了自己的"游击战术"，同时，也以其人之道，还治其人之身，多次用元昊实施的"声东击西"战术，反制元昊。

正当满朝大臣把目光聚焦在西夏元昊身上时，身处前线的范仲淹对另一个潜在敌国——辽，也给予了格外的关注。

早在景祐三年（1036），范仲淹知开封府时就曾有《论西京事宜劄子》。当时有大臣提出要迁都洛阳（西京），范仲淹认为，国家太平，没有必要迁都，因此坚决反对。但他同时也提出，"西京是帝王之宅，地势险要，一旦边境事急，退到这里完全可以防守。可是，那里物资储备

175

远远不足，急难的时候，根本无法发挥作用。所以，应该以那里有皇陵的名义，加强粮食等战略物资储备，陕西方面粮食有余，就从那里往洛阳调运；东路有余，就从东路调剂，不出几年，储备自然充足，如果天下太平，就在东京，以便天下；如果出现急难，则可居洛阳，以守中原。这样，四方外族不敢生非分之心，这是国家的长久之策"。

然而，形势发生了变化。西夏已挑起战事，再在这个时候修建洛阳已经晚了，当务之急是加固京城。1040年，范仲淹接连上两封《乞修京城劄子》。

原来，西夏战事发生后，有些大臣提出要修建加固北京城，以此来做退守之策。范仲淹认为只能虚张声势，不可真的施行，理由有三：一是河朔地势平坦，离边地不过千里，而胡马豪健，昼夜兼驰，只消十数日便可到达澶渊，可是皇上如果迁居北京，千乘万骑，日行不过几十里，没等到北京，胡马已先进城了；二是天下太平已久，人不知战，一旦战事起，群情恐惧，混乱局势将难以控制；三是假如我们幸运地先进了北京城，胡兵不理我们，而是长驱直入，趁着黄河封冻，直奔京师，那么，陛下岂不是有回顾之忧？所以当下最要紧的不是要修建北京，而是要速修东京，东京"高城深池，军民百万，足以为九重之备"。

在一份邸报中，范仲淹看到这样一则消息，有辽国的使者到宋朝首都，表示希望在边界地区开市进行贸易。京城远近的人听说这个消息都很高兴，认为这是辽向宋示好的消息。范仲淹看后心急如焚，第一封《乞修京城劄子》刚送走，连忙又写第二封。

在这封书札中，范仲淹提醒皇上不要被假象迷惑，要加强对辽的防备。范仲淹的担心是有根据的，这些日子在延州边境，在与西夏战事的风云中，他也加强了对辽的信息情报的搜集与分析，对他们的野心有深刻的了解。

他说京城东京是根本，北京好比枝叶，修建京城，不容有半点的迟疑，一定要修建京城，以御大患。分析形势，范仲淹焦急万分。他说，如果皇上巡幸北京，至少有五个方面的担忧：第一，辽国这些年造船修车，一直在做战争准备，如果南侵，在沧州、德州之间渡过黄河，袭扰东京，那么陛下徒然地到北京，于事无补；第二，东京有皇宫社稷，千官百辟，六军万民，如果没有防备，一旦辽兵大举进犯，我们拿什么来保障；第三，巡幸北京途中，如果遇到奸凶小人乘机图谋不轨，陛下身处险境，形势危急不可测；第四，假如皇上没有来得及出京城，而辽兵临城下，没有实力防御，朝廷能否拒绝辽提出的割地等无理要求；第五，辽兵来侵，必然倾其兵力，到那时候，京城防备空虚，必然要调北京之重兵与之决战，一旦战败，那么社稷岂能保全？

修建加固京城，这些问题可以迎刃而解。

也许，当时这个建议在许多人看来，不过是杞人忧天，可是，就像十几年前，范仲淹对"武备"的论言一样，北宋末年，金兵分两路南下，长驱直入，直捣京城，一场亡国灭种的悲剧证明，没有城市的防御体系，后果真的很严重，历史再一次证明了范仲淹的远见卓识。

六
以德服人：给元昊写信劝降

就在韩琦因好水川之败被免职的时候，范仲淹也遭遇了一个巨大的挫折。他因为私下里写信给元昊，虽然是劝说元昊改过从善，与北宋重归于好，但是，却犯了"人臣无外交"的政治规矩，范仲淹因此第四次落职。

好水川大败，宋军颜面扫地。宋仁宗在朝中大臣的鼓动下决心进行报复，范仲淹再一次提醒朝廷一定要冷静，不可在盛怒之下进兵。在《论不可乘盛怒进兵奏》中，他认真分析了此时出兵的诸多不利因素。他说，延州到西夏境界大约有二百里，其间有很多西夏设置的明哨暗探，我大军进攻，兵将数万，粮草如山，想要秘密逼进，完全没有可能。我大军未到，敌人已做好了准备，敌有备，而我军疲惫，一旦不测，那么损失岂不是更大？

范仲淹再次提出自己的建议："延州路且修南安等处三两废寨，安存熟户并弓箭手，以固藩篱，俯彼巢穴。他日贼大至则守，小至则击，有间则攻，方可就近以扰之，出奇以讨之。"

在主张积极修寨防御的同时，范仲淹还特意强调，各路不可松懈，要加紧训练奇兵，在要害之地，修建新的营寨，并做长久打算，派兵驻守，这样才能防止敌兵新的袭击，也可以安抚接近西夏境界的蕃族。

就在韩琦因好水川之败被免职的时候，范仲淹也遭遇了又一个巨大的挫折。

庆历元年正月，在好水川战斗之前，元昊派高延德到保安军（今陕西志丹县）求见范仲淹，表示西夏求和之意。范仲淹知道，自三川口之役后，西夏气势夺人，在这个时候派来使者，与其说是谈求和，不如说是来刺探军情。虽然范仲淹知道来者并无议和诚意，但还是以礼相待，并给元昊写了一封回信，派大将韩周同高延德一起当面将信交给元昊。信中追溯了宋夏的关系，表达息兵革、求和平的良好愿望。

本来就无议和诚意的元昊对这封信置若罔闻，随后，好水川又大获全胜，元昊的气焰更加嚣张，在给范仲淹的回信中，态度更加骄横无理，其中，有不少轻侮宋朝的语句。范仲淹看后，心中骤然一惊，虽然自己在《论夏贼不宜进讨》的奏议里说明了与元昊书信交往的事，但是，"人臣无外交"，自古而然，自己本来心怀天下百姓，希望息兵革、求和平，却无意间长了西夏志气，给天朝大国带来耻辱。这难道不是自己的失职吗？

"宁可自己做臣子的受此轻侮，不能让皇上污染耳目，更不能让轻薄之辈添油加醋，搬弄是非。"想到这，范仲淹命人将西夏书信中有侮辱宋朝的内容删掉后重新抄录一份，后当着都钤辖张亢和西夏使者的面将原书信烧毁。

这件事情在朝堂之上引起强烈反应，有人极力主张，这是大逆不道之事，按律当斩；但也有人认为，范仲淹忠直果敢，出发点完全是为了大宋，只是考虑欠周，不应当过分惩罚。仁宗皇帝也不忍处罚太狠，最后诏令免去范仲淹经略安抚副使，调知耀州（今陕西耀县）。

庆历元年五月，范仲淹降官知耀州，不到两个月，又徙知庆州（今甘肃庆阳），兼管环庆路军事。对边疆形势的关注依旧，对朝廷命运的关注依旧，对百姓冷暖的关注依旧，范仲淹依旧在"忧"，为国，为君，为民。

初到耀州，范仲淹对自己从与元昊通信到焚元昊书的一系列举动进行反思。第一次元昊派使者来，给自己带来书信，表达希望和平之意，虽然自己有所怀疑，但没有真凭实据，也只能姑且信之，不能失去大的礼数。况且战争并不是解决问题的唯一办法，和平，是人们共同的愿望。可是，没想到好水川大败，大将任福等战死，成千上万的军民死亡，元昊的气焰嚣张到无以复加的地步，在第二次回书中，极尽污辱之能事，以至于自己始料不及。宁可让自己受辱，不能让皇上蒙耻。如果因此激起朝廷的雷霆之怒，大举伐西夏，一旦有不测风云，那可真是天大的罪过呀。

自己之所以这样做主要从三个方面考虑：其一，元昊派高延德送来求好的书信，但其中有很多僭伪的称谓，我朝正在讨伐西夏，岂能把有这样称谓的"通好"之信送至朝廷？其二，送到朝廷，担心朝廷被其蒙蔽，以诏书之礼回复，这样等于默许了西夏元昊称帝的事实。其三，如果元昊通好是假，迷惑我各路大军备战是真，我朝轻易相信，则中了敌人的奸计。宝元二年（1039）七月十四日朝廷曾下过旨称，今后凡是西夏来信，如果其中有僭伪的称谓，立即把来人驱逐出境，不得收接来信。我之所以让高延德回去并回书信，就是想让元昊明白，只有真心归附通好，才能将信送达朝廷。如果假以时日，让元昊知道我朝的恩德，或许能够招纳他。

可是没想到好水川一战，我军大败，元昊对我们的态度来了个一百八十度大转弯，回信十分骄慢。开始的时候，我不敢开封，便想直接进上。后来经属下张亢提醒，方觉拆看并无不妥，及见其中有对我朝不恭敬的文字，便当众将其烧毁。这也符合朝廷旨意呀。况且自己在此前给皇帝的上书中，已经秘密汇报了与元昊通信之事，这并无不妥。

范仲淹回想事情的前前后后，反思着自己的作为。然而，时间是最好的良药。经过深刻的反思，范仲淹开始认识到在这件事情上确实欠考虑，再想起自己几次遭贬的经历，不能不说与自己的率性有关。可是，"国有急难，当忘家忘身"，是自己的原则。降职是对自己失职的惩罚，也是对别人的告诫，继续保留自己的官阶，足以让自己吸取教训，继续为朝廷出谋划策，怎么能不继续努力，怎么能不更加修身自省，为国为民做事呢？

范仲淹忍不住又拿起了笔，郑重地写上"耀州谢上表"几个大字……

范仲淹五月到耀州任职，六月王尧臣奉命体量安抚陕西，其间有书信对范仲淹的遭遇表示同情。范仲淹在回书中没有过多提及自己的事，相反，他虽然降了官，仍然"怀国家之忧"。

他说，元昊改变了过去像宋朝皇帝一样的称谓，自称"兀卒"，好比"单于""可汗"的称谓一样，没有什么不妥，说明他有意回避我朝的称号，没有关闭议和之门，我们应该趁现在这个时机，想办法促成和好，否则，战争不断，不知要进行到何时才休。如果皇上执意要讨伐，必须培养大将、名将，不然，类似好水川之耻还不能避免。

但就算与西夏通好，备战之事也不可懈怠。陕西沿边绵延2000里，我军分兵把守，敌军来攻往往是集结大军，这样，我们每次都是以寡敌众，怎么能不失败呢？所以说，我们不能与敌军进行决战，而要根据敌人来兵的多少，采取灵活的战术应对。这样，敌人来攻收获也不会太多，撤退也不能全胜。纵然边患不息，也不至于有长驱直入的危害。

进亦忧，退亦忧，范仲淹实在是太累了。

七

攻守二策：不战而屈人之兵

"臣谓国家用攻，则宜取其近，而兵势不危；用守，则必图其久，而民力不匮。然后取文帝和乐之德，无孝武哀痛之悔。"知庆州管勾环庆军事的范仲淹，提出《攻守二策》，不战而屈人之兵。

在饶州期间，范仲淹因为练习气功不当，得了眩晕症。一次曾当众晕倒在地，不省人事，后经人急救才得脱离生命危险。在延州时，军务繁忙，夜以继日地工作，范仲淹无暇顾及自己的病，但仍有数次发作，让随从们十分担心。

降官耀州后，范仲淹替自己想了一回，上奏朝廷请求到一小镇任职，以便静心养病。可是，范仲淹知道，这个对别人来说可能不是问题的要求，对自己来说恐怕难以如愿啊。"自己在给王尧臣王大人回书的时候，之所以执着地谈论自己对议和与备边的看法，不就是担心不久还要回到前线任职吗？与其到那时再说，还不如早点把自己的想法表白，如果能实施一二，也好让自己的工作少些障碍啊！"写罢《乞小郡表》，范仲淹无奈地摇了摇头。

没有多久，他的预感被证实。

在耀州还不到两个月，他又奉命知庆州，同时兼管勾环庆路部署司事。此时，朝廷对陕西进行重新划分，共分为秦凤、泾原、鄜延、环庆四路，韩琦也被起用，管勾秦凤路并兼知秦州。

而经历了好水川之败后，朝廷也开始接受了范仲淹积极防御、伺机歼敌的战略方针。范仲淹根据环庆路的实际情况，又向朝廷《上攻守二策状》，对环庆路的攻守之策提出自己独到的看法。

边境对敌策略不外乎进攻和防守，但是，范仲淹认为从对西夏战争以来的实际来看，不论是主张进攻者还是主张防守者，均没有提出有效的措施。那么，到底应该如何部署攻守？

在庆州和延州之间，西夏已挺进纵深百余里，中间的金汤、白豹、后桥等军事要塞都被其控制，阻断了延州和庆州之间的联系，使两个州的军队无法相互策应。范仲淹建议，从环庆、泾原、鄜延三路调集兵马，集中优势兵力，迅速收复这些失地。一旦收回，派兵驻守。敌人来夺，则坚壁清野，伺机而出。平时无战，则命令士兵屯田。同时，建议就地招募土兵，耕战结合，增强守城力量。在军官的使用上要用其所长，像狄青、王信、刘拯、刘贻孙、张建侯、范全这样的勇武之将打前锋，让任守信、王达、王遇、张宗武、谭嘉震、王文恩、王文这样沉稳的人紧随其后策应，另外让那些可以独立带领一支部队的人作为机动队，让那些有心力干事的人营立城寨。这样一来，一则可以振我军威，二来可以分散敌人的兵力，扫除延、庆二州军队互相策应的障碍。

后汉段纪明曾经用5000骑兵、10000步兵和战车3000辆，花费54亿军费，经过三冬两夏，大破诸羌。唐朝马燧也曾造战车，行军的时候用它来载全副武装的士兵，扎营的时候用它来当作营阵，或者堵在地势险要的地方，以防止敌人奔冲，效果十分明显。受他们的启发，范仲淹认为，金汤、白豹、后桥等寨地势崎岖不平，山高坡多，不利于大的战车行进，但可以准备小型车辆2000辆，另准备银绢钱20万，奖赏有功将吏及那些归降的蕃部及购买军粮，可以满足军队的需要。

另外，在环州和镇戎军之间，有胡芦泉一带蕃部与明珠、灭臧两个部族相接，成为环州和镇戎之间的屏障。明珠、灭臧居住的地方，北边与西夏接壤，因此大都怀有观望的态度。如果在这之间，攻取一处为我所用，在那里驻守兵士，对我们将大为有利。

庆州东北有一地，名为马铺，以前曾有城寨，目前已废，此地扼柔远、白豹、金汤三座寨堡的咽喉，战略地位十分重要，如果在这里修城，可以阻断西夏与明珠、灭臧等亲西夏诸族的联系。庆历二年，范仲淹亲自率兵进驻柔远寨，命令长子范纯祐率兵秘密占领马铺，开始筑城。西夏军知道此事，便派兵袭扰。宋军且战且修，十余日，城寨修成。此后，西夏军多次来攻城，范仲淹亲自率军反击，夏军大败而回。仁宗皇帝听到这个好消息，赐名马铺为"大顺城"。

范仲淹认为，西夏有着他们得天独厚的优势，其一，地理位置独特，"居绝漠之外，长河之北，倚远而险，未易可取"。其二，虽然有官有兵，但没有多少开支，一旦举兵，粮草用度取之十分方便，战事结束，各回其所，没有善后之忧。可是大宋则不然，"远戍之兵，久而不代，负星霜之苦，怀乡国之望。又日给廪食，月给库缗，春冬之衣、银、鞋，馈输满道，千里不绝。国用民力，日以屈乏，军情愁怨，须务姑息"。

退一步说，就是西戎投降了，我们还要派兵对塞垣进行把守，有兵把守，就需要粮草给养，所以说一项重要工作就是要搞好屯田，实现自给自足。这一点，历史上有现成的经验。汉代的赵充国兴屯田，收益甚大，结果大破先零。魏武帝在打仗的间隙，命令带甲武士开荒种田，**数年之间，仓库堆得满满当当**。唐朝的时候置屯田，天宝八年（749），河西收粮二十六万石，陇西收粮四十四万石。"税赋无转徙之劳，徭役无怨旷之叹。"

所以，为今之计，发挥土兵的优势，让土兵把守寨堡，同时设营田，根据亩数确定生产任务，还可以把土兵的父母妻子召集来，让他们家人团聚，以安定军心。

庆历二年四月，朝廷诏命范仲淹为邠州观察使，目的是让范仲淹名正言顺地总揽军事。观察使是纯粹的武职官，级别相当于文职中的秘书监，但是观察使的俸禄却是秘书监的四五倍。按理说，这是件很有实惠的事，可是范仲淹却连上三封表，坚辞不受，并专门给宰相吕夷简写信，希望他能劝皇上收回成命。在范仲淹的坚持下，朝廷终于收回成命，同意范仲淹继续以龙图阁学士之职统管边事。

范仲淹看到了镇戎军与环州之间寨堡的重要性，元昊同样也对此"厚爱"三分。深秋时节，兵强马壮之时，张元又撺掇元昊向镇戎军进攻，目的是经渭州长驱直入，进击关中地区。元昊点集十万精兵，两路出兵，准备合师镇戎军。

渭州知州王沿虽不太知兵，手下毕竟参谋不少，马上下令副总管葛怀敏率诸寨兵出御西夏军，分兵四路，直奔定川寨（今固原以北，葫芦河以西）。同好水川之战一样，元昊早已在定川寨布置好埋伏，烧断河上木桥，堵住宋军突围的必经之路。

如同事先约定好一样，阴历九月二十一日，葛怀敏刚刚与诸将于定川寨会合，四周顿时就涌出无数西夏兵马，拔栅逾壕，四合进攻。夏军又阻断定川水泉上流，截断了宋军的水源。无奈，葛怀敏只得硬着头皮出寨，布下军阵。西夏军猛攻宋军，宋军不动。夏军掉头，又猛攻东北隅的宋将曹英一军。忽然吹起东北风，宋军迎风列阵，一时大乱，兵士掉头往定川寨里面奔逃。宋将曹英本人面中流矢，被射翻于城壕之中，正在阵中指挥的葛怀敏被溃兵挤下马，踩踏几死，幸亏卫士抬回寨中，过了很长时间才苏醒过来。宋军逃回寨内，据守城门，杀掉不少西夏兵，敌人稍稍退却，可是宋朝大军已经斗志全无。

当晚，西夏兵在寨外四面举火，高呼要宋军投降。葛怀敏、曹英等诸将商议好久，也决定不了从哪里突围。直至凌晨，葛怀敏下定决心，准备结阵而出，向镇戎军方向突围。有宋将认为应该迂回行军，葛怀敏不从，执意要直接突围奔趋镇戎军。近万人马冲出重围，但是，到了长城壕一带，宋军发现西夏军早已切断退路，以逸待劳，从四面冲杀过来。激战过后，宋朝官兵近万人，包括葛怀敏、曹英等将领16人，皆力战而死。

西夏军乘胜南下，逼近泾州。泾州守臣滕子京沉着指挥应战，范仲淹率兵驰援，西夏军担心腹背受敌，迅速撤退。此役过后，仁宗命令三班借职刘仲颜带着官诰和敕牒来到军中，给范仲淹和韩琦加官，一道除枢密直学士、右谏议大夫。

对于宋朝来说，定川寨一役毫无疑问是一场惨败。虽然责不在己，但是范仲淹依然感到"痛心疾首，日夜悲忧，发变成丝，血化为泪"，就连死的心都有了，有什么理由加官，又有什么心思加官？范仲淹上表坚辞不受。自与西夏开战以来，宋军伤亡人数达到20万之多，在这种情况下，不但对军官不加责罚，反而一再升迁，不但不能激励将士，反而会误导国民，以为天下无忧。当今之计，重要的是要谨慎地施行奖赏，要做到"部署以下非大功不录，钤辖、都监非奇功不赏，其班行将校军士等所得功劳，依旧量大小酬奖……"。

八
"老虎"臣服：元昊写来求和国书

"军中有一范，西贼闻之惊破胆。"在范仲淹等人积极防御策略指导下，宋朝的边防实力显著增强，完整的防御体系开始初步建立起来，西夏在几次战斗中无功而返，双方进入相持阶段，元昊这只"老虎"终于支撑不住写来求和的国书。

庆历二年，范仲淹为防御西夏南侵，在安阳府（今甘肃庆阳）城西北修筑的大顺城竣工，特请张载到庆阳，撰写了《庆州大顺城记》以资纪念。

定川寨大败之后，大家开始认识到范仲淹军事策略的正确性。宋廷上下完全死心，再不做进攻的妄念，专心守土。韩琦与范仲淹，"二人号令严明，爱抚士卒，诸羌来者，推诚抚接，咸感恩畏威，不敢辄犯边境"。西北民众也作民谣："军中有一韩，西贼闻之心胆寒；军中有一范，西贼闻之惊破胆。"在范仲淹等人积极防御策略指导下，宋朝的边防实力显著增强，完整的防御体系开始初步建立起来。而西夏元昊经过几年的交战，也已身心交瘁，国力锐减。随着范仲淹积极防御战略的深入实施，更让元昊没有便宜可占，亦无军事优势可言。西夏在几次战斗中无功而返，双方进入相持阶段。

庆历三年（1043）正月，元昊派使臣至延州，递交西夏求和国书。宋、西夏开战以来，正是二虎相争，双方没有赢家。

首先，从客观上来说，战争给两国人民都带来了巨大的灾难，西夏国也因为多年战争，国力大损，民不聊生，故而暂缓了对宋朝的军事进攻。其次，由于宋朝答应每年增加辽国二十万"岁币"，辽朝好处拿到，不再向宋朝施压，反而"义劝"西夏收手，辽国发挥了应有的作用。第三，元昊发动战争的目的，就是要获得"自由"，拿到实惠。议和，如果能够达到自己的要求，何乐而不为？事实上，议和以后，元昊虽然对外称"夏国主"，对内则是不折不扣的"皇帝陛下"，而宋朝给西夏的好处远远超过了自己的预期。

对于北宋来说，战争不仅造成了数十万人的死亡，而且造成了国库空虚，国家和老百姓都陷入战争的泥潭。

庆历三年，主管国家财政的官员王尧臣列举了陕西、河北、河东三路在与西夏开战前后的财政收支情况：

未兵前的宝元元年（1038），陕西收入1978万，支出1551万；河北收入2014万，支出1823万；河东收入1038万，支出859万。

用兵以后，陕西收入3390万，支出3363万；河北收入2745万，支出2552万；河东收入1176万，支出1303万。

从这一组数字的对比可以看出，战争发生后，军费巨增，仅陕西路就增加1400万，等于新增了一个河东路还多，这些收入无不是老百姓的血汗钱，收入增加，支出也随之大增，每年几乎没有盈余，以致统治集团内部不得不"自掏"腰包，甚至不得不节衣缩食。

议和，对于西夏自然是好处多多，对于北宋也是好事。然而，对此，朝廷一直争论激烈，反对和议的呼声高涨，主要理由有三：一是担心一旦议和，辽国居功，会向宋再次伸出贪婪的手，从而给宋朝增加新的负担，如果宋不答应辽的贪婪要求，势必引发新的战争，如果辽、西夏联手，恐怕情况会更难以收拾。二是担心一旦议和，北宋又会放松边防建设，刚刚取得的国防成果会毁于无形。三是担心元昊反复无常，不守诚信。

仁宗下不了决心。范仲淹向朝廷上奏，主张可以和西夏缔结和约。他说："国力强盛，将帅得人，则长驱破敌，以雪下之耻。"而现实的情况是，朝廷不具备这样的实力，所以数年用兵不能奏效。既然如此，就需把国计民生放在第一位来考虑，应该"退移兵马，减省粮草，苏我生民，勤我稼穑，选将练士，使国富民强，以待四夷之变"。反之，"如欲与戎狄理曲直，决胜负，以耗兆民，以危天下，语之则易，行之则难"，其后果是严重的。虽然主张议和，但是，范仲淹仍然坚持要在做好充分军事准备、深入研判辽国等周边国家形势的基础上，方可议和。

当时，言和主张受到很多人的指责，但是范仲淹不计个人得失，指出："臣备位二府，当思安危大计，不敢避人谤议。"坚持和议主张。但是，对于议和的条件，这个问题已经不是范仲淹所能左右的。

经过几年的战争，北宋和西夏对待"和"的问题上算是达成了一致，但在如何"和"的问题上，却展开了激烈的外交战。

庆历三年，元昊派六宅使伊州刺史贺从勖与文贵到汴京（今开封市）进行和谈，西夏方面坚持元昊"称男邦泥定国兀卒上书父大宋皇帝，更名曩霄而不称臣"，未能得到宋朝同意。接着宋仁宗派邵良左、张士元、张子奭、王正伦前往西夏首都兴庆府再议，"且许册为夏国主"，因元昊不肯让步，和谈未能取得进展。于是元昊再派如定、聿舍、张延寿、杨守素到汴京继续谈判。这样，双方你来我往，经过一年的讨价还价，最后求同存异，和约终于成立。

宋、西夏和约的主要内容包括：

（一）元昊对宋称臣，奉正朔（按指循奉宋朝所颁历法）。

（二）宋帝册封元昊为夏国主，并承认西夏现有领土。

（三）宋岁赐西夏银七万二千两，绵帛十五万三千匹，茶三万斤。总数为二十五万五千两、匹、斤（包括净赐二十万，回赐五万五千）。

（四）置榷场于保安军（今陕西志丹县）及高平砦，但不通青盐（即西夏青盐不得远销宋境）。

（五）双方以前所俘军民各不归还，今后如有边人逃亡，不得越界追逐。

（六）两国边境划中为界，界内听筑城堡。

宋、西夏经过几番争战，最终讲和，宋坚持不承认元昊"皇帝"的名号，只称其为"夏国主"，元昊表面上同意，而在西夏国的"一亩三分地"里依然我行我素，大宋王朝也只好睁一只眼闭一只眼，打了几年的战争，不过是为了一个"虚名"而已。其实，自始至终，宋朝包括范仲淹在内的一些明臣，对此都有清醒的认识，西夏名义上臣服于宋，但实际上它是独立的，至于叫"西平王""夏国主"，还是元昊自谓的"吾祖"或者"皇帝陛下"，又有何区别？只要元昊不入侵大宋王朝，就随他去吧！当然，我们要做的，就是要防止元昊入侵。

而元昊的诉求也很简单，我不能再臣服于你，我一个血性男儿，有自己的疆土，为什么要向你称臣？只要让我自立为"皇上"，我也不希望有战争！

有人说，范仲淹是主和派，其实，这话只说对了一小半。事实上，范仲淹在知己知彼的前提下，坚持"以和好为权宜，以战守为实事"，实施积极防御战略，迫使元昊称臣，最终，避免了北宋陷入五路进讨的"战争泥潭"，以最小的代价，换来了和平。

范仲淹达到了不战而屈人之兵的战略目的，他的军事策略乃至为人，他对两国和好所做的贡献，深为西夏人所服。范仲淹去世的消息传到西夏，西夏朝特辍朝三日，给他以国葬之礼。当地少数民族群众，"哭之如父"，三日乃绝。

庆历新政

—— QINGLIXINZHENG ——

　　庆历三年，亲自主政十年、已至中年的宋仁宗决定进行一场改革。带着厚厚的征尘，刚刚从西北战场上走下来的范仲淹再一次担当重任，义无反顾地扛起了改革的大旗。范仲淹把改革的重点放在了最难啃的"骨头"——吏治改革上，大多数官僚地主的既得利益受到冲击，仁宗皇帝始用终弃，庆历新政半途而废。

一

北宋繁荣表象下的"四冗"

在繁荣的表象背后，是北宋冗官、冗兵、冗费、冗宗"四冗"沉重的事实。宋、西夏战争，更让北宋皇帝感受捉襟见肘。宋仁宗厌倦了战争，更感受到比战争还可怕的威胁。宋、西夏双方军事相持局面刚刚形成，宋仁宗便对"二府"班子进行了重要调整，范仲淹任参知政事……

北宋的官员之多，官员俸禄津贴名目之杂，无以复加。所谓"天下有定，官无限员"。宋包拯说，真宗景德、祥符年间，文武官员总计9785人，至皇祐元年（1049），这个数字达到17300人，这还不包括未授差遣京官、使臣及待阙、守选官员，40年间已增一倍有余。

这些官员如果都是人才，都能够上忧其君，下忧其民，勤于政事，自然也是好事，问题是这些人良莠不齐，很多人人浮于事，互相扯皮，办事效率极端低下。下级官吏为了解决俸禄低的问题，只能搜刮民财、以权谋私、贪污受贿。一些州县官员任用只重资历，不重德行，对官员的考核制度严重缺失，致使"才与不才，一途并进"。

宋朝对军权的集中，直接导致"冗兵"且战斗力下降，在军事上处于被动地位。公元960年，赵匡胤发动"陈桥兵变"，黄袍加身的赵匡胤最清楚高级将领发动兵变夺取政权的危险。因此，他称帝后，第一件事就是收夺军权。之后，又废除了过去统领禁军大权的殿前都点检，把禁军的领兵机构一分为三，以殿前司、侍卫马军司、侍卫步军司分掌禁军，合称"三衙"。三衙地位平行，互不统属，形成鼎立。三衙的长官为殿前都指挥使、马军都指挥使、步军都指挥使，也叫"三帅"，分别统领禁军，以资历浅、名位低、易于驾驭的人任其职。

为了防止"三帅"的权力过大，宋又因袭了唐末五代以来的枢密院制度，在中央设枢密院，长官为枢密使，主管全国军队的调动和招募、训练、供给等事宜。枢密使与"三帅"各有所司，枢密使有调兵权而无领兵权，"三帅"有领兵权而无调兵权。

北宋在军队中实行"更戍法"，将驻防在京师的军队轮番调到地方戍守，或将驻守在各地的军队定期调动到他地移屯。军队驻守地时常更换，而统兵将领由中央任命，也不固定。如遇征战，多由皇帝临时命将。战事结束，兵归宿卫，将还本职，一切军权都集中于皇帝，形成兵不识将、将不识兵、兵无常帅、帅无常师的局面。士兵们经常往来于道路，反而没有时间进行精细的训练，削弱了军队的战斗力。

宋代以前，宰相握有"事无不统"的大权。宋太祖在建国之初，用分化事权的办法，通过新设的机构——政事堂、枢密院和三司，削弱宰相的权力。宋设"中书门下省"掌握实权，但仅有民政权，设于内廷，称政事堂（即宰相办公的地方），是中央行政机关。长官为宰相，官衔是"同中书门下平章事"，简称"同平章事"。为了限制宰相的权力，又另设副宰相"参知政事"，意思是与宰相共同议政，使宰相不能专权。

宋初设立枢密院，长官为枢密使，掌管全国军事。枢密院和宰相的政事堂并立"对掌大政"，号称"二府"。二者一文一武，互不通气，分别向皇帝奏事。皇帝直接控制政权和军权。为了限制枢密使的权力，又设枢密副使。

同时，设置三司分割宰相的财政大权。度支（掌财政收支和漕运）、盐铁（掌工商业收入和兵器制造）、户部（掌户籍、财赋和专卖），掌管全国财政。长官是三司使，亦称"计相"。另设三司副使多人，以防三司使专权。在民、军、财三权分立中，三者不相统属，分别向皇帝奏报，一切由皇帝裁决。宋代把中央集权强化到空前未有的程度。

国家的权力过于集中，在政治上造成各级官员缺乏进取心，行政效率低下；军事上，高级将领受制太多，不能根据战场情况作出决断。同时，对宋代皇帝而言，权力集中的深层含义是确保自己的统治，为了保住一己私利，不惜牺牲一切，包括国家利益，因此，在对西夏和辽的战争中常常表现得患得患失，非常软弱。

有这样一组数字，足以说明宋朝的"四冗"达到了惊人的程度：

宋太祖时，全国有禁军20万，真宗时增到44万，仁宗对西夏用兵，禁军激增到80万，后来《水浒传》中称林冲为"八十万禁军教头"就是这样来的。加上服杂役的厢军，总人数已达140万。当年北宋总人口只有2200万，国家的近十分之一人口是军队，宋朝养兵的费用，竟达到全部赋税收入的十分之七八。

官僚机构重叠，官职混乱，一官三人共之。科举取士越来越多。咸平三年（1000），真宗下诏说："去岁天下举人数逾万人，考核之际，谬滥居多。"但这年，真宗亲试举人，仍取进士、诸科（包括屡试不中者）共1800多人。这样，虽然激励了那些寒士读书的热情，但也带来了无穷的后患。

宋实施"恩荫"法。皇族宗室和官僚的子孙、亲属、姻亲甚至门客都可由恩荫授官，数量极大。皇族宗室原来七岁时即授官。仁宗时，甚至出生不久，还在襁褓之中，便有官做。文武官员中地位高者，家族亲属都恩荫授官，小至郎中、员外郎也可荫子孙一人得官。正官之外，等候官缺的人员多到"不知其数"，"大约三员守一缺，略计万余人"。真宗时十数倍于初，仁宗时又两倍于真宗。而且中级以上的官员，待遇极其优厚。宰相、枢密使的正俸，每年铜钱三百六十万文，单以三百六十万文计算，等于北宋中期两万四千亩土地的收入。

军队和官员数量激增，也使费用大量增加，同时，在对西夏和辽的战争中，宋代统治者也常常付出大量金银和布匹，以金钱财富买得一时平安，所有这些都造成了"冗费"的局面。

宋初时，通过统一战争，南唐、西蜀、吴越等国的财产均归入宋朝，宋太宗把这些巨额财产存放在内库中。用现在的话说，那个时候朝廷没有外债，没有财政赤字，加之当时人口较少，老百姓的生活也相对稳定。可是随着时间的推移，从宫中到百姓的生活都日渐奢侈，浪费严重，后来，与辽战争之后，增加大量岁币给辽国，财政危机开始显现。澶渊之盟以后，宋真宗为了转移国民对战争失败的注意力，开始大搞迷信活动，耗费更是不计其数。而后，对西夏用兵，军费更成了无底洞，在战争期间，一方面为了平息众怒，减轻百姓的压力，另一方面也为了缓解财政压力，展示姿态，朝廷不得不多次从内库中拿出钱财作为军费。

如此庞大的军队、庞大的国家机器，老百姓的负担可想而知。宋代全国的居民有主户和客户之分。主户分为五等，乡村上三等户为"上户"，是各类地主；四五等户称为"下户"，有少量的土地。客户是没有土地的农民，占总户数百分之三十五左右。五等户和客户都要租种土地。地租根据具体的情况或对半分成，或四六分成，没有耕牛的佃户要把六成以上的收成交给地主。土地赋税实行的是两税，夏、秋两季交纳。从名义上说，客户不交纳两税，但他们要负担各种名目的人头税，还要承担各种徭役。

上户采取各种手段把赋税转嫁到下户的身上。纳税户除按规定的数量纳税，还有"支移"和"折变"等负担。在两税之外，还有丁口赋、各种杂变之税。徭役和差役，这是赋税之外的又一项沉重的负担。各种工程的兴修，甚至官员的迎送也要摊派农民承担夫役。差役，政府规定按照户等不同，轮流到官府中承担各项事务。官户人家，得免差役，差役大部分落到下户的身上。

官逼民反。淳化四年（993），王小波在四川发动起义，他宣告："吾疾贫富不均，今为汝均之。"第一次提出"均贫富"的口号，起义军得到百姓的响应和支持，起义队伍发展到数万人。同年十二月，王小波牺牲后，其妻弟李顺为帅，主力军于淳化五年（994）正月攻下成都。李顺在成都建立"大蜀"政权，自称大蜀王，年号应运，推行一系列的打击恶霸豪绅的措施，后来政府军残酷镇压了起义军。真宗咸平三年，王均的起义又爆发了。北宋庆历年间社会危机日益严重，小规模的农民起义此伏彼起，如火如荼，遍及北宋统治区的南北各地，欧阳修用"一年多如一年，一伙强如一伙"来形容当时的农民起义。

另外，北宋统治者实行强募饥民为兵的政策。每一地区发生饥荒，官府都强迫饥民中的强壮者刺脸，强征入伍。军队中的下层士兵，基本上是由灾荒年代无以自活的贫苦农民组成。这些贫苦农民被编入军队后，不仅军饷常常被将领克扣，还要从事各种无偿的役使，仍然处于被压迫、被奴役的地位。过分的压榨使这些下层士卒也经常进行反抗。

宋仁宗庆历三年四五月份，又是一个青黄不接的季节，京东路沂州的百姓再也无法生存下去了。沂州一些饥民手持镰刀、锄头冲进了官府，夺了粮食、财物分发给百姓，很快发展成为农民起义。

宋仁宗急令巡检使朱进率军镇压。五月，朱进带领"捉贼虎翼卒"前往沂州。虎翼卒大多出身于贫苦农民，被强征为卒，抛家弃口，军饷、粮饷常被军官侵夺，不得不忍饥挨饿。一路上，朱进及其他军吏还不时地用皮鞭、棍棒催赶兵卒，行动稍有迟缓，皮鞭便如雨点般打在身上。望着如狼似虎的官吏，许多虎翼卒心中怒气冲天，再看看沿途所见百姓，个个面黄肌瘦，痛苦万状。一些虎翼卒再也忍不下去了，不愿再为腐朽的朝廷去镇压起义的农民。这时一个叫王伦的军卒挺身而出。在王伦的带领下，四五十名虎翼卒起义，冲进营帐，巡检使朱进还未反应过来，便成了刀下之鬼。其他官吏见此场面，吓得手足无措，四处逃窜。

王伦长得高大威猛，眉目间透着英武之气，平日里为人行侠仗义，不畏强暴，在军卒中有一定的声望。王伦率领着起义队伍，一路疾驰，很快进入青州（今山东青州）境内。坐镇青州的知州陈执中惊恐万分，立即组织兵力守城，并命令下属官吏密切注视城中动静，严防城内百姓响应起义军。陈执中兼任青、齐安抚使、转运使，贪污腐败，向来不得民心。

京东路靠近北宋京畿地区，又与地处国防前线的河北路相距不远，所以这里驻兵较多。而青州又是京东路的军事重镇之一，有重兵把守，要想在这里与官军周旋很不容易。于是，王伦在青州没多做停留，便率义军挥师南下。一路上，攻城拔寨，势如破竹，沿途农民纷纷加入起义队伍。起义军连下密州（今山东诸城）、海州（今江苏连云港），渡淮水，经楚州（今江苏淮安）、泗州（今江苏盱眙）、高邮军（今江苏高邮），直捣扬州，行程千里，如入无人之地。沿途所过地区，巡检、县尉畏避不敢出战，有些地方官吏主动打开城门，恭迎起义军进城，设宴招待，仓库内的衣甲、兵器、绢帛、粮食等任由起义军取用。为了号召群众起义，王伦穿起了帝王所穿的黄衫，"置官称，著黄衣，改年号"，其部众都面刺"天降圣捷指挥"字号，他们沿途开仓济贫，受到了贫苦农民的热烈欢迎。

虽然起义军很快被镇压，但是，起义的火种并没有因此熄灭。宋仁宗被推到了"火坑"的边缘。改革，势在必行。

二
一次重要的人事调整

庆历三年四月到七月，宋仁宗做了重要的人事调整。同意吕夷简辞去宰相的职务，任命枢密使章得象和晏殊同为宰相。欧阳修、余靖、蔡襄等这些当年因"朋党"之名被贬的谏臣，重新回到了台谏的岗位上。范仲淹初与韩琦和富弼一道，被任命为枢密副使，进而任参知政事。

宋、西夏议和，经历了拉锯似的"外交战"。元昊于庆历四年（1044）五月，向宋进"誓表"，也就是递交了求和的国书，而宋仁宗也给元昊颁降了"誓诏"。同年十二月，宋朝派尚书祠部员外郎张子奭充册礼使，东头供奉官、合门祗候张士元为副使，前往西夏册封元昊为夏国主，赐"夏国主印"，至此，完成了宋、西夏和谈的全过程。

其实，宋仁宗议和之意早已下定。早在庆历三年四月，宋仁宗就同意了西夏议和的请求，并派邵良左出使西夏，正式洽谈相关事宜。当年七月，邵良左回到京城，带回了西夏有关议和的回复条款。虽然和议还没有结果，可是宋仁宗已经下定了必和的决心，为了达到"和"的目的，甚至可以不计代价。

何以为证？就在庆历三年四月到七月这四个月的时间里，宋仁宗便做了重要的人事调整。四月，同意吕夷简辞去宰相的职务，任命枢密使章得象和晏殊同为宰相。欧阳修、余靖、蔡襄等这些当年因"朋党"之名被贬的谏臣，重新回到了台谏的岗位上。范仲淹、韩琦和富弼一道，被任命为枢密副使，共同负责全国军事。

不过，在这里有一个耐人寻味的"插曲"。

当初任陕西经略安抚使的军事"总指挥"，后因好水川大败而被免职的夏竦同时也接到升职的命令，依然为范仲淹和韩琦的上司，任枢密使。这样一个人，不但没有大功，还屡屡有过，也受到过贬谪，但没用多久依然高升，令人对赵氏皇上的用人之策颇为费解。

史书上评价，夏竦有文武才，政事、文学都有建树，是一代名臣、学士，宋人杂记、笔录中记录夏竦事迹时，对夏竦多尊称为夏英公、夏郑公等，但是夏竦为人贪婪阴险，陷害名臣范仲淹、欧阳修、富弼，搜刮很多钱，蓄养很多乐伎，在人品上似乎并不过关。

不过，这次夏竦遇到了麻烦。他的任命刚一出台，立即遭到御使中丞王拱辰及欧阳修、余靖、蔡襄等谏官的坚决反对。

范仲淹任陕西经略安抚副使，夏竦也曾投过一票，向皇上举荐过，为此，范仲淹写过《谢夏太尉启》，对夏竦表示感谢。

好水川战役前，韩琦曾经对任福有过交代：自怀远城经得胜寨直趋羊牧隆城，出敌之后对西夏军发动攻击。各堡垒相距才四十里，道路便利，辎重在近，审时度势，能打就打，不能打就到敌后据险设伏，敌退回时进行攻击。并再三申明军纪："违令者，有功亦斩！"

任福不听命令，误入包围圈，伤亡惨重。好水川之战宋军失利之后，朝廷追究责任，韩琦先上书自劾。夏竦派人收拾宋军尸体，在任福的衣装中得到韩琦嘱诫诸将的公文，因此上表称，好水川之役失败责任不在韩琦，为韩琦求情。

　　但是，作为军事主帅，在宋、西夏战争中，夏竦并没有发挥出多大作用，更无功劳可言，表现一贯懦弱，毫无统帅的气度。一开始作战保守，不肯出兵，一旦出兵往往大败而回。另外，此人极为腐败，曾经把侍女弄到军营大帐中陪他吃喝玩乐，引起军队官兵的愤怒，险些造成兵变。不仅宋军将士对他不服，就连西夏元昊对他也是轻视至极，曾经戏言：“有拿到夏竦首级者赏三千铜钱。”这件事成为国中笑谈。

　　在大家的强烈反对下，宋仁宗只好收回成命，将夏竦降知亳州，而让老臣杜衍担任枢密使。这个过程中，有一个人发挥了重要作用，他就是蔡襄。蔡襄，字君谟，兴化军仙游人，比范仲淹小22岁。天圣八年（1030），时年十九岁的蔡襄中进士，景祐三年（1036）七月调任西京留守推官，当时范仲淹上《百官图》，与吕夷简闹得不可开交，他不避“朋党”之嫌，作《四贤一不肖》诗，力挺范仲淹。

　　庆历三年四月，蔡襄为秘书丞、集贤校理、知谏院。他不畏权贵，上疏请求罢免吕夷简宰相之职，在上疏中他历数吕夷简七大罪状。仁宗采纳了蔡襄的建议，同年九月下诏明令，执政大臣不到休假的时候不得休假，也不得在家中接见其他官员。

　　庆历三年三月，元昊派人来求和，四月宋仁宗派邵良左带着新的议和条款去西夏，就在议和之事刚有眉目时，皇上下诏任命范仲淹与韩琦为枢密副使，要他们立即交接好各项公务，乘快马火速进京赴任。接到这个升职的任命，范仲淹没有欣喜，相反，他接连上五状，辞让枢密副使。

　　西夏已派人来请和，为了不生起事端，影响议和大计，范仲淹命令将士严明纪律，不得随意出入城寨。但是，范仲淹并没有放松边境上的防务，而是夜以继日地选拔将佐，修治城寨，训练兵马，补充器械，同时侦察敌情，确保一切尽在掌控之中。

　　范仲淹为什么要辞让枢密副使这个令人羡慕的高官？在辞让状中，他道出了心中的忧虑：“虽然西夏派人来请和，但是，最近西夏方面又有军队集结活动，不能不提高警惕，做好防范。秋天，西夏草丰马肥，是他们进兵的最好时机，现在距离秋天只有三个多月，我们日夜备战，尚担心有疏漏，在这个时候，我们怎么能把责任推给后来者呢？"

元昊曾派人送信给范仲淹表示议和，但随后又有好水川之战，此后，来信又多侮辱宋朝的话，范仲淹因此差点"阴沟"里翻船。元昊是反复无常、诡计多端之人，这样的教训他怎能不记取？

"自从西北战事以来，我们已数次更换将帅，这样做是兵家大忌，在这个时候，如果我再回朝，那么无疑会给敌人以可乘之机，如果西夏方面并没有议和的诚意，而只是以此来麻痹我们，伺机重燃战火，那么，我们恐怕就有危险了。"

五次辞让，诚恳之至，可是朝廷就是不允。范仲淹无法拒绝，只好依命交接上任。

仁宗做出人事调整后，大得人心，朝中一些正直的官员在朝中见面互相庆贺，平民百姓听说后也喜形于色，有的甚至喝酒祝贺，认为朝廷去邪任忠，天下太平有望。但是唯有一人对此不声不响，似乎并不满意。他就是参知政事兼枢密副使王举正。蔡襄再次上奏请求皇上罢免王举正、任用范仲淹为参知政事。

作为当朝大臣，欧阳修等人对仁宗改革时政的想法心知肚明。当年七月，欧阳修也提出，现任参知政事王举正政绩平平，应该罢免，请求让范仲淹任参知政事。"范仲淹在西北屡立战功，人人称颂，他有宰府之才，不应该让他长期在兵府任职。"蔡襄、欧阳修等人的建议得到杜衍、晏殊等重要大臣的支持，正是用人之际，宋仁宗当下批准了这个奏议。

参知政事，相当于副宰相，很多人求之不得，范仲淹却以边境未平为由，再一次提出辞呈。宋仁宗这回态度十分坚决，任凭范仲淹再三请让，就是不答应。八月，范仲淹走马上任。

这次看似平常的人事调整，却有着非同寻常的意义。

一直与范仲淹水火不容的宰相吕夷简退休回家，新任宰相晏殊是范仲淹进入朝廷的"介绍人"，虽然此人有些保守，但与范仲淹在政治思想上基本一致。另一个宰相章得象与范仲淹没有直接的利害冲突。枢密使杜衍年事已高，但思想开明，对范仲淹非常信任。而欧阳修、余靖、蔡襄与王素，都担任了台谏院的谏官，号称"四谏"。

这些人中，富弼是晏殊的女婿，而杜衍则是苏舜钦的岳父，按照现在的说法，这种特殊的关系，同朝为官，应该回避，可是，宋仁宗似乎没有顾虑这些，为了改革的推行，宋仁宗下了大力气。

三
十项改革措施出炉

宋、西夏议和后，心急如焚的宋仁宗特别在天章阁这个重要的场所召见范仲淹等人，授权他们放开手脚、加快步伐，大胆提出改革方案。范仲淹提出十项改革措施，史称"庆历新政"。

宋仁宗是个城府极深的皇帝，尽管他心急如焚，急于进行改革，但是，他又不想主动提出改革的想法，更不急于表达要从哪些方面入手进行改革，他希望他提拔的这些"新官"们能够提出改革的主张，说出他想说而未说的话。

可是，范仲淹等"新官"并没有急于点起上任后的"三把火"，相反，有近一个月的时间，他们日出而作，日落而息，无本可奏，甚至连话都说得很少，他们也在等，在等一个来自最高权威的声音。

在这个思想相持过程中，一些大臣受不了了。谏官欧阳修上书说，自与元昊开战以来，陛下一直对边事倍加关注，只要有大臣言及边事，都会认真倾听。韩琦、范仲淹长期在边地任职，对边事十分熟悉，二人也是朝廷十分信任并委以重任的人，可是，自从两个人回到朝廷，皇上并没有特别加以召见问对，二人像其他大臣一样上下朝，并没有特别的建议和意见，这样做恐怕有违召回二人的初衷。希望陛下能够选择时机，特别召见二人，倾听他们对朝政的看法和意见。

范仲淹等人的沉默，也让宋仁宗沉不住气了。

是的，虽然表面上依然繁华，西夏也已经提出了议和的主张，边事将宁，但是，仁宗皇帝清楚，官员腐败无能，财政困顿不堪，百姓怨声载道，起义浪潮不断，内忧外患并举，这些让他几乎喘不过气来，再不进行改革，自己的皇帝宝座恐怕都难以保住了。

内忧外患，宋仁宗被推到了"火坑"的边缘。

对于改革，范仲淹并不陌生。在早年的《上执政书》中，他就提出过"固邦本、厚民力、重名器、备戎狄、杜奸雄、明国听"的改革主张，在此后二十多年的实践中，他对宋朝面临的危机更加有切身的体会，改革势在必行！

"然而改革谈何容易！牵一发而动全身，特别是吏治改革，它不比平时，不是一两个人之间的政见不合的争论，不是一两个小团体之间的利益冲突，而是事关全局的大事，一旦施行，会触及很多人的痛处，这样的改革岂能在一朝一夕完成？"范仲淹这样思索着。"一场利益攸关的改革，一场深入肌肤的改革，没有当今天子的强力支持是不可能的。"范仲淹每天按部就班地上朝、回家，回家、上朝，他在等，在等待一个机会，等待一个可以决定人生死、可以决定改革成败的人的召唤。

这一天，终于来了。

庆历三年九月的一天，宋仁宗把范仲淹、富弼等人请到天章阁，破天荒地命人赐座，并准备好笔墨纸砚，明示要他们"赶快"拿出改革的方案。

天章阁是宋真宗天禧四年（1020）下令营建的，是专门用来收藏、陈列宋真宗的书集、文稿的宫廷重地，以往虽然仁宗皇帝也经常带领朝中重臣到天章阁观书、祭拜、瞻仰真宗的遗物，但大家都是怀着十分恭谨的心态去做的，可是，这次皇上不仅在这里亲自召见新提拔的范仲淹等人，还赐座，面对面地与皇上交谈，这种礼遇实在是不多见。

范仲淹、富弼等人不约而同相互看了一眼，心领神会。"皇上的用意很明显，既有向先帝'汇报'的意思以示重视，更要显示改革的决心、诚心！"范、富等人不敢造次，表示待仔细思考后，郑重地向皇上提交改革方案。

宋仁宗亲自写下"手谕"："韩琦、范仲淹、富弼三人声名远播，都是我朝的功臣，所以这次全部破格提拔重用。韩琦暂时到陕西督察军务，范仲淹、富弼二人在朝中，要尽心尽力，献计献策，宰相章得象等，忠心报国，有什么事要多和他商量，如果有涉及当朝急务可以施行的，要一条一条清晰明确地奏上来，只要对我朝有利，都要言明，不得回避。"

圣旨已下，君意已决，范仲淹、富弼、欧阳修等人深思熟虑，纷纷上奏改革的方案。其中，范仲淹《答手诏条陈十事》成为"庆历新政"的重要内容：

明黜陟，即严明官吏升降制度。那时，升降官员不问劳逸如何，不看政绩好坏，只以资历为准。故官员不求有功，但求无过，因循苟且，无所作为。范仲淹提出考核政绩，破格提拔有大功劳和明显政绩的，撤换有罪和不称职的官员。

抑侥幸，即限制侥幸做官和升官的途径。当时，大官每年都要自荐其子弟充京官，一个学士以上的官员，经过二十年，一家兄弟子孙出任京官的就有二十人。这样一个接一个地进入朝廷，不仅增加了国家开支，而且这些纨绔子弟又不干正事，只知相互包庇，结党营私。为了国家政治的清明和减少财政开支，应该限制大官的恩荫特权，防止他们的子弟充任馆阁要职。

精贡举，即严密贡举制度。首先应该改革科举考试内容，把原来进士科只注重诗赋改为重策论，把明经科只要求死背儒家经书的词句改为要求阐述经书的意义和道理。这样，学生有真才实学，便可以依其名而求其实了。

择官长。针对当时分布在州、县两级官府不称职者十居八九的状况，建议朝廷派出得力的人往各路（北宋州以上的一级监察和财政区划）检查地方政绩，奖励能员，罢免不才；选派地方官要通过认真的推荐和审查，以防止冗滥。

均公田。公田，即职田，是北宋地方官的定额收入之一，但分配往往高低不均。范仲淹认为，供给不均，怎能要求官员尽职办事呢？他建议朝廷均衡一下他们的职田收入；没有发给职田的，按等级发给他们，使他们有足够的收入养活自己。然后，便可以督责他们廉洁为政；对那些违法的人，也可予以惩办或撤职了。

厚农桑，即重视农桑等生产事业。范仲淹建议朝廷降下诏令，要求各级政府和人民，讲究农田利害，兴修水利，并制定一套奖励人民、考核官员的制度长期实行。

修武备，即整治军备。范仲淹建议在京城附近地区招募强壮男丁，充作京畿卫士，用来辅助正规军。这些卫士，每年大约用三个季度的时光务农，一个季度的时光教练战斗，寓兵于农，实施这一制度，可以节省给养之费。京师的这种制度如果成功了，再由各地仿照执行。

减徭役。范仲淹认为，如今户口已然减少，而民间对官府的供给却更加繁重。应将户口少的县裁减为镇，将各州军的使院和州院并为一院；职官厅差人干的杂役，可派一些州城兵士去承担，将那些本不该承担公役的人，全部放回农村。

覃恩信，即广泛落实朝廷的惠政和信义。主管部门若有人拖延或违反赦文的施行，要依法从重处置。另外，还要向各路派遣使臣，巡察那些应当施行的各种惠政是否施行。这样，便处处都没有阻隔皇恩的现象了。

重命令，即要严肃对待和慎重发布朝廷号令。范仲淹认为，法度是要示信于民。朝廷必须讨论哪些是可以长久推行的条令，裁定为皇帝制命和国家法令，颁布下去。这样，朝廷的命令便不至于经常变更了。

范仲淹提出的这十项改革措施，涉及政治体制、经济、法纪、科举等方面，其中，政治体制改革是第一位的。长期的调查研究和深入的思考让范仲淹认识到，"冗官、冗费、冗兵"是导致宋朝积贫积弱的重要原因，要改变现状，实现富国强兵，必须大刀阔斧实施改革。

四
宁让一家哭不让一路哭

范仲淹大笔一挥，将那些不称职的官吏名单一一勾掉。富弼见此情景，忍不住对他说："你这样大笔一挥，毁了人家饭碗，这一大家子恐怕就得哭了。"范仲淹说："一家哭，总比一路哭要好！"

范仲淹《答手诏条陈十事》，号准了脉，找到了宋朝积贫积弱的"病根"，而这些条款的实施无异于给积贫积弱的大宋王朝做了一个"大手术"。

《答手诏条陈十事》写成后，立即呈送给宋仁宗。宋仁宗对其中大部分条款表示赞同，并逐渐以诏令形式颁发全国。其中包括：

改革文官。改革三年一次循资升迁的磨勘法，注重以实际的功、善、才、行提拔官员，淘汰老、病、愚昧等不称职者和在任犯罪者。

严格恩荫制。限制中、上级官员的特权，防止权贵子弟亲属垄断官位。

改革贡举制。令州县立学，士子必须在学校学习一定时间方许应举。改变专以诗赋、墨义取士的旧制，着重策论和操行。

慎选地方长官。由中书省、枢密院慎选各路、州的长官。由各路、州长官慎选各县的长官，择其举多者尽先差补。

减徭役。将西京河南府（今河南洛阳东）的五县废为镇，又将王屋县（今河南济源西）并入河南府，以精简乡村投入……

改革按照计划推行着，范仲淹没有想到会如此顺利，这更加坚定了他改革的决心。

　　"择官长"是十条改革措施之一，范仲淹建议由中书省、枢密院选荐转运使、提点刑狱，由两制、三司、御史台、知杂院、开封府、路转运使等选荐知州，由转运使、提点刑狱、知州、通判等选荐知县、县令，然后报中央统一逐次任用。这样做的目的是，通过层层举荐，责任明确，可以做到知人善任，官吏得人，国家得才。

　　按照新的"择官长"制度，朝廷任命张昷之为河北都转运按察使，王素为淮南都转运按察使，沈邈为京东都转运按察使，他们三人随后分赴三路，考察各地官吏。三人所到之处，铁面无私，调查出一大批贪赃枉法、庸碌无为的官吏，回来后向范仲淹一一汇报。范仲淹看后，十分生气，大笔一挥，将那些不称职的官吏名单一一勾掉。富弼见此情景，忍不住对他说："你这样大笔一挥，毁了人家饭碗，这一大家子恐怕就得哭了。"范仲淹说："一家哭，总比一路哭要好！"

五

反对派强力反击

　　然而好景不长。就在改革"顺利"进行的时候，暗流涌动，反对改革的势力强势来袭，庆历新政面临巨大挑战……

　　当改革派欢欣鼓舞，改革进程快速推进之时，反对改革的浊流也再次汹涌来袭。

　　首先发难的是夏竦。上文已经提到，本来皇上是要提拔他当枢密使的，可是，因为御使中丞王拱辰、欧阳修等人的极力反对，夏竦被降官知亳州。全国军事的"一把手"没当成，当知州还跑到了小得不能再小的亳州，这个落差也太大了。更为可气的是，国子监石介还写了《庆历圣德颂》，大张旗鼓地庆祝胜利，斥责自己是"大奸"。

石介的《庆历圣德颂》在民间广为流传。庆历三年苏轼刚刚到乡校读书，有人从京师把石介写的《庆历圣德颂》带给乡校的老师，苏轼从旁边看到，便好奇地问老师："这里面颂扬的十一个人都是谁?"老师说："你小孩子不用知道。"苏轼很不高兴地说："他们是天上的神人吗? 是神人我可以不用知道，如果不是，我为什么不能知道呢?"老师一听，觉得这个孩子可教，便告诉他："范仲淹、韩琦、富弼、欧阳修，这四个人是'人杰'呀!"

然而，正是这个石介的一番"快人快语"，埋下了导火索，为夏竦反击找到了一个借口。

老奸巨猾的夏竦深知，历朝皇上最怕的就是"朋党"，最恨的也是"朋党"。"现在，范仲淹一伙把持朝政，不正在搞朋党吗?"夏竦又开始打"朋党"这张牌。

范仲淹已经因为"朋党"被贬过一次官了，这次仁宗听了流言又不免怀疑，当面向范仲淹求证："过去人们说小人多在一起结为朋党，你说君子也有朋党吗?"

范仲淹未加思索，便坦言答道："臣在西北边疆时，看到那些好战的人往往团结在一起，而那些害怕打仗的人也往往自觉地站在一起。边上如此，朝堂之上也一样。正邪两派，各自为党。只是，正直的人结为朋党，对国家并没有害处而已。"范仲淹的回答，等于是承认了"君子亦有党"。

这个时候，一向"不以形迹嫌疑顾避"的欧阳修专门写了一篇《朋党论》上书给皇上。在《朋党论》中，欧阳修说朋党有"君子之朋"和"小人之朋"之分。很显然，欧阳修也承认了夏竦所说的"朋党"之名。这篇《朋党论》说得比石介还畅快，可是也更让夏竦们抓到了"朋党"的把柄。欧阳修、石介的言论一出，范仲淹立即意识到问题的严重性，他知道石介和欧阳修这样做是为了支持自己，但是，却可能给反对派以口实，对自己及即将施行的新政不利，因此，并不赞成二人的做法。

果然，不独反对派抓住这个不放，宋仁宗也从欧阳修的上书、石介的诗和范仲淹的回答中得到了答案，他心里十分不快。他想到了此前不久对人事的调整。章得象、晏殊两位宰相年事已高，资历也老，对改革一事不冷不热，杜衍倒是支持改革，而范、韩两位，同在陕西军队任职，深得人心，如今又同时主持新政，自然是一条心，加上欧阳修等"四谏"，"看来他们真的是一党啊！以前，朝堂之上，正反两派为一事经常争议，互相牵制，最后由自己拍板决策，既可以牵制重权在握的大臣，又可以适时地向被贬的官员表示浩荡的皇恩，可是现在，朝中一边倒，这未必是好事"。

欧阳修的朋党言论一出，立即在反对派中掀起更大波澜。

夏竦与宦官蓝元震勾结，让他不停地在仁宗旁边吹风。蓝元震按照夏竦的意图，上疏恶毒地攻击范仲淹等人。他说，范仲淹、欧阳修、尹洙、余靖，先前被蔡襄称誉为"四贤"，这四个人被贬出京，不久又都回朝，重新得势之后，又把蔡襄引为同列，以此来报答蔡襄当时为他们歌功颂德的行为，他们不是朋党是什么？一个人结党，就可以拉拢十几个人，现在他们五六个人结为同党，依次类推，他们手下的党羽不下五六十人，如果这五六十人再互相提携，不过二三年，党羽遍布朝中重要岗位，到那个时候，天下就会被他们掌控，有谁还敢多嘴呢？如果再进行报复，那么国家岂能有宁静的日子？

蓝元震的上疏危言耸听，动摇了仁宗皇帝改革的意志，也直接让改革阵营陷入危险的境地。

而就在这前后，发生了几个重要事件，更让范仲淹为首的改革派遭遇寒流。

第一个事件是滕子京、张亢"公使钱"案。虽经范仲淹全力论救，可是以王拱辰为代表的另一派紧抓滕子京案不放。郑戬，字天休，苏州吴县人，范仲淹的老乡兼连襟，幼孤力学，从学杨亿。庆历二年冬，移知永兴军，接替范仲淹。虽然有这种亲属关系，但是，事关国事时，二人却态度分明、各持立场，在滕子京、张亢"私钱案"问题上，二人态度迥异。郑戬力主严究滕子京、张亢，支持梁坚及御史台查办，朝廷因此命燕度等审查此案，最后让很多人受到株连，滕子京和张亢被一贬再贬。

第二个事件是水洛城事件。韩琦、郑戬、尹洙、狄青、刘沪、董士廉等高级官员都牵入其中，而且大家公说公的理、婆说婆的理，意见并不统一。范仲淹虽然在这个问题上坚持一分为二，公正论断，但是，因为昔日在一个战壕的战友们，在这个问题上并不在一个阵营，使正在进行改革的范仲淹陷入了两难境地。

第三个事件是陈留移桥事件。位于开封府陈留县南镇的汴河上有一座桥，因为经常有船过桥时受到阻碍，不时发生撞桥事件，轻则船翻粮落，重则人员伤亡，宋真宗时，宰相王旦奉诏把这座桥异地重建。姚仲孙在三司的时候，知陈留县杜衍认为有碍交通，曾经请求迁移，姚仲孙没有答应。后来，王拱辰担任开封知府，杜衍又请求移桥，王拱辰也没有答应。再后来，吴育又到开封当了知府，这个时候，情况发生了变化。陈留县催纲、右侍禁李舜举以陈留桥阻碍漕运为由向开封府上书，请求把这座桥重新移回原来建桥的地方。开封府于是派开封县主簿杨文仲与陈留县知县杜衍一起现场调查，杜衍等人认为李舜举的建议合理，开封府于是同意移桥。可是没想到，问题来了。陈留县大户、卫尉寺丞卢士纶有一个屋舍正好在桥下，如果桥移了，他家的屋舍就会同时被拆除。都官员外郎王溟以前曾经在陈留县监税，租住过卢士纶这个房子，卢士纶当然少收了王溟的房租。如今移桥则房子不保，卢士纶想到了他的这个"租客"王溟。王溟与三司使王尧臣是同年，他因此向王尧臣说起移桥的事，并说移桥对官府没有任何好处，而且，桥也没有影响行船。王溟的话得到王尧臣采纳，第二天，王尧臣找到户部判官、国子博士慎钺，对他说："上次陈留桥移桥到现在不过三十年，桥下还有官私房屋，现在要把桥移到原处，恐怕要花不少官钱，我看不太合适。"慎钺于是派出一个小吏去调查实情。这时候，开封府已经开始拆除旧桥了，三司则下帖要求停止施工。三司与开封府出现了矛盾，朝廷则派提点在京仓草场、殿中丞陈荣古再去现场调查，陈荣古提出了一个折中的办法，建议把旧桥遗址处河道拓展五十步，从而使河水分流，这样就可以不用移桥了。但是，开封知府吴育却坚持要移桥。朝廷无奈又派监察御史王砺再去现场定夺。王砺认为移桥比较合适，而且，他说三司所言桥下有官私房屋不实，实际上只有卢士纶一家的房屋在桥下，言外之意，三司是受人之托，为了保护私产才坚持不移桥的。

这本是一个十分简单的事件，可是却演变成三司与开封府的对抗。因为这个事，所有的当事人都受到了处分：王尧臣罚铜七斤。权户部副使郭难、杜衍、杨文仲、李舜举，并罚铜六斤，都以公罪（因公犯罪）坐之。慎钺因为王砺重新调查时打探消息，被罚铜七斤。陈荣古罚铜十斤，王淏追回一官，卢士纶追回一官并罚铜十斤，皆以私罪（因为私利犯罪）坐之。后来，皇上免除了陈荣古追回一官的处罚，罚铜增加到二十斤，陈荣古和慎钺同时改为公罪。

范仲淹对这个案件的当事人王尧臣等人进行了积极的辩护。第一，这座桥是先朝有诏才移到现在这个位置的，开封府不知道先朝有此诏令，就同意移桥。而三司去年曾经拨款修过这座桥，因为有催纲官提出移桥的申请，三司派人去调查，这是完全符合程序的，现在如果三司派出调查的人员因此获罪，这明显是不合情理的。第二，王淏从陈留任上调任辰州通判回朝待赴任，因了解陈留桥的实情，王尧臣收到开封府移桥的文书后，向王淏了解情况，王淏的回答算不上是接受请托，况且，王淏也犯不上因为当初卢士纶少收了他的房租，就去替卢士纶找三司使说情。第三，王尧臣为三司使"主天下大计，在天子股肱之列，有罪，则陛下自行贬废，不可使法吏以小过而辱之"。第四，陈留桥最后还是移了，但是，这样一来有违真宗诏令，二来新桥建成后，不但没有方便过往船只，反而接二连三地发生撞桥事故，桥柱子都被撞断了。如果水势再大一点，重型船只都无法通过，现在看来，陈荣古所断，未必不当。正因为如此，虽然三度提审，陈荣古都不认罪，恐怕确实情有可原。现在法寺把陈荣古以私罪定罪，也不合适。第五，慎钺本是三司判官，负责移桥案的公事，王砺重新调查后，他派人打探王砺的调查结果，也在情理之中，就算有罪也是公罪。第六，王砺与王尧臣的爷爷同姓同名，因为这个原因，二人关系一直不睦，所以王砺借调查移桥事件之机加以报复，认为王尧臣一定是徇私舞弊，而慎钺是王尧臣所举，由此也先入为主揣测慎钺必有奸谋。王砺亲自去调查，应该以实相告，不应该道听途说。

范仲淹向皇上提出了自己对王尧臣等人的处理意见，皇上听从了范仲淹的意见。

范仲淹对王尧臣等人进行了入情入理的辩护，对移桥事件的关键人物王砺委婉地提出批评。然而，谏官欧阳修却毫不留情，狠狠地参了王砺一本。

欧阳修说："三司使王尧臣与开封知府吴育为了陈留移桥之事，各争短长，本是公事，有不同意见也属正常，陛下派出台官定夺，更是为了公平处理这个事。可是王砺这个小人却有负圣意，挟私徇私，小题大做，反而妄称王尧臣徇私舞弊，并且公然造谣说真宗皇上移桥决策失误，给老百姓出行带来不便，结果勘查表明，王砺所奏都是虚妄不实之词。"

欧阳修罗列了王砺四条罪状：第一，谤渎先朝圣政；第二，中伤平人，使今后劳臣不劝；第三，诬奏平人为杀贼；第四，挟私希旨。这第四条罪状所为何事？欧阳修解释说，当初，因为陈留移桥三司与开封府省府互争，朝廷本意是想请与双方不相干的人去公平断案，王砺本是吴育举荐的官员，按理他应该回避，可是他却故意隐瞒这个事实，在实际调查取证过程中，又"妄思迎合，张皇欺诳"。欧阳修提出对王砺要加重处罚，否则不足以彰陛下孝治之明，不足以使劳能之臣安心展效，不足以重朝廷之体。欧阳修的上书起到了作用，不久，王砺被罢免监察御史之职，授太常博士，通判邓州。

陈留移桥事件的处理，让范仲淹、欧阳修、王尧臣等人占了上风，但同时，也加剧了两派的矛盾，为范仲淹庆历新政的实施制造了新的障碍，而仁宗皇帝从中也看到了"朋党"的影子，开始对范仲淹一干人产生了戒心。

范仲淹开始感觉到改革的压力，感觉到来自最高权威的动摇。庆历四年五月，西夏与宋正式缔结和约，而此时北方的契丹与西夏的关系却正在恶化，契丹国主亲自率十万大军征讨西夏，并要求宋朝与西夏断交。范仲淹担心契丹发动对西夏的战争醉翁之意不在酒，一旦契丹国掉转枪口，向宋进兵，后果将不堪设想，考虑到新政实施及局势的变化，范仲淹请求罢免参知政事，再度到边关任职。

六
一封奇怪的反书

夏竦为实施报复，安排家中一婢女暗地里临摹石介的笔迹，将石介信中"行伊周之事"篡改为"行伊霍之事"，霍光曾经几立几废皇上，这样一来，石介信的内容与原来大相径庭，庆历新政成了篡夺宋氏江山、发动政变的"阴谋"。

正为"朋党"之议发愁的仁宗立即同意了范仲淹的请求，让他以参知政事的身份宣抚陕西、河东，而另一位改革旗手富弼则以枢密副使的身份宣抚河北。

而新的更大的风雨，正在向范仲淹为首的改革派袭来。

石介曾经给富弼写过一封信，其中，有"行伊周之事"的字样，意思是范仲淹、富弼等人实行新政，好比伊尹、周公那样的贤臣一样，辅佐当朝天子。夏竦为实施报复，安排家中一婢女暗地里临摹石介的笔迹，将石介信中"行伊周之事"篡改为"行伊霍之事"，霍光曾经几立几废皇上，这样一改，信的内容性质完全颠倒，庆历新政成了篡夺宋氏江山、发动政变的"阴谋"。

富弼的岳父、范仲淹和欧阳修政治上的引路人晏殊也被罢相，谏官蔡襄和孙甫等人也纷纷自求外放。朝中主持新政的官员为之一空，只有枢密使杜衍还在艰难地保护着剩余的革新派官员。

原来支持改革，曾经极力反对夏竦任枢密使的御史中丞王拱辰因为欧阳修多次指责御史台，走上了改革派的反面。

这一年的十一月，杜衍的女婿、监进奏院的官员苏舜钦按照惯例置办酒席，迎接一年一度的赛神会。参加宴会的王益柔、宋敏求等官员大多数都是范仲淹引荐的。在宴席上，王益柔作《傲歌》，其中有"醉卧北极谴帝扶，周公孔子驱为奴"两句。结果这句话被御史中丞王拱辰抓住了把柄，指控苏舜钦诽谤周、孔，要求将王益柔诛杀。

仁宗派人连夜逮捕了与会的人，令开封府审讯，结果受到范仲淹推荐的十二人都受到除名、停职的处罚。王拱辰甚为得意地声称："这下一网打尽了！"

仁宗在手诏中告诫范仲淹遇事"足以商量"的宰相章得象，虽然表面上对新政没有太多插手，但他却实际上成了改革的反对者。韩琦、范仲淹二人有事向他汇报，他常常是半闭着眼睛，很长时间不答话，最后，才慢条斯理地说，这事这不行那不行，还是要从长计议吧。韩琦几次气得要和他论理，都被范仲淹制止。

另外一位大臣陈执中，也是改革的"铁杆儿"反对者。因为他的部下傅永吉擒杀农民起义将领王伦而受到仁宗信任，在范仲淹任参知政事后一个月，陈执中也被任命为参知政事，庆历五年任宰相。

庆历五年（1045）春，范仲淹提出辞去参知政事的请求，庆历五年正月出知邠州，富弼出知郓州。二十天后，枢密使杜衍罢相。二月，韩琦也被免去了枢密副使，出知扬州。至此，主持庆历新政的高层全部被贬，新政也大部分被废。由于范仲淹把政治改革当作了第一要务，改革重点过于敏感，改革步子迈得过快、过大，触犯了大多数官僚地主的既得利益，加之仁宗的动摇、反对派的疯狂反击，庆历新政经过短暂的实施后，除兴学大力实施外，很多改革措施无果而终。

在庆历新政开始之前，范仲淹说："我国家革五代之乱，富有四海，垂八十年，纲纪制度，日削月侵，官壅于下，民困于外，疆场不靖，寇盗横炽，不可不更张以救之。然欲正其末，必端其本，欲清其流，必澄其源……愿陛下顺天下之心，力行此事……"他建议皇帝陛下，一定要"力行此事"，可是皇上并没有做到"尽力而为"，相反，他倒有点像叶公，当改革遇到阻力时，他没有给改革派以强有力的支持，反而主动妥协，新政实施不到一年时间，便撤换改革旗手，废除大部分诏令。

可以说，皇上的妥协是新政夭折的重要原因，当然，更为重要的是让皇上妥协的强大的反对力量。皇祐四年（1052），范仲淹在生命弥留之际写下的《遗表》中对庆历新政失败的原因进行了总结，他说，"事久弊则人惮于更张，功未验则俗称于愚阔。以进贤援能为树党，以敦本抑末为近名……"

以吏治改革为核心的新政，"及按察使多所举劾，人心不自安；任子恩薄，磨勘法密，侥幸者不便；于是谤毁浸盛，而朋党之论，滋不可解"。改革，触犯了太多官员的切身利益，从某种程度上也触犯了统治者赖以生存的稳定的政治环境。

改革是一个渐进的过程，庆历新政一开始便把矛头直指根深蒂固的吏治范畴，同时，采取了极为严厉的措施，正所谓"过犹不及""过头""过急"，也是庆历新政夭折的一个重要原因。

庆历五年正月，范仲淹罢参知政事出守邠州，带着无尽的伤痛再次踏上贬谪之路，从此，再也没有回到京城。

高风亮节

— GAOFENGLIANGJIE —

　　素心直拟圭无玷，晚节当如竹有筠。在邠州，他借历史名人"公刘"重振古州豳风；在邓州，他留下了千古名篇——《岳阳楼记》；在杭州，他解决米荒，扩大内需，刺激消费，展示了杰出的经济才能；在苏州老家，他创办义庄、义田和义学，留下千古美谈；在青州，他带病坚持救灾，思考"捉贼"；在赴颍州途中，不幸病逝，临终《遗表》只字不提私事。

一

凿井耕田　野无惰农

如何让官员和百姓都能够重视农桑，兴修水利？范仲淹决定打"公刘牌"，借这位邠州名人重振古州豳风。他作《眉寿堂记》鼓励邠州人大力发展农业生产。

庆历五年正月，范仲淹告别仅待了一年的京城，重新回到了让他建立了赫赫战功的西北边疆，到邠州做知州。

当时，虽然宋、西夏议和，但边境形势并未完全明朗。这正是做事一向光明磊落的范仲淹请免参知政事之后，乞知邠州的原因。得到皇上恩准，范仲淹再一次表达"不以毁誉累其心，不以宠辱更其守"的决心。

连续几年的战事，邠州百姓深受其害，两国议和的消息在民间以各种不同的版本流传，他们渴望和平，但又对形势的走向疑虑重重，得知范仲淹这位"名将"来此任知州，邠州的老百姓心中无异于吃了一颗"定心丸"。

上任后，范仲淹从大家关心的军事形势入手，通过走访慰问、调查研究、安民告示、逐级传达等形式，向大家介绍西夏向宋求和的情况，很快安定了民心。但与此同时，他依然没有忘记对老百姓进行居安思危的教育，对城防的安全工作一刻也没有放松。随着宋夏和约的正式签订，西北边境的形势开始缓和，范仲淹紧张的心才放松下来。

到邠州的第三天，便拜谒了孔子庙，并兴建了西北地区规模最大的学校。

邠州有一位著名的历史人物——公刘。他是古代周人部落首领，周文王姬昌的祖先。公刘忠诚厚道，笃爱人民，勤劳刚毅，文武兼备，是一位具有政治远见、经济头脑和组织才能的古代英雄。

先周部族开始居于北豳，即今庆城县，范围较小。公刘带领族人开垦荒地，兴修水利，制造农具，整修田园，种植五谷，发展畜牧，使农耕文化在戎狄之间得到广泛传播，对庆阳川塬地带农业区域的形成和发展做出了很大贡献。

为了进一步扩大活动范围，在更大的地域内推广先进的农业生产技术，并由此扩大政治影响，公刘将其活动区域不断扩大，并将首府迁至南岗（今宁县城西庙咀坪），史称"公刘迁豳"。公刘迁豳后，不懒惰，不苟安，整理国界，划定疆土，察看平原，测量地形，观测水土气候，利用广阔的土地树艺百谷，并在今子午岭地区伐取木材，开采石料，修建房屋，制造船只，发展酿酒、纺织等手工业生产，影响了周围戎狄部落，使豳地由游牧区变成以农业为主的半农牧区。数十年间，谷物满仓，财物积库，人口增加，物阜民康，到处是一派安居乐业的景象。

范仲淹意识到，没有了战事，发展生产就成了第一要务，如何让官员和百姓都能够重视农桑，兴修水利？范仲淹决定打"公刘牌"，借这位邠州名人重振古州豳风。他作《眉寿堂记》鼓励州人大力发展农业生产："公刘以农事开国，邠风葵枣之化流浃至今。凿井耕田，野无惰农，岁有高廪。为此春酒，以介眉寿。斯民熙熙然跻和气之域，因以名堂。"

兴学的成绩，生产的发展，政务的繁忙，依然难以平复心灵与肉体的创伤。这一年，对于范仲淹来说，确实遭遇了人生的一个低谷。政治上的坎坷让他遗憾，疾病折磨令他心力交瘁，好友接二连三地辞世，让他痛断肝肠。

这一年正月，德高望重的太子少傅韩亿去世。

这一年闰五月，由他亲自推荐知青涧城事，后又做知州，在联羌抗夏斗争中立下汗马功劳的种世衡去世。失去这样一位功勋卓著的边将和挚友，范仲淹陷入深深的悲痛之中。

215

这一年八月,又一个噩耗传来,自己的亲密战友、曾经不顾"朋党"嫌疑,抱病前往京郊为自己送行的直臣,也是自己的亲家王质告别人世。

这一年,早年好友王镐的长子王规来信,告诉他王镐归葬老家的消息,范仲淹回想起与王镐的交往,感叹物是人非,痛苦中又增添了另一番滋味。大中祥符元年(1008),19岁的范仲淹到陕西户县出游,与当时在终南山上清太平宫管事的王镐相识,不久又与道士周德宝、屈元应交好,三人时常在一起抚琴论《易》,相交甚欢。天圣五年(1027)三月九日,王镐在京师建隆观因病去世。在他病重期间,周德宝道士一直在他身边,亲自给他煎药做饭,侍候他起居,一直到王镐去世。天圣八年(1030),范仲淹通判河中府,有一次路过长安,在驿站里巧遇周道士,二人夜不能寐,忆起往事,当说到王镐这个人的时候,周道士泪流满面,伤心不已。

想到这些往事,范仲淹忍不住老泪纵横。

早在饶州时,范仲淹就得了肺病,这几年南征北战,繁忙的军务政务反倒让他忘记了自己的老毛病。邠州地处西北高寒地带,入秋以后,天气骤然转凉,一日,范仲淹大咳不止,痰中带血,一连几日,卧床不起。

"看来自己是老了,力不从心了。"范仲淹自言自语。家人见此光景,都来陪他说话。"这地方苦寒,对你养病极为不利,你还是给皇上写信,往南方气候比较好一点的地方调一调吧。"

要是在平时,范仲淹非生气不可。这么多年,虽然屡次遭到贬谪,但是皇上从来没有忘记自己,多次委以重任。一个人,只要一心为国为民,到哪里不能建功立业呢?自己怎么能因为一己之私向皇上求情呢?

病榻上的范仲淹心事重重。

可是,这次他并没有责怪家人,病情稍有好转,他便给皇上写信,希望能到邓州任职。信中诚恳地说,自己当初要到邠州来,是因为当时边境形势尚不明朗,自己可以发挥优势,为固边守土继续做事,可是,现在邠州形势好转了,在军事方面,我的作用也不大了。另外,自己已经五十七岁了，在高寒的环境中，肺病加剧，很多事不得不委托给副手去办，长此以往，恐怕对工作也没有好处。至于调到哪里都不要紧，只要气候稍好些，对自己养病有利就行。

言辞之间，可以看出，范仲淹对进退、得失看得已经很淡。人，免不了生老病死，人的政治生命也一样，总少不了升降沉浮。在长安郊外，住着一名著名的隐士，名叫魏疏，从邠州到邓州上任途中，范仲淹曾去拜访他，对他的行为大加赞赏，曾专门作《访陕郊魏疏处士》诗："贤哉先处士，天书召不起。云夫嗣孤风，复为隐君子。有石砺其齿，有泉洗其耳。下瞰红尘路，荣利无穷已。孜孜朝市人，同在风波里。大为高士笑，誓不拾青紫。我亦宠辱流，所幸无愠喜。进者道之行，退者道之止。矧今领方面，岂称长城倚。来访卧云人，而请益诸己。得无长者言，佩之玉非美。"

范仲淹赞赏魏处士的人品和人生态度，但又有自己的认识，结合自己的身世经历，范仲淹感慨良多，一切事物都有它的规律，进也好，退也罢，都要顺其自然。回到现实中来，范仲淹念念不忘的依然是"兴亡哀乐不我遁，坐中可见天下心"。

在邠州虽然只有十一个月，可是范仲淹经常深入群众中间，了解群众疾苦，很多老百姓都能叫出他的姓名。得知范仲淹因病调离的消息，当地群众拦路痛哭，为范仲淹饯行。

二

对新科状元的告诫

邓州，位于河南与湖北交界处，交通便利，气候宜人，风光秀丽，景色诱人，民风淳朴，政务简约。范仲淹到邓州任职，公务减少，身体也大有好转，心情舒畅，精神倍增。他用"不欺"二字告诫新科状元……

到邓州的请求，很快得到了皇上的批准，范仲淹被授予给事中，依前资政殿学士、知邓州军州事。

庆历六年（1046）三月，新科状员邓州人贾黯衣锦还乡，对范仲淹这样一位风云人物早已心存向往，这次借回乡之机，特意前来拜谒。范仲淹看到这位年轻的新科状员，不禁想起了当初的自己，他对贾黯诚心相待，爱惜有加。当贾状员起身告辞向他最后请教为人做官"法则"的时候，范仲淹赠言："君不忧不显，惟'不欺'二字终身行之。"

何谓"不欺"？上不能欺君，下不能欺民，中间不能欺心。范仲淹把自己的人生哲学毫不保留地传授给了贾状员。后来，贾黯提及此事曾经坦言，"范公这两个字，让我平生用之不尽啊！"

也许是上天有意考验这位忧国忧民的贤者，庆历六年，邓州自春至冬数月没有降水，抗旱救灾成了范仲淹重中之重的工作。到了初冬，突然喜降瑞雪，"同云千里结雪意，一夕密下诚如羞。晓来赏心江海上，东望不见三神丘。"邓州百姓不分男女老少，纷纷走出屋外，来到雪地上，为久违的瑞雪来临庆贺。贾黯当时已在邓州南部邻近的襄州任职，闻讯后回到家乡贺雪并赋诗，范仲淹《依韵答贾黯监丞贺雪》，诗中难以掩饰喜悦之情："铃斋贺客有喜色，饮酣歌作击前筹。"

在邓州，一家人得以团聚，范仲淹心情愉悦，病体获得休养的同时，在诗文创作上也迎来了高峰。范仲淹与师友或者诗作唱和，或者书信往来，十分频繁，在这个过程中，他享受着友谊的珍贵。仅与知光化军李简夫的诗词往来就有数篇。

依韵酬光化李简夫屯田

老来难得旧交游，莫叹樽前两鬓秋。

少日苦辛名共立，晚年恬退语相投。

龚黄政事聊牵强，元白邻封且唱酬。

附郭田园能置否，与君乘健早归休。

依韵酬李光化见寄

南阳偃息养衰颜，天暖风和近楚关。
欲少祸时当止足，得无权处始安闲。
心怜好鸟来幽院，目送微云过别山。
此景此情聊自慰，是非何极任循环。

酬李光化见寄二首

交亲莫笑出麾频，不任纤机只任真。
远护玉关犹竭力，入陪金铉敢周身。
素心直拟圭无玷，晚节当如竹有筠。
道本逍遥惟所适，吾生何用蠖求伸。

万里承平尧舜风，使君尺素本空空。
庭中无事吏归早，野外有歌民意丰。
石鼎斗茶浮乳白，海螺行酒滟波红。
宴堂未尽嘉宾兴，移下秋光月色中。

依韵酬李光化叙怀

列宿专城且自娱，清名善最即前途。
江山乐国诚难会，风月诗家的不辜。
未必晚成输早达，好将高笑代长吁。
公余更励经邦业，思为清朝赞禹谟。

另有《和李光化秋咏四首》，分别咏"晓""昼""晚""夜"。其中
《晚》诗这样写道："晚色动边思，去年犹未归。戍楼人已冷，目断望征
衣。"他对边疆征战的生活依然挂怀。

在邠州时的副手王稷也经常给范仲淹寄诗书，范仲淹有回诗："南

龆日日接英标，公外追随岂待招。恶劝酒时图共醉，痛赢棋处肯相饶。一抛言笑如何遣，频得诗书似不遥。独上西楼为君久，满城明月会云销。"过去两个人一起处理公务、喝酒、下棋，范仲淹陷入了美好的回忆中。

在频繁的诗文书信交往中，范仲淹没有忘记关心那些老朋友。

庆历六年，尹洙因为"水洛城"事件得罪了董士廉，后来，董士廉到京城上书投诉尹洙。尹洙有部将名叫孙用，曾经在京城禁军中服役，后被派到边地任职。在从京城出发前，孙用借了一部分贷款随身携带，可是却无力偿还。尹洙十分爱惜孙用这个人才，担心他因此犯法而离开，便挪用了公款替孙用偿还了贷款，而尹洙本人，也曾经贷过这种钱，御使刘湜查明这些情况，尹洙被贬官到崇信军任节度副使，不久，再次被贬官到均州监酒税。

均州在今天的湖北省丹江口市，其北面与河南省邓州市相接。当时，范仲淹正在邓州任职，得知尹洙到了均州，便给尹洙去信，了解那里的情况。尹洙与他书信往来，在信中，尹洙说，没想到均州天气这么炎热，而且自己的身体有病。同样是被贬谪，同样是疾病缠身，范仲淹有很多相同的感受。他说，我所在的邓州也一样苦热，已经命令官民一起挖井找水。范仲淹还给尹洙寄去草药花蛇散，在信中嘱咐尹洙："每天空腹吃一服，对降暑极为有效。"害怕尹洙不知如何服用，随草药一道把药方送上。

第二年四月，病重的尹洙经过提刑司的允许，艰难地来到邓州寻医问药，仅仅在邓州五天，便撒手人寰。其实，寻医问药固然不假，但是，最主要的原因还是因为邓州有自己的老朋友，"自己身体每况愈下，不知道以后还有没有机会见到老朋友"。尹洙不止一次地这样想。

刚到邓州的时候，尹洙还坚持针灸，口里绝不谈后事，可是病情急转直下。这一天已经快到半夜了，驿馆中的人跑到范仲淹住所报信，说尹洙快不行了。范仲淹慌忙起身，直奔驿馆而去。此时的尹洙说话已经十分困难，但神志尚清。范仲淹拉着尹洙的手说："你一生节行用心，你走后，我将和韩琦、欧阳修各自为你写上一些文字，让后人都知道你的为人。"尹洙听罢使劲地举起手，接着又勉强从床上爬起来，给范仲淹叩头称谢。范仲淹又说："我将和韩、欧阳诸公把自己的俸禄拿出来一部分养活你的家人，不让他们流离失所，你就放心吧。"尹洙听罢又举起手，嘴里艰难地说："我有两个儿子在渭州……"说罢，安静地躺在枕头上睡觉，不再说话。

第二天，范仲淹又与人一起去看尹洙。尹洙不让他相见，并让人传话给范仲淹说："昨天夜里你来看我，说的话我都记得，我们已经别过了。"又回头对身边的家人说："我自己就要去了，不再管你了。"言语之中，没有一点儿担忧和悲伤的意思。又过了两天，身体突然"好转"，能自己扶着墙行走。就在这个时候，他向人要水，说要漱口，刚漱完口，便在案边去世了。

范仲淹不负尹洙所托，帮助尹洙家人办了一场十分隆重的丧礼。接着给尹洙的好友、前任邓州知州孙甫去信，请他写一个尹洙的行状。此后，欧阳修为尹洙写了墓志铭，韩琦为尹洙写了碑文。欧阳修写好尹洙的墓志铭后寄给范仲淹。欧阳修这个人十分严谨，对于自己的文字，不轻易改变原则，他随信要求范仲淹不要改动他的文字。但是范仲淹认为，墓志铭中有些地方不尽如人意，他致信韩琦，希望韩琦能够稍微改动些，同时，就欧阳修写的墓志铭中有意不尽的地方，在碑文中加以补充。不管怎样，有一个原则必须坚持，那就是既不遗其美，又不可言过其实，无限拔高。到秋天天气凉爽时，范仲淹安排把尹洙的家眷连同尹洙的棺柩送回洛阳。

在这一切都办完之后，范仲淹又把尹洙散存于各处的文章收集起来，编成了《尹师鲁河南先生集》，并亲自为该集作序。范仲淹还把自己写的《尹师鲁河南先生集序》寄给韩琦，请他指正，韩琦肯定范仲淹的序文，只对其中个别字句提出修改意见。

在《尹师鲁河南集序》中，在对尹洙文学风格与成就阐述的同时，还追忆了尹洙在邓州的难忘的往事。庆历七年（1047）四月十一日，范仲淹在尹洙去世的第二天，写下了《祭尹师鲁舍人文》，赞扬尹洙"举止甚直，议论必公"，对于被贬一事，"斥于散地，颓然不争"，对于生死之事，看得明白晓畅，十分豁达。

在邓州的这几年，范仲淹又经历了好友离世的伤悲。继韩亿、王质、种世衡之后，谢绛、范雍、滕子京、张问、杨日严、李迪等也相继辞世。范仲淹为他们分别写下了祭文等文字，表示深切的悼念之情。

在兴建、修复人文景观的同时，范仲淹又干起了他的"老本行"——兴学，在风景秀丽的百花洲旁兴建了著名的"花洲书院"。他的儿子、后来官至宰相的范纯仁，宋代理学大师张载等，都在花洲书院师从范仲淹求学。庆历六年九月，苦于精读的范仲淹应滕子京之约，在花洲书院春风堂挥笔写下了名垂千古的名篇《岳阳楼记》，花洲书院因此也名扬天下。

"国家之患，莫大于乏人。""材不乏而天下治，天下治而王室安。"在邓州期间，范仲淹有了更多的时间读书，也有了更多的精力关注人才。除了兴办州学外，他没有忘记自己向国家举荐人才的职责。

庆历七年，他在邓州任所给皇上上书札，请求重用襄州知州王洙，在上书中，称王洙"文词精赡，学术通博，国朝典故，无不练达，朝中大臣，无人能比"。这次范仲淹已经是第三次举荐王洙了。

王洙老家也在应天府，曾两度进士及第，1024年进士及第后，任舒城县尉，因为处理一起案件被免官回到应天府，晏殊知道这个人有才能，便把他请到应天府书院讲学。天圣四年（1026），范仲淹丁忧期间也应晏殊之请在应天府讲学，得以和王洙相识、相知。不久王洙接到朝廷调他到富川县任主簿的诏令，范仲淹知道后认为，这是大材小用，便建议晏殊将王洙留在府学任职，晏殊很同意范仲淹的看法，便让范仲淹代写了一封奏状，说王洙"素负文藻，深明经义"，希望朝廷能让他在应天府任职，兼州学教授，朝廷同意了这个请求，王洙由此继续在应天府任教。

明道二年（1033），范仲淹被调回朝任右司谏，他又一次举荐王洙，王洙因此召为国子监说书，改直讲，校《史记》《汉书》，为天章阁侍讲，颇有成就。

庆历四年十一月，受苏舜钦案牵连，王洙被列为范仲淹同党，被贬知濠州，后又徙知襄州。襄州在邓州之南，范仲淹在自己身处极端困境的情况下，仍然第三次举荐王洙。后来，王洙又回到了朝中，终成一代著名学者。

庆历八年正月，范仲淹突然接到朝廷诏令，要他任荆南知府。当地官员及百姓闻知，在府衙门前排成长队请愿，请求让范仲淹留下来，继续担任邓州知州。范仲淹自己的身体刚有好转，加上长子纯祐因病瘫痪在床，而次子、三子都在花洲书院读书，由继室张氏所生的四子纯粹刚刚三毛岁，他也不愿意再调动，因此上书请求继续留任，这次皇上特别恩准了他的请求。

三

创办义庄：开启慈善事业先河

"二哥，你看这么多年，我虽然一直在外为官，但是并没有给家人、给乡里乡亲带来什么好处，我有愧啊！"范仲淹对二哥范仲温说。虽然范仲温理解他，但范仲淹主意已定，他决定创办义庄。

"长忆西湖胜鉴湖，春波千顷绿如铺。吾皇不让明皇美，可赐疏狂贺老无？"西湖给范仲淹留下了美好的回忆，皇祐三年（1051）范仲淹抱病青州时，写下了这首《忆杭州西湖》诗。

"唐明皇让贺知章回鉴湖养老，仁宗皇帝要是能批准我在西湖养老，那该多好啊！"可是，这已经不可能了！杭州，留给范仲淹的只能是这诗一般的回忆了。

皇祐元年春天，范仲淹告别邓州美好的生活，奉命赴杭州任知州。"上有天堂，下有苏杭。"杭州自古就是繁华之地、风化之乡，自己年事已高，能够到这样的天堂之地赴任，这是皇上对自己的照顾，何况杭州与苏州相邻，自己这次赴杭州，可以借机到老家苏州一看，也算是"叶落归根"，虽然又免不了路途劳苦，但毕竟是值得庆贺的事。

一家人在路上，幻想着回到苏州老家，还可以到传说中的西湖赏景，忍不住心花怒放，恨不得让车轮飞起来，早一天见到老家的亲人，早一天看到美丽无边的西湖。这一天，一家人来到陈州地界，庆历新政以后，晏殊罢相到陈州任职，范仲淹到陈州后，立即登门相会。两位老朋友，30年前，正当人生壮年，二人意气风发，雄心勃勃，从应天府相识、相知，宦海沉浮，共同走过了30年的风风雨雨；如今，都已是两鬓斑白的老人了。

老朋友过访，晏殊自是欢喜非常。

他立即安排范仲淹一行住在最好的传舍，叫熟悉情况的属下带着范仲淹家人去看陈州的风光，而自己则和老朋友促膝相谈。晏殊最担心范仲淹的身体，这些年，范仲淹南征北战，忧国忧民，也没有时间治自己的病，现在，又要长途跋涉到杭州去任职，真难为这位老兄了。

"你可要好好珍重啊，老兄！现在可不比年轻时，我们可都是年过六旬的人了。"晏殊说。"你放心吧，杭州美景你也不是没见识过，到了那里，我正好可以修身养病呢。"

这一年，晏殊刚好六十岁，范仲淹比之年长二岁。这次相会，二人难得在一起谈论过去的经历，谈对当今文学的看法，谈人生理想追求。范仲淹作《过陈州上晏相公》诗记录了这段难忘的经历："曩由清举玉宸知，今觉光荣冠一时。曾入黄扉陪国论，重来绛帐就师资。谈文讲道浑无倦，养浩存真绝不衰。独愧铸颜恩未报，捧觞为寿献声诗。"

一路上，范仲淹拖家带口，晓行夜宿。大约在三月，范仲淹一行回到了久别的老家——苏州吴县。这时候，正赶上次子范纯仁进士及第。消息传来，族人奔走相告。家里摆上宴席，一来为范仲淹一行接风洗尘，二来为纯仁金榜题名庆祝。

回到久违的故乡，又听到纯仁高中的消息，范仲淹心情特别激动。他暂时忘记了仕途上的坎坷。因为身体原因已经很久未喝酒的范仲淹，又端起了酒杯。

然而，家里很快又恢复了平静。

范仲淹虽然位居高位多年，但他自己清正廉洁，几乎没有什么积蓄。而族人因为他的严格要求，也从未借范仲淹的权势谋取私利，相反，因为范仲淹屡次谏言廷争，多次遭到贬黜，家人每每受到牵连，特别是庆历新政以来，范仲淹得罪了一大批地方官，家人虽然远在地方小县，却也没少受委屈。

范仲淹看到族中很多人生活困难，心里十分不是滋味。他在想，应该在力所能及的情况下，帮助族人做些工作，让他们的生活哪怕有一丁点的改善也好。

"二哥，你看这么多年，我虽然一直在外为官，但是并没有给家人、给乡里乡亲带来什么好处，我有愧啊!"范仲淹对范仲温说。"这也不能怪你，做大事的人不能只顾小家，你为老百姓做的好事，大家都记在心里，我有你这样的兄弟，心里高兴还来不及呢。"范仲温说。

"话虽这么说，看到家里这种情况，我实在是不忍。我打算创办义庄，为族人解决点实际困难。"范仲淹说。"兄弟呀，你的想法当然好，可是，我们都知道你这个人一生清廉、节俭，哪有多余的钱办庄? 再说，纯祐身体还有病，长年卧床，纯礼、纯粹，哪个不需要你照顾?"

"二哥，你说得是理儿，可是，我们范家祖宗积德行善百年，我得以在朝为官，怎么能自己独享富贵呢?"

范仲温知道弟弟的性格，再坚持也无益，他只好答应范仲淹兴建义庄的请求。范仲淹把自己多年积攒下的三千匹好绢，分给闾里的亲族旧朋，又拿出多年积蓄购买了好地千亩，创办了范氏义田。他和族里的长辈共同商定义庄的管理办法，选择德高望重的人管理义庄，规定义庄的收入用来资助家族中的贫困户和周边乡亲中有贤德的人。

北宋钱公辅曾经写有《义田记》专门记录范仲淹创办义庄的事:

范仲淹生平喜欢以财物助人，当他显贵的时候，买了靠近城市的好田约一千亩，置作"义田"，用来供养、救济些亲近而贫穷、疏远而贤良的人，使他们天天有饭吃、年年有衣穿；嫁娶丧葬，都有供养补贴。

起初范仲淹还没有贵显的时候，就曾有志举办义田，由于能力有限，搁了二十年。后来，做了陕西路的大帅，接着当了副宰相，于是有了比较优厚的俸禄，终于实现了自己的理想。在他死后，后世的子孙继续他办义田的事业，继承他好施舍的遗志，就像他活着时一样。范仲淹虽然位居高位，但是自己却贫困一生，死的时候，连殡殓的衣物都没有，子女没有钱给他办丧事。

范仲淹创办义田的办法，比晏子更好、更有远见。真希望那些登上三公爵位、享受万钟俸禄的高官们，能够像范仲淹那样，乐善好施，心里始终装着穷人和贤者。

四

以工代赈：千年前的创新之举

皇祐元年七月，杭州遭遇多年未遇的大旱。粮食奇缺，米价暴涨，百姓有断炊之忧。灾情之重，受灾百姓人数之多，历史罕见，一些家庭不得不卖儿卖女度日。范仲淹又会有什么样的作为呢？

皇祐元年七月，范仲淹擢除礼部侍郎知杭州，皇上特意派内西头供奉官（宦官阶官名）麦知微给范仲淹送来凤茶一盒以示嘉奖。

自从庆历新政后离开京城，已经五年光景了。屡次犯颜直谏，四次被贬，仁宗皇帝赐凤茶的举动让范仲淹心存感激，就好像又回到了仁宗身边一样，在《谢赐凤茶表》中，他感谢皇上"赐龙凤之上珍"，同时，借题发挥表达自己的心志。纵然四次被贬，纵然屡次冒风波之险，可是范仲淹对皇上没有半点怨恨之意，言语间多的是对自己行为的反思，对皇帝的理解与感激。可是，有谁知道范公内心深处的苦楚呢？

杭州城就在眼前，西湖比想象中的还要美丽，可是，范仲淹却没有心思欣赏西湖的风景了。

皇祐元年七月，杭州遭遇多年未遇的大旱。粮食奇缺，米价暴涨，百姓有断炊之忧。灾情之重，受灾百姓人数之多，历史罕见。朝廷采取的赈济措施不足以让百姓渡过难关，一些家庭不得不卖儿卖女度日。朝廷无奈只得承认百姓卖儿卖女的不伦行为。在一份诏书中，皇上表示："两浙一带受灾的百姓，如果确实无法生存，可以让人自由收养子女，但是，以后不能反悔。"

范仲淹这位副宰相出身的朝中大臣，到杭州的"三把火"就从解决灾民问题点起来。

第一把火，解决"米荒"。如何解决老百姓的"米荒"？"抬高米价。"范仲淹做出这个决定，立即引起大家的反对。"现在老百姓生活如此困难，再抬高米价，老百姓还有没有活路？"范仲淹道："目前，我们面临的问题是米荒，因没有米，价格才贵，如果有充足的粮食，价格自然就会降下来。那么怎么才能吸引商贩把粮食运到杭州来卖？只有抬高米价，让他们有利可图。"经过一番解释，众官如梦方醒，纷纷称是。

"杭州的米价涨得真高，每斗卖到一百八十文了！"范仲淹让各地把杭州城的米价文告在京杭运河沿线张榜公告，沿河江、浙一带的粮商闻讯后争先恐后，星夜贩米来杭，不久杭州城内米市货源充裕，粮价果然迅速回跌。投机米商的猖獗活动受到了抑制，民心也得以安定。

第二把火，以工代赈。饥荒年月，老百姓的劳动力价格低，他下令各寺院利用这个机会大兴土木，修建粮库、官府办公场所及官员的住宅等，每日雇用千名劳工，受雇用的劳工每人会领到一定量的粮食，这样，不少家庭解决了吃饭问题，而官府、寺院等基础设施建设项目也得到很快发展。范仲淹创造的"以工代赈"的方法，至今仍然有着现实意义。

第三把火，刺激消费。吴地的百姓有春夏赛龙舟、做佛事的风俗习惯。范仲淹亲自带着州府官员，到西湖上和老百姓一同观看赛事。他还出台政策，对赛事进行补贴，鼓励百姓竞渡。一时间，杭城百姓出来观看比赛的人络绎不绝，不少家庭借机会上街开小吃、摆摊卖纪念品，杭州城里，重现繁荣。

可是，这些举措在当时也引起一些人的不解，一些监察官员为此上奏弹劾范仲淹，说他"不恤荒政，游宴兴作，荡财伤民"。范仲淹上奏辩称："所以如此，正欲发有余之财，以惠贫者；使工技佣力之人，皆得仰食于公私，不致转徙沟壑。荒政之施，莫此为大。"

西湖这块风水宝地，不时吸引各地的人来游历，一些政府官员也纷纷看好，在这里购买房产，以备养老休闲之用。有好心人曾劝范仲淹趁此机会在西湖边造所房子，将来在此休养。范仲淹听后断然拒绝："西湖乃天下之西湖，我岂能与民争利，将宝地占为一家私有！我所担忧的不是日后无立足之地，而是一旦去职后再如何去为人！"

在美丽的西子湖畔，范仲淹还接见了一位知县——后来大名鼎鼎的宰相王安石。皇祐二年（1050），时年30岁的王安石知鄞县三年任满，借离任之机，他到杭州拜会了倾慕已久的前辈范仲淹，二人促膝相谈，相见恨晚。

五
在青州留下最后的德政

皇祐二年十一月，范仲淹被调往青州任职，第二年三月到达青州任上。一位一生忧国忧民的老人，千古忠君爱民的典范，在这里留下最后的德政，带着病体走向生命的终点。

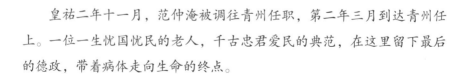

青州，历史悠久。禹贡中记载："海岱惟青州。"宋时，青州不仅是

州府所在地，而且是京东东路安抚司的驻地，管辖着青州、淄州、潍州、兖州等七个州三十八个县，地域辽阔，沃土千里，底蕴丰厚，"海岱之区，地望攸重"。

在范仲淹到青州之前，宋太宗时的名相寇准在枢密院时因与知院张逊发生分歧，遭其诬陷，被贬至青州任知州。寇准任青州知州不久，宋太宗便因为想念这个贤臣而怏怏不乐，有意调他回朝，便故意问左右群臣："寇准在青州如何？心情满意否？"群臣初时并不解其意，便说："青州是个好地方，人杰地灵，山清水秀，物宝天华，民风淳朴，真海岱雄邦也。"群臣的回答虽然没有切中皇上的意思，但也从一个侧面反映了青州乃一时重镇。

然而，范仲淹到青州时却并不尽如人意。

他自己的身体每况愈下。大约在青州快到一年的时候，他在《陈乞颍亳一郡状》中这样描述自己的身体状况："而年高气衰，日增疾恙，去冬以来，顿成羸老，精神减耗，形体尫弱，事多遗忘，力不支持。"一个63岁的老人，拖着多年的病体，加上政治生活的磨难，屡次迁徙的劳顿，其精神和肉体将何以堪？

到青州的第二年，范仲淹便病死在前往颍州赴任的路上，在写《陈乞颍亳一郡状》时，他的病情已经到了十分危险的境地。一代名臣，在生命的最后日子里，写下的这封请求状，读罢令人悲伤落泪：

……自谓得君，未尝避事。险易一志，周旋四方。今守东齐，方面亦重，救灾御寇，敢不尽心？而年高气衰，日增疾恙，去冬以来，顿成羸老，精神减耗，形体尫弱，事多遗忘，力不支持。其青州常程公事，已牒通判职官发遣。其安抚一路九州军兵马公事繁多，至于郡县利害，乡川寇盗，皆禀本司指踪。自臣抱病，勾管不前。上无以分宵旰之忧，下无以逃尸素之诮。惟是奏报文字，臣则竭心勉率，亦多稽缓。揣己量力，实不自安。伏望圣慈于颍、亳二州，就差臣一处。所贵闲慢少事，可以养疾，庶安朽质，少保残年……

可是，范仲淹面临的考验还远不止这些。对他来说，比个人身体疾病更难的，一个是自然灾害，一个是人祸。

先说自然灾害。范仲淹到青州的时候，青州大旱之灾尚未解除，老百姓吃饭成为第一大难题。更糟糕的是与青州西边接壤的河朔一带暴雨成灾，让那里的大量灾民流离失所，明知青州大旱，为求一立足之地，仍然不得已投奔青州。虽然经过前任富弼的全力救灾，灾民得到最大程度的安置，但是，"岁饥物贵，河朔流民尚在村落，因须救济。数日间入城者六七千人，无非饥穷"，而且刚到青州的时候是三月，麦子还没有成熟，救灾的重担自然落在了范仲淹的肩上。

再说人祸。范仲淹的前任知州是富弼，庆历七年五月，富弼以资政殿学士加给事中知青州，兼任京东东路安抚使，他采取"分散"安置、动员所有官员参与、征集公私场所等办法救济灾民，使50万灾民渡过难关。就在他上任的那一年，河北人王则起义，在王则的影响下，齐州（今济南）的禁兵也想倒戈。齐州不归富弼管辖，但他考虑到一旦齐州禁兵倒戈，势必威胁宋的统治，如果处理不当，让这个消息泄露，也会出现不可预知的后果。正在这个时候，朝中的内官张从训奉命到青州办事，富弼认为可以利用一下这个人来处理齐州的事。张从训按照富弼的吩咐，秘密地驰往齐州，把那些要兵变的禁军捉拿归案，没有一人逃脱。

虽然镇压了起义军的响应者，但是，各地的起义军仍然以各种形式存在，不时地发动对各州县的攻击。范仲淹在救济灾民的同时，同样面临着要对付"草寇"的重任。

对于应付起义军，范仲淹这位"胸有数万甲兵"的边关良将当然绝对不会陌生。事实上，对起义军的镇压，这位忠君爱国的贤臣早在庆历三年就有过实践。

庆历三年，邓州有奏至朝廷，反映当地以张海为首的起义军开始聚众闹事，人员已经发展到60余人，他们坐下骑着骏马，手里拿着武器，攻击县镇，掠夺财富，强掠士女，完全不把朝廷放在眼里。当时在朝中正在酝酿庆历新政的范仲淹担心"百姓被害，不堪其忧"，特别是老百姓看到这些起义军气势很猛，"各生健羡，聚成徒党，协取州县"，势力发展越来越大，如果不早点消灭掉，一定会生出其他祸患。他因此上《奏乞召募兵士捉杀张海等贼人事》。在这封奏书中，他说："汉唐之末，皆因群盗而天下大乱，朝廷岂得安然?"因此建议朝廷召募勇壮、能吃苦，或者曾经为朝廷用过的人，大致组织成300人的队伍前去镇压张海，然后论功行赏。

范仲淹的建议得到了朝廷的采纳。后来，张海的起义军打到荆门，而且人数已非在邓州时所比，原来300人的队伍已经不能满足镇压起义军的需要，范仲淹又上《奏乞发兵往荆南捉贼》，明确提出，从京城派出3000人的禁军，分成三队，每队1000人，逐次前往荆门捉贼。

到青州任上，"捉贼"仍然是范仲淹的一项重要使命，他在《陈乞颍亳一郡状》明确自己在青州的两项重要工作——除了救灾外就是御寇。

皇祐三年，范仲淹赴任青州与富弼完成交接手续。虽然时已63岁，且病魔缠身，但是，青州天灾人祸的现实让范仲淹不能有丝毫的懈怠。上任伊始，范仲淹针对麦苗尚青、饥民众多的实际，上奏朝廷请求把军仓中的战备粮留足一年的数量，其余的全部发放给灾民，以解燃眉之急。不久，他又改革缴税方式，免却百姓舟车劳顿运输之苦。

北宋时期有一种让老百姓十分头疼的纳税方式，叫作支移。送纳赋税有固定处所，主要目的是以有余补不足，移此输彼，由近输远，谓之支移。当时青州百姓的岁赋要运到博州（现今的聊城）缴纳，路途遥远，劳民伤财，农民叫苦连天。范仲淹决心改变这种状况，他派人探明博州一带的粮食价格并不贵，而且比青州还便宜一点。于是，他采取变通税收办法，让农民把田赋折价缴款，然后由府内差役携款到博州购粮就地完成赋税。这样一来，不仅购足了田赋，而且还剩一些余款。范仲淹命人把余款全部如数退还给农民，让当地百姓大为感动。

当时，青州一带流行瘟疫"红眼病"，范仲淹体恤黎民疾苦，亲取醴泉水和药制成"青州白丸"发放民间，遏制了疫情的扩散蔓延，为百姓祛除病患，急救了青州一方百姓。青州百姓感激范仲淹的所作所为，

231

将醴泉称为"范公井",并筑亭于井上,称"后乐亭"。后人又改名为"范公亭",以用来纪念这位大恩人。

年迈体衰,范仲淹也有了退休赋闲的想法,可是皇上却没有嫌弃自己"廉颇老矣",反而把自己派到青州这样的大藩重镇主政,自己怎么能不尽心尽力呢?在《青州谢上表》中,范仲淹说自己"发言多忤,非轻去明主之恩;触事为忧,所重在太平之业",表示一定要不舍昼夜,勤奋工作,"体九重之深造,安千里之含生"。这虽然是《谢表》这种官样文章中常见的笔法,但是,纵览范仲淹一生,"忧"字贯穿他生命的始终。

在繁忙的救灾御寇工作之余,他仍然不改"宁鸣而死,不默而生"的誓言,站在全局的高度对朝廷选人用人提出自己的主张。

在《论转运得人许自择知州奏》中他说,古代王者在内设置大夫、士等,以辅助天子管理、掌控、督察天下政务,在外则设岳牧、方伯、刺史、观察使、采访使、通领、诸侯守宰等分别治理各地。现在我们设置的转运使、按察使,就好比是古代的岳牧、方伯,知州和知县就好比是古代的诸侯守宰。这些诸侯守宰与皇上共理天下,他们上关朝廷,下联百姓,位置、作用十分重要。可是我们现在对这些知州、知县等地方要员只是按照资历、任职年限等传统的体例任用,至于他们的能力如何、品行如何则一概不论,以至于"使天下赋税不得均,讼狱不得平,水旱不得救,盗贼不得除",老百姓有冤不能伸,有苦不能诉,必生怨怒。所以说,要挽救这种局面,就得选贤任能,让德才兼备的人担任转运使等要职,然后放权给他们,允许他们推荐、选任知州、知县,从而使人尽其才,才尽其用。如果选取人得当,州县自然太平,天下自然无事。

北宋末期,一些农民纷纷揭竿而起,他们攻州县,杀了不少州县的长官。范仲淹之所以上这封奏折,正是基于对这种形势的判断才作出的决定,这种思想与他在庆历新政中提出的"择官长"观点一脉相承。

选贤任能,范仲淹在自己的职责范围内不遗余力。

京西提典刑狱、尚书祠部员外郎、充集贤校理彭乘,在馆阁中任职很久却没有机会调动，范仲淹认为此人"博学不倦，孤立无徒"，因此上书《举彭乘自代状》，提出可以让出自己一个官阶，举荐彭乘代替自己的职位。

张讽任御史台主簿，李厚任邓州南阳县主簿，范仲淹认为二人"文学懿赡，履行纯雅""素有文行，涉道且深"，特举荐他们到青州任幕职，表示如果二人才行不像自己所说的那样，或者二人日后贪赃枉法犯下罪行，自己愿意承担连带责任。

前文曾经提到，范仲淹一生举荐的官员有名的不下数十人之多，其中有的是和他共同工作过的下属，有的则是经过战争洗礼脱颖而出的将校，有的则是文学上的大家，事实证明，他举荐的人不负众望，为北宋国家的安危、百姓的安宁做出了巨大贡献。

"不以物喜，不以己悲。"这是范仲淹写给朋友滕子京的，也是自己心灵的宣言。在青州，他同样表达了这样的心声。宋时的青州府内有一座表海楼，又名青海亭，取《左传》"世胙太公，以表东海"之意，故址在今青州市内万年桥北，当时，是登临览胜之所。

这一天，范仲淹登上表海楼，赋诗一首："一带林峦秀复奇，每来凭槛即开眉。好山深会诗人意，留得夕阳无限时。"诗人表达了自己一贯的豁达胸怀，却没有李商隐"夕阳无限好，只是近黄昏"的感伤。

诗言志，歌咏言。在青州创作的为数不多的诗文中，范仲淹无一例外地表达了自己的政治抱负和理想追求。青州城西南有一处瀑布，名叫石子涧，范仲淹作《石子涧二首》：

> 凿开奇胜翠微间，车骑笙歌暮未还。
> 彦国才如谢安石，他时即此是东山。

> 飞泉落处满潭雷，一道苍然石壁开。
> 故老相传应可信，此山云出雨须来。

庆历新政虽然失败了，但是，富弼还年轻，以他的才能，一定会有东山再起的时候，一定会完成他们没有完成的改革大业。字里行间，饱含着范仲淹对富弼的期望和对改革大业的信心。

《尧庙》诗，则更加鲜明地表达了范仲淹的"民本"思想："千古如天日，巍巍与善功。禹终平泽水，舜亦致薰风。江海生灵外，乾坤揖让中。乡人不知此，箫鼓谢年丰。"

皇祐三年（1051）冬，时任蔡州知州兼京西转运使的苏舜元因为倾慕范仲淹的楷书，请求范仲淹用小楷写《乾卦》，范仲淹以《乾卦》字多，自己眼花为由改写《伯夷颂》。范仲淹在黄素上撰写的《伯夷颂》完成后，苏舜元、文彦博、杜衍、富弼等名流纷纷题跋，后来人们把韩愈之文、伯夷之行、范仲淹的黄素小楷称为"三绝"。

第九章

教坛宗师

JIAOTANZONGSHI

　　兴办学校是范仲淹一生的梦想，并毕生实践。范仲淹的教育思想发端于应天府书院的学习，集中形成于天圣年间，完善于后庆历新政时代，以全国州县普遍立学为主要功绩。

　　范仲淹认为，教育关乎国家的兴亡，"国家之患，莫大于乏人""王者得贤杰而天下治，失贤杰而天下乱""善国者莫先育材"；育材的重要途径"莫先劝学"，要大兴学校教育。"致治天下，必先崇学校，立师资，聚群材，陈正道"；而"国家劝学育材，必求为我器用，辅我风教……明经籍之旨，练王霸之术"。

一

回母校当校长的日子

不以一心之戚，而忘天下之忧。丁忧期间，范仲淹忍受着丧母之痛，应晏殊之请回到自己的母校——应天府书院执掌府学，在这里他的教育思想开始形成。

也许是上天的安排，范仲淹注定要与应天府书院有不解之缘。在这里上学，考中进士，丁忧期间，自己又有幸受到晏殊的邀请，到母校当校长（标准的称谓是"山长"）。

晏殊这个人好学，对学校教育十分重视。他到应天府任职，带去了一名叫王琪的官员。王琪时任大理评事、馆阁校勘。在王琪之前，任馆阁校勘的官员没有出外为官的先例。这个人对办学有自己独到的见解，早年曾上书陈十事，其中有一项就是"兴郡学"。晏殊去应天府之前，就已决意把应天书院发扬光大，他因此向朝廷举荐，请王琪做他的副手。

晏殊到应天府不久，便到应天书院考察，并在书院师生面前发表了一场振奋人心的演说。他说，应天府是"南京"，北宋的陪都之一，是"都会之地""祖宗之都"，应该是育道德、兴礼乐的地方，如果应天府的学校教育搞不好，我们愧对这方土地，更对不起把我们当作标杆的兄弟州县。

应天书院的师生向晏殊提到了青年范仲淹在府学苦读的事。而范仲淹在广德、兴化等地聘请教师讲学，在兴化修筑捍海堰、兴办读书堂的事，也给晏殊留下了深刻的印象。得知范仲淹丁忧回到了应天府，晏殊主动与范仲淹相约，与之促膝相谈，并向这位比自己还年长两岁的下级官员诚恳地发出邀请，请他利用这个机会，来应天书院执掌府学教席。

晏殊的大名范仲淹早已如雷贯耳，能够得到晏殊的赏识，身在丧母之痛中的范仲淹颇觉欣慰，欣然接受了晏殊的邀请，到府学任教。

对应天书院，范仲淹满怀感情。到书院以后，范仲淹一头扎在教学之中。可是，并不是所有的学生都能够像当初自己"独不见皇帝"那样自觉苦读，有的学生看范仲淹在眼前时，假装认真读书作业，可是一见他离开视线，便开始偷懒，有的还打架斗殴，闹得学院不成样子。范仲淹索性住在了书院里，时刻不离学生左右。什么时间学习，什么时间吃饭，什么时间就寝，他都精心做好安排。晚上，也不闲着，就寝前要挑灯夜战。应天书院的学生虽然来自全国各地，但仍以应天府及其附近的学生居多，其中，不乏有权有势及富家子弟。有的学生要起小聪明，趁着范仲淹不注意，不等完成当晚的功课便提前就寝。

"今晚的功课都看完了？"范仲淹不动声色地问。

"都……都背完了……"偷懒的学生吞吞吐吐地回答。

"你背给我看看。"

"……"

因为根本没背完，背起来自然是张口结舌，丑态百出。面对想蒙混过关的学生，范仲淹则拿出书本，检查背诵的正确与否。那些答不上来的，对不起，只能不要睡觉了，直到补上这一课才算完事。

现在学生作文，负责任的老师往往要自己也作一篇，叫作"下水文"。范仲淹那个时候，就已经亲自实践了。他出题让学生作赋，自己一定要先作一篇。他说，只有这样才知道出题的难易程度，也能更好地感受出题的用意所在。

在应天书院，范仲淹暂时告别了官场生活，读书的重点也更多地关注教育。西汉扬雄不但赋写得好，也是一位教育大家。范仲淹认真地披览扬雄的原著，对扬雄的教育观点大加赞赏，并结合自己的教育实践加以运用。

扬雄认为，人性中既有善的因素，也有恶的因素，到底向哪个方向发展，完全取决于后天的"修"，而这种"修"离不开教育。扬雄还以磨刀琢玉为喻，说人只要努力学习修行，就有可能成为君子甚至圣贤。在他眼里，圣人和一般的人差别并不像鸟兽与凤凰、麒麟那样不可逾越，虽然努力去做了有可能达不到想要的结果，但是如果不去努力，肯定一点希望都没有，所以人主观上一定要有追求、有目标、有行动。

汉代建立察举制度以选拔人才，极大地调动起士人的学习积极性，但是，大家到底为什么学习呢？很多人把学习的目标锁定在了功名利禄上。扬雄指出，为利禄而学，终究不过是小人，而要想学为君子，就必须像圣人那样，重其道而轻其禄。而圣人之道的精华在"五经"之中，学问之博大、精深、纯正，非"五经"莫属。

百川为什么能够归海？因为它们能够流动不止；群山为什么不能聚到一起，因为它们静止不动。学习必须持之以恒，只有如此，才能达到目标。

务学不如务求师，好的老师对于人的成长至关重要。学术继承的师生关系就类同血缘继承的父子关系。

读着扬雄的论著，品味了扬雄的教育观点，范仲淹深表赞同。

应天书院成了天下书院的一个样板。范仲淹开始深入地思考教育的走向与方略。

春种秋收，自然之理。如果没有耕种，却想着收获，那只能是幻想。范仲淹认为，古代的学校遍布在全国各地，培养了大量人才。现在，国家正处于太平时期，应该抓住这个有利时机，大力兴办学校，发展学校教育。"国家崇儒敦古，右文致化，三京五府，多建庠序"。而国家乏人一个重要原因是"庠序不兴"，依然是学校的问题。

发展学校教育，要培养什么样的学生？范仲淹认为，要培养经邦济世之才，"明经籍之旨，练王霸之术"。让学生学什么？范仲淹认为，"劝学之要，莫尚宗经"，他说："圣人法度之言，存乎《书》；安危之机，存乎《易》；得失之鉴，存乎《诗》；是非之辩，存乎《春秋》；天下之制，存乎《礼》；万物之情，存乎《乐》。故俊哲之人，入乎《六经》，则能服法度之言，察安危之机，陈得失之鉴，析是非之辩，明天下之制，尽万物之情。使斯人之徒，辅成王道，复何求哉！"

　　培养了这样的人才，关键要让这些人才为国家所用。科举制度是教育的"指挥棒"，如果仅仅改革了教育的内容，而不改革科举制度，那么，这种教育改革势必无果而终。

　　北宋开国数十年间，朝廷对于科举颇为关注，但尚未重视学校教育。中央只设一所学校即国子监，不仅如此，国子监还逐渐萧条，开科取士只看考试成绩，不问学校出身，故此士大夫子弟只想通过科举考试来博取功名。士子多贪图名利，徇私舞弊，不务实学，浸以成风，到仁宗时，科举之弊，愈演愈烈。

　　因此，在提出上述观点后，范仲淹对科举制度改革也提出了设想。他说"命试之际，先之以'六经'，次之以正史，该之以方略，济之以时务"，这样才能保证天下之士能够安心修"经济之业，以教化为心，趋圣人之门，成王佐之器"。

　　范仲淹教育思想有了一个重要渊源，同时，他也是教育的受益者。他在早年的读书经历中感受到了教育的魅力，感受到师资的重要，也切身体会到教育与科举的弊病。在应天书院当上山长之后，他有机会实施自己的教育理念，尽可能地扭转当时教育的种种弊端。

　　在教学之余，范仲淹写了三篇文章，系统地阐述了他对书院的认识和对教育的理解。这三篇文章分别是：《南京书院题名记》《南京府学生朱从道名述》《代人奏乞王洙充南京讲书状》。

　　先说《南京书院题名记》。这篇文章写于天圣六年（1028），对应天书院的由来交代甚详，这篇记说了三层意思：第一，道出了学校盛况。第二，写应天书院教学的主要内容——以范仲淹倡导的"六经"为主，但又不局限于此，还涉及九流百家学说。第三，写应天书院的教学成果，其学生既有国家宰辅之才，也有学术大家、乡贤长者。同时，也赞扬了学生不负国家培养、不负师门教化、不忘朋友劝诫的品格，对教育成果的喜悦溢于言表。

　　再说一下《南京府学生朱从道名述》。朱从道是应天书院的一名学生，他的名字是后来晏殊给起的。范仲淹从朱从道的名字生发开去，实际上是借这个名字，阐明应天书院的教书育人原则和目标——培养有

"道"的学生。什么是"道"呢？做臣子的要"忠"，做人子的要"孝"，行动要有"礼"，制事要有"义"，保民要讲"信"，待物要以"仁"，这就是"道"的开端。做学生的如果做到了这些，就可"言国、言家、言民、言物"。而文学，就是通往"道"的重要手段和途径。范仲淹在这篇文章里，还特别强调了教育的作用。他说："弗学而志穷，如玉之未攻，如泉之在蒙，昧焉而弗见其宝，汩焉而莫朝于宗。"如果认真学习，领悟到学习的真谛，那么，人"如金之在铸，如骥之方御，跃马可成乎美器，腾焉可致乎夷路"。这些话就算在今天，仍然是至理名言。

最后说说《代人奏乞王洙充南京讲书状》。范仲淹重视教师在教育中的重要作用。他在这篇文章里开宗明义："三代盛王，致治天下，必先崇学校，立师资，聚群材，陈正道。"王洙出身教育世家，他的父亲、兄弟都曾经当过学校的教师。天圣二年（1024）王洙进士及第，后在应天书院当了三年教师，朝廷任命他为贺州富川县主簿，应天府留守晏殊不想失去王洙这样一位名师，因此让范仲淹代他给朝廷写一述状，请求朝廷收回成命，继续让王洙在应天书院任教。当然，留下王洙也不能耽误他的个人进步，在这封"状"中，范仲淹也提出了一个建议，希望朝廷任命王洙在应天府担任一个相应的职位，享受相应待遇，然后，继续在应天书院担任"州学讲说"。

范仲淹的一系列关于学校教育的上书，在当时引起了强烈反响。景祐年间，北宋兴起了第一个办学高潮。景祐二年（1035）应天书院改为府学，官府拨学田十顷，充作学校经费。同年放苏州、孟州立学。景祐三年（1036），皇上下诏，放洪州、密州、衡州、润州、真定府等17个州府立学，同年，还重修了嵩阳书院。

二

走到哪里，学校就办到哪里

范仲淹是学校教育的受益者，大力兴学是他一生的梦想，并毕生实践。所到之处，兴办学校，是他的保留节目。正是这种教育实践，让他的教育思想形成有了现实之基。

皇祐三年（1051），范仲淹以资政殿学士、户部侍郎的官阶由杭州调往青州做知州，途经淄州长山县。长山父老听到了消息，就在长山城西门外十里的驿道相迎。人们像赶庙会一样，邻近各庄一齐出动，狮子，旱船，秧歌，高跷，应有尽有。父老乡亲以最隆重的场面、最热烈的气氛来表达对范仲淹的敬慕、爱戴之情。范仲淹的车驾驶近了，一时间锣鼓喧天，唢呐齐鸣，震天动地。

没有什么车马仪仗，只是轻装简行。范仲淹走下车来，不着官服，青衣青帽，一派儒士打扮。知县携四方名士迎上前去，父老乡亲也都围上来，看一看从长白山走出去的这位给家乡带来荣耀的人物。范仲淹笑微微朝四面的父老拱手鞠躬，礼参甚恭，博得父老乡亲阵阵欢呼。范仲淹亲切地同乡亲们畅叙阔别之情，忆旧话新，谈笑风生。并即兴赋《寄乡人》诗一首："长白一寒儒，登荣三纪余。百花春满地，二麦雨随车。鼓吹迎前道，烟霞指旧庐。乡人莫相羡，教子读诗书。"

这是范仲淹自己的人生体验，也是对乡人的告诫。

大中祥符八年（1015），进士及第的范仲淹到广德军任司理参军。广德远离京城，地处偏远山区，交通闭塞，与外界交往甚少，就连官府的驿站里，也很少有外来的客人。老百姓想让孩子上学，可是苦于没有学校，只好放任自流，很多孩子十几岁了仍然无学可上，无书可读。

在调查案情时，范仲淹发现，很多人因为没有文化触犯法律；有的则因为没有知识，处事愚昧，受了冤枉也不会申诉。要改变冤案、错案频发的状况，光靠官吏清正廉洁不行，还必须施以教化，提高百姓的文化素质。他因此利用一处废旧的祠堂办起了学校，并召集三位附近有名的学者到学校任教。有了学校，大家喜不自禁，除了府衙所在地的居民纷纷把孩子送来读书外，就连百八十里外的山村里，也不时有人带着行李、干粮，送孩子到这里求学。一股崇尚学习的风气在这里弥漫开来。后来，很多从这里走出去的学生进士及第，大山里飞出了不少"金凤凰"。

天圣年间，范仲淹任兴化县令。在那里，他主持修筑大型捍海堤，同时在南津里沧浪亭旁修学宫。自此，兴化县"学重于天下，而士得师矣"，读书风气日益浓厚。随后，范仲淹在丁忧期间，应晏殊之请回到母校应天书院执掌教席，开启了他教育家的成长之路。

景祐元年（1034），范仲淹出守睦州。睦州州学原来附设在孔庙的房舍里，地方局促，规模较小，影响不大。范仲淹经过实地调研论证，决定在孔庙内另辟地方，创办龙山书院。书院建成后，面向全州招生，聘请当地有影响的学者担任教席，范仲淹在繁忙的公务之余，也专程前往学校授课。

景祐元年六月，范仲淹接到调往苏州的命令。苏州城毕竟是自己的祖籍所在，有人建议范仲淹在苏州城置办一处房产，以备将来退休居住。在亲友们的帮助下，他相中了一块地，并按照习俗请风水先生相看。这块地原来是五代时吴越广陵王钱氏家府的旧址，风水先生看过后，连声称赞，并说："如果能在此兴宅，后世子孙必将大有作为。"范仲淹闻听此言十分高兴，他马上宣布，在这块地上修建一座府学。他对在场的家人、亲属和随从说："我家出贵人，怎么能比得上全州的人都受教育，那么将会有多少贵人脱颖而出呢！"

工程很快开工建成，这就是后来北宋最大的府学之一——苏州府学。学校开学后，范仲淹首先想到的是请大学问家孙明复来任教，因为孙明复在外讲学，未能如愿，于是又请著名学者胡瑗来掌教。

学校刚刚开学的时候，一些学生并不遵守纪律，让老师十分头疼。范仲淹让长子范纯祐入学读书。深受父亲影响的纯祐虽然在班级中年龄最小，但他处处带头，遵守纪律，尊敬师长，刻苦学习，在他的带动下，先前喜欢调皮捣蛋的学生，渐渐改掉了毛病，良好的学风逐渐形成。

苏州府学培养了众多的国家栋梁人才，进士及第者达数百人。一生勤奋读书，每到一地都不忘发展教育事业的范仲淹，终于在自己的家乡把自己对教育事业的重视推到一个新的高度。

与苏州相邻的江阴军原有文庙，庙址在江阴城南城门观风门外，士子都在那里学习。当时江阴的行政建制为"军"，景祐三年，知军范宗古到任后，认为文庙与监狱相邻，有辱斯文，于是请来风水先生，重新找了一块宝地，将文庙迁往军治的东南侧。这年范仲淹已徙知饶州，范宗古对范仲淹在苏州兴学的事十分敬佩，又慕范仲淹在朝野中的声名，便借江阴文庙重建之机，请范仲淹作记。范仲淹对范宗古兴学尊师的举动也是赞赏有加，便欣然提笔，写下了《景祐重建至圣文宣王庙记》，盛赞范宗古："成均博士范公宗古之守江阴也，谨明命，挺至诚，黜豺狼之凶，礼刍荛之善。废典皆举，积诉咸辨。清风之下，人则笑歌；阳春之浃，物自鼓舞。"

景祐三年（1036），范仲淹受吕夷简的排挤出知饶州。当时的饶州城为"江右渔埠"，赣北的水运枢纽，商贾云集。因管理不善，社会风气很坏，特别是东湖地区商船集结，奸商当道，淫盗之风盛行，周围百姓不得安宁，整个东湖乌烟瘴气。

那时候的东湖，周围环境封闭，老百姓无法进出，给奸商淫盗提供了方便。范仲淹了解此情后，在饶州城内大刹歪风，下令开通从横街到东湖的九条街巷，使民众可以进出，让东湖这块奸商豪富嫖赌之地，暴露在光天化日之下，置于世人的监督之中。从此，东湖的奸商不敢为非作歹，饶州城内社会风气迅速得到好转。人们将这一做法形象地说成"九箭射东湖，制止了淫水"。

一天，范仲淹和当地的官员视察饶州城，站在芝山顶上俯瞰全城，看好了一处"风水"，当即表示："以东湖为砚，以督军台为印星，以妙果塔为文笔，建学于此，二十年当出状元。"于是，立即实施了建饶州郡学的计划，虽然他来不及建完郡学就奉命调往他任，但后继者完成了这一工程。郡学建成之后，桃红李白，出了不少贤才。二十年后，鄱阳果然出了状元彭汝砺，状元胞弟彭汝霖也中了进士。

"番国英豪富鲁儒，同时举送起乡间。文章耻学扬雄赋，议论羞谈贾谊书。喜得明珠三十六，恨遗壮士二千余。送君直上青霄去，行看归乘驷马车。"这是范公寄希望于饶州莘莘学子的一首诗，题为《送饶州董博士》，诉说着曾任饶州父母官的范仲淹对饶州的一往情深。当时江西有个叫吴孝宋的名人，在写《余干县学记》中大发感慨："饶州冠带诗书，甲于江南，民风好学重教，为父兄者以其子与弟不文为咎，为妻者以其子与夫不学为辱。"

随后，范仲淹又改任知润州。润州物阜民丰，风调雨顺。

范仲淹在勤于政务的同时，又把兴办润州府学纳入重要的日程。学校建成后，为了物色名师任教，他发动官署中人出主意、想办法。最后，他连续给当时的大学问家李泰伯写两封信，邀请他来润州讲学，言词恳切之极。同时，他还给自己在苏州老家办学时请去任教的胡瑗写信，请他来润州帮他发展州学。"这里的州学刚刚创办，学生有三十多人，急需高水平的老师任教，苏州府学已经上路，并已初具规模，希望您能克服困难，屈身来此，想来会对本地教育事业的腾飞、人才的培养大有好处。今年冬天，这里还要举行乡试，大家都急切地盼望您来。"范仲淹言词切切。

宝元二年（1039），范仲淹到人杰地灵的越州赴任。一到越州就急忙写信给他的好朋友、著名学者李泰伯，诚恳地邀请他来越州讲学，在信中范仲淹说："这里比润州条件更好，更适合人居，大家都盼着你能来这里执教。"李泰伯欣然前来。在范仲淹的大力倡导下，越州办学之风大兴，郡内"多自置学，聘名儒主之"。他离去后，越州人民建"希范亭"纪念他，又在亭前立一牌坊，牌坊上题"百代师表"，以褒扬他的兴学之功。

康定元年（1040）由于西北战事紧急，范仲淹被调往陕西，担任经略安抚副使，兼知延州。即使是在艰难险恶的处境中，范仲淹也未曾停止其教育活动。他一面谋虑对付西夏的战略方针，修固边城、精练士卒、招抚诸羌；一面兴学育才。他在州城东南兴建嘉岭书院，培养了如狄青、种世衡那样智勇双全的将领，训练出一批勇敢善战的士兵，这支劲旅迅速扭转了北宋被动挨打的局面。

范仲淹一直认为，国家的忧患莫过于没有人才，而国家人才的培养，关键在于学校教育。庆历新政中有一条是，在郡县设立学校。这一政策在邠州落实得如何，州学建成了吗？这事让范仲淹挂怀。庆历五年正月，范仲淹告别仅待了一年的京城，重新回到了让他建立了赫赫战功的西北边疆，到邠州做知州。

上任仅三天，范仲淹就去拜谒夫子庙。他走到学生中间，给他们讲朝廷兴办州学的意义、科举制度的新内容，鼓励学生刻苦求学，鼓励学校引进名师，培养名师，大力举办教育。

陪同视察的官员向范仲淹汇报："范大人，我们奉诏办学，得到了学生及家长的大力支持，可是，夫子庙地方狭窄，学生太多，他们学习多有不便。您看是不是考虑重新移地新建州学？"范仲淹让众人就此商议，最后，大家意见统一，在州府衙的东南，有一处地方地势较高，视野开阔，光线也好，根据《易》的推算，这个地方宜建学校。

范仲淹因此命令兵马监押刘保和节度推官杨承用一起主持工程建设，王博士在现场监督。学校很快完工，四周有室舍和围墙，内有回廊，总共有一百四十多间，宽敞明亮的教室和办公室，设施齐全的图书馆，让广大师生学习热情高涨，远近学子，慕名前来，他们发誓在这里好好读书，不负圣恩。州府特别增加了对夫子庙的拨款，用以提高教师的待遇，以示对教育的重视，对教师的尊重。这个州学，其规模堪称西北之最。后来，范仲淹到邓州任职，王博士专门致书范仲淹，请他作记，以记录当时兴学的事情。

在邓州，范仲淹修建花洲书院，并在春风堂讲学。著名的《岳阳楼记》在花洲书院诞生。

皇祐初年，范仲淹知杭州。这时，他已是年逾花甲的老人了，且重病缠身，但仍没有放松教育事业。他给朝廷上书，强调学校教育的重要性，要求扩建杭州州学。离杭半年，范仲淹在徐州逝世。可以说，直到生命的最后岁月，范仲淹的兴学之志未曾稍懈。经过三十多年不倦的努力，从街衢通达的饶州、润州，到荒翳僻远的邠州、延州，都有范仲淹兴办的学校。

三

庆历兴学　泽被千秋

范仲淹发挥政治家的优势和影响力，在朝廷，力促相关政策出台。庆历新政很多政策都无果而终，但是州县大力办学却方兴未艾。庆历兴学，永载史册……

天圣七年（1029）闰二月，仁宗下诏恢复制科，包括贤良方正、能直言极谏科，博通坟典、明于教化科，详明吏理、可使从政科，识洞韬略、运筹决胜科，军谋宏远、材任边寄科等五科，目的是通过这些科目对有特殊才能的京朝官进行选拔。又设置书判拔萃科，用来选拔专门负责上述五科考试的官员。还设置高蹈邱园科、沉沦草泽科、茂材异等科，专门从布衣百姓中选拔人才。同时，还置武举，用来选拔懂方略、智勇双全之人。从这些科目的设置可以看出，朝廷的用意是不拘一格选拔人才，免得让怀才之人不遇，浪费人才。

有意参加这些科选拔的人，自己或者举荐者先把才艺以书面的形式上报给有关部门审核，通过后参加秘阁考试，合格者由皇上亲自考核，如果参加武举考试，应试者必须考核骑马射箭的技术。

　　然而，恢复制科以后，效果并不像事先想象的那样，不少应试之人"会萃小说，磔裂前言，竞为浮夸靡曼之文"。仁宗皇帝认为，这样对于治国无益，他下诏要求礼部申饬学者，一定要"务明先圣之道"。

　　仁宗恢复制科，特别是设武举，范仲淹功不可没。早在天圣三年（1025），针对国家二十余年没有战事、边将乏人的实际，在兴化县任县令的范仲淹在《奏上时务书》就明确提出，"先命大臣密举忠义有谋之人，授以方略，委之边任。次命武臣密举壮勇出群之士，试以武事，迁其等差。壮士蒙知，必怀报效，列于边塞，足备常事"。又称"宜复唐之武举，则英雄之辈，愿在彀中"。

　　天圣八年（1030），时任秘阁校理的范仲淹《上时相议制举书》，提出了自己的教育主张，并建议，在制举考试中，"先之以《六经》，次之以正史，该之以方略，济之以时务"。培养"明经籍之旨，练王霸之术"的人才。利用职务的便利，结合制举中暴露的问题，范仲淹再一次推行自己的教育理念。

　　范仲淹利用政治家的身份和影响，促进教育事业的发展，最突出的莫过于庆历兴学。

　　中国古代的学校，有官学、私学之分。官学主要有两个级别：一是国学，也称国子学、国子监、太学等，是中央的最高学府。二是府学、州学、县学，也就是各级地方上的学校。

　　庆历四年出任参知政事的范仲淹应诏条陈十事，其中明确提出"复古兴学校，取士本行实"的主张，仁宗下诏："诸路州府军监除旧有学外，余并各令学。"诏令还对州县学校的学生名额、管理、校舍、教授及学生入学资格等做了具体规定。各地纷纷奉诏建学，地方学校如雨后春笋般涌现。仅江西一地，庆历年间兴办的学校就有吉安府学、抚州府学、饶州府学、赣州府学、虔州府学、庐陵县学、崇仁县学、南丰县学、贵溪县学、德化县学、瑞昌县学、大庾县学、上犹县学、安远县学等，另外还有不少书院。据统计，宋代江西各州县建有学校八十一所。陕西地处西北边陲，也办起了凤翔府学、同州州学、宁羌州学、褒城县学、略阳县学等不少学校。庆历以前州县学校很少，庆历以后各州郡没有学校的反而很少了。

四

慧眼识珠：大行夫子之道

"盖夫子之道与天地为无穷，而公之功由与夫子之道为无穷也。"范仲淹以培养、扶持、荐举人才为己任，从政近四十年荐举、培养的人才，不仅有出类拔萃的一流学者、教育家、思想家、政治家，也有智勇兼备的将帅、善于理财的经济学家、名重后世的文学家。

天圣五年（1027）的某一天，范仲淹跟往常一样，在府学中讲课授业，突然一位和自己年龄相仿的年轻人报名来访，来者虽然身着粗布青衣，背着一个破旧的包裹，但依稀可以看出，是个有教养的书生，范仲淹心中顿生怜意。

来人名叫孙复，字明复，号富春，晋州平阳人。家境贫寒，但苦学不辍。可惜三次应试不第。家中有一个老母亲，靠他赡养。奈何他一介书生，无品无阶，自己生存都很困难，更不用说赡养母亲了。可是，孙复不想放弃自己的学业，又不能做不孝之人。因此，他只能一边读书上进，一边四处奔走谋生，希望能够遇到一个知他、重他、扶持他的人，以实现自己的梦想，履行自己做子女的义务。这一天，终于到来了。他知道，应天书院有一个新来的校长，名叫范仲淹。范仲淹也是一个苦命的人，幼年丧父，家境贫寒，但他勤奋读书，积极上进，正是在应天书院考中了进士，一举成名。更重要的是，范仲淹重视教育，对读书人高看一眼，厚爱一分。孙复决定去见见范仲淹。

范仲淹热情地邀请他到自己的宿舍交谈，正是，瓢思颜子，琴遇钟君，二人相见甚欢。言谈中，孙复不觉间透出囊中羞涩之意，范仲淹已有相助之心。临别，范仲淹以千文相赠。不料，第二年，孙复再次来到应天书院，依然是旧时模样。范仲淹依然热情相约，促膝谈心。范仲淹对这个比自己小三岁的兄弟直言相问："孙兄，我看你学富五车，才识过人，虽然几次科举不第，但也绝非碌碌之人，为什么不能静下心来，研究学问呢？"孙复答道："范兄，老弟十分汗颜，实不相瞒，我自幼苦读，本想求取功名，一来可以为国家社会做些事情，让自己的学问发挥出应有的价值，二来也可以让年迈的母亲老有所养，可惜功不成名不就，四处奔波，实属无奈。"范仲淹说："孙兄，我倒有一个主意，应天书院虽然也是一个清水之地，但是，你在这里兼职做点事情，一方面可以继续在这里攻读，一方面还可以得到一些报酬，不知你意下如何？"孙复求之不得，连忙应承道谢。范仲淹亲手将一册《春秋》交给孙复，鼓励他认真钻研。就这样，孙复在应天书院安顿下来，开始了新的生活。

范仲淹回朝任职后不久，孙复也离开应天书院，到泰山筑室讲学，名声大震，终成一代儒学大师。此后，范仲淹曾不止一次地举荐这位"乡先生"。

范仲淹可谓知人识人。人才多种多样，人才只有在合适的土壤里才能得到健康成长。范仲淹深深地懂得这个道理，在实践中因材施教，终于使人才各得其所，各有所成。

康定元年（1040），21岁的张载专程来到延州，上书范仲淹，提出自己的九条军事主张，即清野、回守、省戍、因民、讲实、择帅、择守、足用、警败。打算联合焦演组织民团去夺回被西夏侵占的洮西失地，为国家建功立业，博取功名。范仲淹在延州（今延安）军府召见了这位志趣不凡的儒生，张载谈论军事边防的观点及保卫家乡、收复失地的打算，得到了范仲淹的肯定和赞扬，但是，范仲淹认为张载在学术上的成就会更有前途，认为张载可成大器，劝他道："儒家自有名教，何事于兵？"意思是说你作为儒生，一定可成大器，不须去研究军事，而勉励他去读《中庸》，在儒学上下功夫。张载听从了范仲淹的劝告，回家刻苦攻读《中庸》，仍感不满意。于是遍读佛学、道家之书，觉得这些书籍都不能实现自己的宏伟抱负，又回到儒家学说上来，经过十多年的攻读，终于悟出了儒、佛、道互补，互相联系的道理，逐渐建立起自己的学说体系，成为一代大儒。

范仲淹在苏州兴学，特聘胡瑗为州学教授，胡瑗为苏学的振兴发挥了重要作用。康定元年八月，任陕西经略安抚副使的范仲淹推荐胡瑗为丹州军事推官，不久迁密州观察推官，因为父丧而回家守制。服满后迁保宁军推官，主持湖州的州学。庆历四年四月，范仲淹又推荐胡瑗至太学任教，不久，把胡瑗在苏州、湖州兴学时创办的"苏湖教法"确定为"太学法"。

此外诸如文学家欧阳修、张方平，经济学家许元，狂士石介，教育家李觏、王洙等，都曾得到范仲淹的举荐、提携与教导，经过范仲淹举荐过的人，有近百人之多。

五

以风化人：大兴社会教育

"文庠不振，师道久缺，为学者不根乎经籍，从政者罕议乎教化。"这是范仲淹对时弊的深刻认识。作为教育家的范仲淹不但重视州县立学，发展学校教育，而且，特别重视对族人、对官员特别是百姓的"教化"，他把社会教育当作执政为民的一项重要内容，跟兴办学校教育一样，所到之处，范仲淹特别注重挖掘当地的自然与人文资源，利用古圣先哲的崇高气节、高尚人格来教育民众，从而与学校教育一道，构成了完整的教育体系。

除了兴办州学外，范仲淹还在他开设的义庄中开设"义学"。义学的支出及"备师资束脩之礼，子弟笔札之费"等，都出自范仲淹所置义田一千亩的收益。范氏义学的教育对象为本族适龄子弟，义学对族中子弟实行免费教育，还负担学生参加考试的费用。

范仲淹设义田、义庄、义学，并对之进行有效管理，在教化族众、安定社会、淳朴风尚上取得了巨大成功，得到了北宋朝廷的肯定和嘉奖，"朝旨以义庄义学有补世教，申饬攸司禁治烦扰，常加优恤"。各级朝廷官吏和士大夫们纷纷效仿，置办义田、义庄、义学，蔚然成风。

"从政者罕议乎教化"，这种情况令范仲淹十分担忧。他把社会教育当作执政的一项重要内容，跟兴办学校教育一样，所到之处，范仲淹特别注重挖掘当地的自然与人文资源，利用古圣先哲的崇高气节、高尚人格来教育民众，从而与学校教育一道，构成了完整的教育体系。

天圣三年（1025），仕宦十年的范仲淹知兴化县。在那里，他亲自设计了一座园林式建筑——沧浪亭馆。沧浪亭馆筑于城南沧浪溪与南官河交接处的一条沙咀上，主要建筑为沧浪亭和濯缨亭。稍北处，有一座唐代以前的三间大夫庙，祀奉着屈原和他的姐姐女须。范仲淹巧借环境，赋予新意，以屈原《渔父》中"沧浪之水清兮，可以濯我缨"为主题，警示世人也是为了展示自己为官要清。

南郊尽头的沧浪亭园，它的最初功能是用以郊迎的驿馆。上官驾临，必然到此登岸休憩。换乘车马入城，"清风堂"和南城上的"沧浪清风楼"便映入眼帘，让人感到"清风扑面"。新官到此，无不悚然。范仲淹在这里建亭，其用意不言自明。

景祐元年（1034），经过长途跋涉，范氏一家终于到达睦州州府所在地，经过短暂的休整，与前任知州交接好工作。范仲淹在调查过程中了解到，浙江东路和浙江西路地区百姓的风俗"躁而无刚"，豪者如虎，弱者如鼠，他针对不同类型的百姓，采取不同的办法加以教化，博之以文，约之以礼，用"名教"的推行春风化雨。

范仲淹心目中的"名教"是什么样的？他何以信心十足地在睦州推

行"名教"？西汉著名思想家董仲舒倡导"审察名号，教化万民"。汉武帝把符合封建统治利益的政治观念、道德规范等"立为名分，定为名目，号为名节，制为功名"，用它对百姓进行教化，称"以名为教"。范仲淹的"名教"就是要借助睦州的好山好水、好人、好事来教化百姓，使他们知荣辱、懂进退、守名节，借以改变这里的民风。

范仲淹在睦州实施"名教"最重要的措施莫过于对东汉高洁之士严光的推介。

严光，本姓庄，后人避汉明帝刘庄讳改其姓，一名遵，字子陵，浙江余姚，即桐庐郡人。年轻的时候曾经与汉光武帝刘秀为同学，东汉建武元年（25），刘秀即位为光武帝，严光便隐名换姓，避至他乡。刘秀对这位同学印象颇深，多年未见，十分想念，因此根据自己的印象，让画师画了严光的画像，派人四处寻访。

有一天，有报告传来，说有一男子披着羊裘在泽中垂钓，光武帝怀疑此人可能是严光，便遣使备车，三次造访，才把他请至京都洛阳。当时故人侯霸任司徒，派人问候严光，严光对前来的使者说："怀仁辅义天下悦，阿谀顺旨要领绝。"刘秀亲自到宾馆看望，严光躺在床上并不起身，光武帝开玩笑地抚摸严光的肚皮说："你这家伙怎么这么牛气，为什么不肯帮我？"严光默不作声，过了很长时间才睁开眼睛反问道："人各有志，你为何苦苦相逼？"刘秀上车叹息而去。

后来，光武帝又请他入宫，并在一起抵足而眠，但最终严光还是拒绝了光武帝的封赏，归隐富春山过上了耕读垂钓的生活。后归故里，八十岁卒于家中。

对于这样一位千古高士，其事迹范仲淹早在青年读书时就已熟记于心。得知自己到睦州任职，能够亲自到严光的家乡和隐居之地探访，他的心里竟然涌出一种难以言说的兴奋。

到任后，他随即到富春江边子陵钓台等传说中的遗迹查访，但遗憾的是，虽然睦州百姓知道这里出过严光这样的高洁人物，但是，可以凭吊的遗迹实在太少。范仲淹意识到，人文精神对于一个地区发展的力量是无穷的。他立即派人寻找严光的后代，由州府资助一部分，大家集资一部分，在富春江畔修建了严光祠堂，并免除了四户严氏后人家的税赋，让他们专门负责守护这座祠堂，范仲淹亲自撰写了《严先生祠堂记》。

有一次，范仲淹路过严陵祠，正赶上当地的百姓举办一年一度的祭祀活动。只见人们穿着节日的盛装，抬着丰富的祭品，一路上敲锣打鼓，向严陵祠走去。一边走一边用吴地特有的方言唱着歌曲："桐江好，烟漠漠。波似染，山如削。绕严陵滩畔，鹭飞鱼跃。"范仲淹兴致大发，他对随行的同僚说："我不会唱歌，就做一绝句算做送神吧。"于是吟道："汉包六合网英豪，一个冥鸿惜羽毛。世祖功臣三十六，云台争似钓台高。"

　　到了苏州以后，范仲淹依然记着此事，又亲自修书给当时著名的书法家邵竦，在信中说："暨抵桐庐郡，郡有严陵钓台，思其人，咏其风，毅然知肥遯之可尚矣。能使贪夫廉，懦夫立，则是有大功于名教也。构堂而祠之，又为之记，聊以辨严子之心，决千古之疑。又念非托之以奇人，则不足传之后世。今先生篆高四海，或能枉神笔于片石，则严子之风复千百年未泯，其高尚之为教也，亦大矣哉。"

　　在子陵台下不远的白云村，有唐代隐士方干的旧居。方干，字雄飞，号玄英，睦州青溪人。从小爱吟咏，深得师长徐凝的器重。一次，因偶得佳句，欢喜雀跃，不慎跌破嘴唇，人呼"缺唇先生"。

　　桐庐章八元爱其才，招为过门女婿，于是在桐江白云源安家。唐宝历中，参加科举考试不第。以诗拜谒钱塘太守姚合。初次见面，因其容貌丑陋，姚合看不起他，待读过方干诗稿后，为其才华所动，于是满心欢喜，一连款待数日。开成年间，常与寓居桐江的喻凫为友，并与同里人李频唱和，诗来歌往，关系甚笃。大中年间，流寓会稽鉴湖。咸通年间，浙东廉访使王龟慕名邀请，一经交谈，觉得方干不仅才华出众，且为人耿直，于是竭力向朝廷推荐。终因朝廷腐败，嫉贤妒能，不被起用。后人赞叹他"身无一寸禄，名扬千万里"。

　　方干擅长律诗，清润小巧，且多警句。其诗有的反映社会动乱，同情人民疾苦；有的抒发怀才不遇，求名未遂的感怀。文德元年（888），方干客死会稽，归葬桐江。

范仲淹寻访方干旧居遗址时，正好赶上方干的后人方楷进士及第返乡。范仲淹有感于方干的事迹，便写一首诗赠给方楷："高尚继先君，岩居与俗分。有泉皆漱石，天地不生云。邻里多垂钓，儿孙半属文。幽兰在深处，终日自清芬。"又请人在严光祠堂的东壁上画了方干像，并亲自题诗："风雅先生旧隐存，子陵台下白云村。唐朝三百年冠盖，谁聚诗书到远孙。"

严光祠堂建成，在当地名声大震，远近百姓纷纷前来参观、拜谒，严光的事迹、品格与追求，得以迅速传播。很快，大家对范仲淹这位从朝中来的新任知州有了更深的了解。

在饶州期间，范仲淹参观了很多先贤祠庙，了解贤人事迹。他非常崇拜鄱阳的长沙王吴芮和陶侃的母亲湛氏。为了纪念先贤，让贤人们的高贵品德激励后人，树立良好的社会风尚，他下令修葺饶州城内先贤祠。将长沙王吴芮庙迁建于十八坊毛家巷高阜上，并定时祭祀。由于地势高，庙堂显得格外巍峨庄严。

德化桥、延宾坊，是晋代著名的政治家陶侃的母亲湛氏育子成才的旧址。范仲淹令人在这里竖立巨碑，碑上刻着"延宾坊故址"五个大字，让来往行人瞻仰，借此宣扬陶母湛氏"截发延宾，教子勤廉"的事迹，弘扬良好的社会风气。

宝元元年（1038），范仲淹从饶州出发前往润州赴任，道经江西彭泽，特意拜谒了他最为崇拜的唐朝名相狄仁杰的祠堂，彭泽狄公祠堂中原来有唐代皮日休撰写的碑文，见到狄公祠堂，感悟狄公事迹，联想到自己的遭遇，范仲淹顿时思如泉涌，忍不住要再为狄公作碑记。

"天地闭，孰将辟焉？日月蚀，孰将廓焉？大厦仆，孰将起焉？神器坠，孰将举焉？岩岩乎克当其任者，惟梁公之伟欤。"

在《唐狄梁公碑》中，范仲淹开宗明义，直抒胸怀，赞赏之情，喷薄而出。

范仲淹此时对狄仁杰大加赞赏，情有可出。

狄仁杰的政治生涯，大部分是在武后专权和称帝这一特定的历史环境中度过的。武则天作为中国历史上唯一的女皇帝，她顺应潮流，注重革新，上承贞观，下启开元，在唐朝经济、社会发展中作出过积极贡献，但她为了巩固其大周统治，大兴告密之风，任用周兴、来俊臣、索元礼等酷吏，对有嫌疑和不喜欢的人多方罗织罪名，严刑逼供，大臣和唐宗室被杀害者不计其数，往往也殃及平民，致使法制破坏，冤狱四起。在这种政治气候下，狄仁杰秉公执法，刚直不阿，随机应变，果断处事，确实显示了一位政治家的远见卓识和足智多谋。

范仲淹对狄公崇敬之至，无疑也包含着对当今皇上的希望，表明自己忠君报国的决心。

唐朝著名诗人贺知章在越州有一处故居，名叫"天长观"。早在范仲淹从润州起程时，就有人向他提起贺知章这位越州名人，到任后，范仲淹很快到他的故居寻访，看天长观已经破败不堪，便命工役进行修缮，待修好后命人刻上徐铉为贺知章所写的序文，以引起大家对贺知章的关注。

越州府衙在卧龙山之南，其西北方向原有一凉堂，凉堂西面有一口久被湮没废弃的古井。范仲淹命人除去杂草，淘尽淤泥，发现古井泉清而味甘，心下十分高兴，欣然把凉堂命名为"清白堂"，并特地写了一篇《清白堂记》：

会稽府衙，据卧龙山之南足，北上有蓬莱阁，阁之西有凉堂，堂之西有岩焉。岩之下有地方数丈，密蔓深丛，莽然就荒。一日命役徒芟而辟之，中获废井。即呼工出其泥滓，观其好恶，曰："嘉泉也。"择高年吏问废之由，曰："不知也。"乃扃而澄之，

三日而后汲。视其泉，清而白色，味之甚甘。渊然丈余，绠不可竭。当大暑时，饮之若饵白雪、咀轻冰，凛如也。当严冬时，若遇爱日、得阳春，温如也。其或雨作云蒸，醇醇而浑。盖山泽通气，应于名源矣。又引嘉宾，以建溪、日铸、卧龙、云门之茗试之，则甘液华滋，

说人襟灵。

观夫大《易》之象，初则井道未通，泥而不食，弗治也；终则井道大成，收而勿幕，有功也。其斯之谓乎？又曰："井，德之地。"盖言所守不迁矣。"井"以辨义，盖言所施不私矣。圣人画井之象，以明君子之道焉。予爱其清白而有德义，为官师之规，因署其堂曰"清白堂"。又构亭于其侧，曰"清白亭"。庶几居斯堂，登斯亭，而无忝其名哉！

邓州城东南有一条河名叫湍河，在河畔有一处小洲。

范仲淹同科进士谢绛任邓州知州时曾经对这里进行过整修，并在附近建有"览秀亭"，欧阳修当年路过时，曾有诗赞叹："野岸溪几曲，松蹊穿翠阴。不知芳渚远，但爱绿荷深。"

当时，这里溪流婉转，绿树成荫，荷花遍地，景色绝佳，但是，因为年久失修，等到范仲淹来到这里的时候，已经看不出有什么特别的了。

范仲淹琢磨着，要把这里重新开发出来，让邓州人有个难得的休闲之所。说干就干，范仲淹首先安排本地民夫，将小洲进行清理，然后，请来规划师在此进行详细的规划设计，继而又在小洲上进行绿化、美化，一座"现代化"的公园神话般展现在邓州百姓面前。

以此为契机，范仲淹又重修了"览秀亭"，并作《览秀亭》诗记录了重修"览秀亭"前的萧条和亭成后的人们争先游赏的盛况：

南阳有绝胜，城下百花洲。

谢公创危亭，屹在高城头。

尽览洲中秀，历历销人忧。

作诗刻金石，意垂千载休。

我来亭早坏，何以待英游？

试观荆棘繁，欲步瓦砾稠。

嗟嗟命良工，美材肆尔求。

日基复日构，落成会中秋。

　　开樽揖明月，席上皆应刘。

　　敏速迭唱和，醺酣争献酬。

　　老子素不浅，预兹年少俦。

　　九日重登临，凉空氛气收。

　　风来雁声度，云去山色留。

　　西郊有潭菊，满以金船浮。

　　雅为君子寿，外物真悠悠。

　　过则与春期，春时良更优。

　　焰焰众卉明，衮衮新泉流。

　　箫鼓动地喧，罗绮倾城游。

　　五马不行乐，州人为之羞。

　　亭焉讵可废，愿此多贤侯。

　　范仲淹在东南角城墙上又修建了"春风阁"，在百花洲旁兴办了"花洲书院"。为了增加"百花洲"和"花洲书院"的广告效应，多次吟诗作赋。其《中元夜百花洲作》中写道：

　　南阳太守清狂发，未到中秋先赏月。

　　百花洲里夜忘归，绿梧无声露光滑。

　　天学碧海吐明珠，寒辉射空星斗睹。

　　西楼下看人间世，莹然都在青玉壶。

　　从来酷暑不可避，今夕凉生岂天意。

　　一笛吹销万里云，主人高歌客大醉。

　　客醉起舞逐我歌，弗舞弗歌如老何。

　　他还把百花洲的景点画成图并写一诗寄给已经被判陈州的原宰相晏殊，其诗如下：

　　穰上胜游少，此洲聊入诗。

百花争窈窕，一水自涟漪。

洁白怜翘鹭，优游羡戏龟。

阑干红屈曲，亭宇碧参差。

倒影澄波底，横烟落照时。

月明鱼竞跃，春静柳闲垂。

万竹排霜杖，千荷卷翠旗。

菊分潭上近，梅比汉南迟。

岸鹊依人喜，汀鸥不我疑。

彩丝穿石节，罗袜踏青期。

素发频来醉，沧浪减去思。

步随芳草远，歌逐画船移。

绘写求真赏，缄藏献己知。

相君那肯爱，家有凤凰池。

另有《依韵答王源叔忆百花洲见寄》诗：

芳洲名冠古南都，最惜尘埃一点无。

楼阁春深来海燕，池塘人静下仙凫。

花情柳意凭谁问，月彩波光岂易图。

汉上山公发新咏，许昌何必诧西湖。

范仲淹用这种方式诠释着他执政的理念，宣示着自己的人格和理想，而人们也不自觉地融入到了范仲淹的教育体系中，政风改变着民风……

文学大家

— WENXUEDAJIA —

　　他不是豪放和婉约词派的代表，却在两派上俱有佳作。提此二派，词史上他当之无愧是先行者；他不是"唐宋八大家"，但是，宋代六位大家过半数受过他的影响；在欧阳修等人发动大规模的古文运动之前，他就大力倡导并亲身实践诗文革新，是北宋诗文革新运动的领袖；他的《岳阳楼记》一出，遂成千古美文……

一

词的境界：无须雕琢的豪放与婉约

范仲淹写词的时候，还没有婉约与豪放两派之说，但是，他在婉约与豪放两方面都留下传世之作，他的"豪放"词，显示了一种苍凉优美、沉雄豪健的艺术风格，为宋代苏、辛豪放派开拓了先河；他的"婉约"词，哀而不伤，丽而不艳，情真意浓，让人回味无穷。

豪放派和婉约派，是宋代词坛的两大流派。大致来说，豪放派作品气势豪放，意境雄浑，振奋人心，动人心魄，以苏东坡、辛弃疾为代表；婉约派作品语言清丽、内容含蓄，情意婉转，但题材比较狭窄，多表达个人情感，或涉及爱情题材。在宋代，并没有明确的说法。明代人张綖最先在他的《诗余图谱》中明确地用"豪放"和"婉约"来概括宋词两种不同的创作倾向，"词体大略有二，一体婉约，一体豪放。婉约者欲其词调蕴藉，豪放者欲其气象恢宏"。

虽然，持这种论断的人把苏东坡、柳永等作为二派的代表，但是，范仲淹在他们之前很早就开始了创作的实践。

范仲淹的词越读越有味，越品越生津。如果以"豪放"来论，《渔家傲》当推第一：

塞下秋来风景异，衡阳雁去无留意。四面边声连角起。
千嶂里，长烟落日孤城闭。
浊酒一杯家万里，燕然未勒归无计。羌管悠悠霜满地。
人不寐，将军白发征夫泪。

毫无疑问，这是范仲淹在西北御敌时写的。范仲淹写完这些词，很快传到了京城，他的好朋友欧阳修读后，戏称范仲淹为"穷塞主"。欧阳修对身处塞外艰苦环境中的老友担忧，同时，又为范仲淹对边塞形势冷静、客观的分析感到欣慰。作为一代文豪，欧阳修对范仲淹这位比自己年长十七岁的老友的词风敬佩之至。

范仲淹在塞外以"塞下秋来"开头，写了一组词，宋人魏泰在他的笔记《东轩笔录》中记载了这个情况，可惜，流传下来的只有这一首了。不过，就这一首词，也足以让人感受新的气象。

"塞下秋来风景异"，起笔不凡，一个"异"字，统率边塞风情，立时开启了读者的好奇之心。塞外的风景比之江南、比之内地，有什么不同呢？

第一个不同就是"边声"。何谓边声？汉代李陵对此有过生动的表述。李陵不得已投降匈奴，苏武被匈奴扣留之后，匈奴单于想劝降于他，于是派李陵去当说客。李陵动之以情，以自己的亲身经历劝说苏武，其中，有一段介绍边地与中原迥然有异的风景，其中就有对"边声"的概括。他说："凉秋九月，塞外草衰，夜不能寐，侧耳远听，胡笳互动，牧马悲鸣，吟啸成群，边声四起。"九月，正是内地一年中最迷人的季节，而江南小桥流水人家，更是充满诗情画意，可是，塞外天冷得早，风吹草低见牛羊的草原，已是一派衰败景象。牧马嘶鸣，胡笳频响，更让这荒凉中增加了一种令人生畏的感觉。胡笳之声，是最令人感到"异"的"边声"。唐代戴叔伦《转应曲》词可以当作注解："边草，边草，边草尽来兵老。山南山北雪晴，千里万里月明。明月，明月，胡笳一声愁绝。"

第二个不同就是，"长烟落日孤城闭"。大漠孤烟直，长河落日圆。塞外的风光同样可圈可点，令人留恋。在层峦叠嶂之间，一座城池十分显眼，不知会吸引多少探险者的目光。可是，此时的塞外，不是观赏风景的时候。太阳还没有落山，边城就要关上城门，禁止人员进出了。

词人站在孤城之上，倾听牧马长鸣，胡笳紧吹，惊看大漠孤烟，长 **261**

河落日。这时，一行大雁排着整齐的雁阵从边城上空飞过，径直朝正东南方向飞去。大雁是候鸟，每年冬季到南方避寒，这是极其自然的现象。可是，"无留意"三个字却让这个极其自然的现象变得极不寻常了。衡阳地处湖南省，相传那里有个回雁峰。唐朝诗人王勃在《滕王阁序》中有"雁阵惊寒，声断衡阳之浦"的句子。衡阳当然不是最暖和的地方，但是，南归的大雁到这里便不再往南飞，说明它们没有奢求。即便如此，它们在塞外走的时候，却是如此地坚决，以至于一点留恋的意思都没有，塞外的条件该有多么的萧瑟、肃杀呢？词人用一个"无留意"，把大雁拟人化了，更强化了塞外的风景之"异"。雁犹如此，人何以堪！

下面我们再来看词的下阕：

"燕然未勒归无计"，"归无计"三个字，透露出多少无奈。因为没有平定西夏，所以"归无计"。南北朝时文学家庾信有言："君言丈夫无意气，试问燕山哪得碑？"将士们来此是为了保家卫国、捍卫大宋尊严的，既然无功岂可归返？一壶浊酒，可否浇散将军的块垒？一曲羌笛，可否排遣战士的乡思？"将军白发""征夫泪"，好一个有情有意的将军，好一群敢爱敢恨的士兵！

在这里，词人又动用了一个充满文学意味的乐器——羌笛。这是我国西北地区少数民族特有的乐器，声音悲壮深沉，催人泪下。如果说胡笳之声衬托了边地警情的严重，那么，羌笛的出现自然引发人们的思乡之情。

雁去意已决，人归家无计。上下阕遥相呼应，浑然一体，堪称绝妙好词。

然而，这仅仅是词的表象。这首词之所以让人津津乐道，百读不厌，甚至成为豪放词派的代表作品、"开山之作"，正是因为范仲淹把国家大势这样重大的政治、军事内容巧妙地融入其中。从而，让人们对于一个国家采取的政策，一个边疆名师的艰难抉择有了更深刻的认同，对于一代名臣范仲淹的爱民情怀，亦有了更明晰的把握。

先看上阕，"四面边声"，其中包含牧马悲鸣，这是牧马人的家园。

胡笳，是边地特有的乐器，这是少数民族的天地。对于我大宋来说，与西夏打仗，不论是从地形看，还是战略物资比如战马方面，并不占有地利的优势。"孤城"说明这里地处偏远，人烟稀少，城与城之间距离较远，一旦发生战争，外无援军，内无粮草，其危机令人惊心。

是范仲淹很消极、很悲观、很恐惧吗？当然不是，这正是范仲淹与众不同的地方，体现出他不是将军而是一个战略家。诚然，这里没有"金戈铁马，气吞万里如虎"的气势，也没有燕然勒功、"封狼居胥"的豪情壮志，但是，范仲淹从现实出发，形成了对西夏持重用兵的战略，最后，终于通过积极防御、持重用兵，达到了不战而胜的战略目的。

再看下阕，"浊酒""征夫泪"，将军以酒浇愁，士兵以泪洗面，这是什么将军？这又是什么士兵？然而，正是这种人性化的描写，展露了范仲淹深深的爱民情怀。战争，受害最直接的是战士、边民，而老百姓因此为战争买单，其痛苦自是笔墨难书。要减轻这些痛苦，唯一的办法就是尽量减少战争，尽快实现和平。上下阕表现内容不同，但主题明确，殊途同归，其思想的深度，远非唐代一般的边塞诗可比。

在担任西帅期间，范仲淹还写过一首很有艺术魅力的诗，题为《野色》，其诗云：

> 非烟亦非雾，幂幂映楼台。
> 白鸟忽点破，夕阳还照开。
> 肯随芳草歇，疑逐远帆来。
> 谁谓山公意？登高醉始回。

作者以实者虚之、虚者实之的艺术手法，表现了虚无缥缈的"野色"。读者可透过朦胧野色，看到一幅玲珑剔透、笔墨淋漓的山水画：非烟非雾，楼台隐约，白鸟飞起，夕阳斜照，野色飘荡，不肯随春草而歇，又似乎随远帆而来，就好像山公登山喝酒，归时醉眼模糊，看到景物虚中有实，实中有虚。诗中山公，即晋代征南将军山简，他在两军相持之际从容设宴于野外而稳定军心。范仲淹效法这位名将风度，临危不

263

惧，溢于诗外。

范仲淹是一代名臣，花前月下的作品，他无心栽培，但是，要论起婉约词，却也有令人叫绝之作，甚至连婉约派的代表南宋才女李清照都要借用他的词句。

这首词题为《御街行》：

纷纷坠叶飘香砌。夜寂静，寒声碎。真珠帘卷玉楼空，天淡银河垂地。年年今夜，月华如练，长是人千里。

愁肠已断无由醉，酒未到，先成泪。残灯明灭枕头敧，谙尽孤眠滋味。都来此事，眉间心上，无计相回避。

上阕写景，丝丝入怀，牵动人心。寂静的夜晚，可以听到落叶坠到台阶上的声音，静得称奇，静得惊心。下阕通过细致的描写，塑造了一个因相思而倚枕对灯、凝神愁思的形象。读之如身临其境，不觉泪下。

李清照有词题为《一剪梅》，其中有"此情无计可消除，才下眉头，却上心头"，正是从范仲淹此句化出，范仲淹对于婉约派的影响，由此可见一斑。

范仲淹在政治和军事上叱咤风云的同时，也不失其风雅之度。如果说，这是一首爱情诗，恐怕也是上乘的爱情诗，至今，仍然为人广为引用，它就是：

苏幕遮

碧云天，黄叶地。秋色连波，波上寒烟翠。
山映斜阳天接水。芳草无情，更在斜阳外。

黯乡魂，追旅思。夜夜除非，好梦留人睡。
明月楼高休独倚。酒入愁肠，化作相思泪。

此词言辞婉丽，深情绵邈，深得词评家的好评。这首词内容抒写乡思旅愁，以铁石心肠人作黯然销魂语，尤见深挚。题材一般，但写法别致。上阕写景，气象阔大，意境深远，视点由上及下，由近到远。上阕皆为景语，仅"无情"二字点出愁绪，犹是对景而言，不露痕迹。然而，情语已经深藏其间。

下阕直揭主旨，因"芳草无情"导入离愁和相思。此词以大景写哀情，别有悲壮之气。清代张惠言、黄蓼园据词中个别意象，认为此词非为思家，实借秋色苍茫，隐抒其忧国之意。全词低回婉转，而又不失沉雄清刚之气。

二

忧国忧民之思贯穿始终

诗言志，歌咏言。诚如斯言，诗歌虽然词简意约，但是，却能够精准地表达诗人的心声。走进范仲淹的诗歌世界，可以发现这位贤者对于理想的表达，忧国忧民的思想贯穿始终。

"但使斯文天未丧，涧松何必怨山苗"，这是当学生时的理想表白；"敢话诗书为上将，犹怜仁义对诸侯"，这是初入仕途时的豪言壮语；"卑栖曾未托椅梧，敢议雄心万里途"，这是未显时的心灵呐喊；"宁鸣而死，不默而生"，这是面对劝他闭口的人的人格宣言；"素心直拟圭无玷，晚节当如竹有筠"，这是步入老年时的真实写照。

早在睢阳读书的时候，范仲淹作《睢阳学舍书怀》，其诗如下："白云无赖帝乡遥，汉苑谁人奏洞箫。多难未应歌凤鸟，薄才犹可赋鹪鹩。瓢思颜子心还乐，琴遇钟君恨即销。但使斯文天未丧，涧松何必怨山苗。"

晋代文学家左思创作的一组《咏史八首》熔铸着左思的平生理想，奠定了左思在中国文学史上的地位。左思一生，虽然"良图"变成了梦想，志向没有得到伸展，但并没因此向权贵俯首，却是断然割断俗念，归隐田园，洁身自好以终。其中，《咏史八首》中的第二首是这样写的："郁郁涧底松，离离山上苗。以彼径寸茎，荫此百尺条。世胄蹑高位，英俊沉下僚。地势使之然，由来非一朝。金张藉旧业，七叶珥汉貂。冯公岂不伟，白首不见招。"在左思看来，因为地位的不同，导致了"涧底松"和"山上苗"不同的命运，因此，对门阀制度进行了批判。

范仲淹在这首《睢阳学舍书怀》诗里，反其意而用之，强调只要自己努力追求知识、追求理想，只要把自己培养成"松"，那么，就算是生长在不为人所易见的"涧底"，同样会活得有价值、有作用。

松，是我国古代重要的文学意象之一。松柏枝叶繁茂，躯干虬劲，而且傲霜斗雪，经冬不凋，历来为正人君子所推崇。《论语·子罕》说："岁寒，然后知松柏之后凋也。"《庄子·让王》："天寒既至，霜雪既降，君是以知松柏之茂也。"三国时诗人刘桢《赠从弟》诗曰："亭亭山上松，瑟瑟谷中风。风声一何盛，松枝一何劲！冰霜正惨凄，终岁常端正。岂不罹凝寒，松柏有本性。"希望从弟能够像松柏那样做人。

范仲淹在他的诗中，也多次借"松"来表达自己的人格理想。在《谢黄总太博见示文集》诗中说："松桂有嘉色，不与众芳期。"在《四民诗·士》中说："昔多松柏心，今皆桃李色。"另有一首诗专门以《松》为题："亭亭百尺栋梁身，寂寞云根与涧滨。寒冒雪霜宁是病，静期风月不须春。萧萧远韵和于乐，密密清阴意在人。高节直心时勿伐，千秋为石乃知神。"

范仲淹老家苏州老宅里有两株古松，树木高大，遮天蔽日，"二松对植，扶疏在轩，灵根不孤，本枝相茂，卓然有立，俨乎若思。霜霰交零，莫能屈其性；丝桐间发，莫能拟其声。不出户庭，如在林壑"。范仲淹对此松情有独钟，他认为物之有松柏，如人之有尧舜。因此把西斋命名为岁寒堂，把松树命名为"君子树"，树旁的楼阁命名为"松风阁"，并分别题诗。在诗序中，范仲淹发出了自己的人格宣言，他说，范家子子孙孙都要把它们当作师友，永远也不要砍伐，要像松树一样做人，"持松之清，远耻辱矣；执松之劲，无柔邪矣；禀松之色，义不变矣；扬松之声，名彰闻矣；有松之心，德可长矣"。

范仲淹主张积极用世，就算是歌颂隐逸生活，也同样表达积极用世的思想。"梅福隐市门，严平居卜肆。乃知神仙徒，非必烟霞地……"在听别人弹琴时，从悠扬的音乐声里，依然能够"兴亡哀乐不我遁，坐中可见天下心"。刚入仕途的几年，范仲淹多年沉寂下僚，但他不以地位的卑微而自悲，相反，却发出"卑栖曾未托椅梧，敢议雄心万里途"的雄心壮志。

范仲淹是一个正直敢言的人。他上书阻止宋仁宗在会政殿为太后上寿，请求太后还政于皇上，上书指责当朝宰相、两朝重臣吕夷简任人唯亲，阻止皇上及太后大兴土木，等等，让他的政敌如坐针毡，同时也让举荐范仲淹的人心生不满，另有一些人，则含沙射影地加以指责。可是范仲淹丝毫不为所动。

在给同年谢绛的和诗中，范仲淹表示自己要坚持走"谏诤路"，"心焉介如石，可裂不可夺"。在贬官饶州期间，他写下了《鄱阳酬泉州曹使君见寄》一诗，以王章、韩愈自勉，"我爱古人节，皎皎明于霜"，其情之坚、意之切，溢于言表：

吾生岂不幸，所禀多刚肠。

身甘一枝巢，心苦千仞翔。

志意苟天命，富贵非我望。

立谭万乘前，肝竭喉无浆。

意君成大舜，千古闻膻香。

寸怀如春风，思与天下芳。

片玉弃且在，双足何辞伤。

王章死于汉，韩愈逐诸唐。

狱中与岭外，妻子不得将。

义士抚卷起，眦血一沾裳。

胡弗学揭厉，胡弗随低昂。

于时宴安人，灭然已不扬。

匹夫虎敢斗，女子熊能当。

况彼二长者，乌肯巧如簧。

我爱古人节，皎皎明于霜。

今日贬江徼，多惭韩与王。

罪大祸不称，所损伤纤芒。

尽室来官下，君恩大难忘。

酒圣无隐量，诗豪有余章。

秋来魏公亭，金菊何煌煌。

登高发秘思，聊以摅吾狂。

卓有梅圣俞，作邑郡之旁。

矫首赋灵乌，拟彼歌沧浪。

因成答客戏，移以赠名郎。

泉南曹使君，诗源万里长。

复我百余言，疑登孔子堂。

闻之金石音，纯纯自宫商。

念此孤鸣鹤，声应来远方。

相期养心气，弥天浩无疆。

铺之被万物，照之谐三光。

此道果迂阔，陶陶吾醉乡。

晚年，是官员最容易误入歧途的时候，范仲淹始终如一，在《酬李光化见寄二首》中说，自己"素心直拟圭无玷，晚节当如竹有筠"，要像竹子那样有"节"。对"竹"的歌颂与礼赞，也是范仲淹诗歌中常用的主题。朋友孙氏在竹林间建"碧鲜亭"，范仲淹作诗祝贺，在《寄题孙氏碧鲜亭》诗中借竹子盛赞孙氏"耿耿金石性，雪霜不能老"的高洁品格。

除了诗歌，范仲淹在他的"记""赋""论"等文体中，更加痛快淋漓、更加艺术地展示自己的人格理想，阅读这些作品，不仅有文采美的享受，更有深邃思想的启迪。

范仲淹一直在思索着如何忧乐这个问题，也一直在他的执政过程中实践着。在《用天下心为心赋》中，他认为"政必顺民""礼皆从俗"，最高统治者要"用天下心为心"，而不能一意孤行，以自己一个人的"心"为心。他进一步提出自己的观点："爱将众同，乐与人共。"就是要与民同好，与民同乐。他又提出"不以己欲为欲，而以众心为心"。在这个基础上，如果能够"舍己从人，同底于道"，那当然是更好、更高的境界了。

在《岳阳楼记》中，这种忧乐观更上一层楼："先天下之忧而忧，后天下之乐而乐"——与百姓同乐固然好，但是，比这更好的是等老百姓都乐了，统治者才乐；老百姓还没有"忧"的时候，统治者先"忧"，这种超然的境界，让他的思想万古流传。

除了《岳阳楼记》这篇著名的"记"文以外，范仲淹还有两篇"记"写得同样精彩、深邃。

其一是《桐庐郡严先生祠堂记》。全文仅有219字。严光是光武帝刘秀的同学兼朋友，刘秀当了皇帝，他没有抓住刘秀这条大龙不放，而是隐居起来，并且再三躲避，其目的就是不想让人误以为他"攀龙附凤"。如果情况属实，那么严光的人格殊为可贵，而刘秀以帝王之尊，不忘旧交，礼贤下士，也足可倾赏。范仲淹在这篇记里盛赞严光："云山苍苍，江水泱泱。先生之风，山高水长。"

其二是《清白堂记》，观其名，便可识其意。在这篇记里，范公认为"清白"是为官执政者的灵魂和行为准则，"爱其清白而有德义，为官师之规，因署其堂曰'清白堂'"。

赋这种文体，起源于战国，形成于汉代，是由楚辞衍化而来的，也继承了《诗经》讽刺的传统。本意指诵说，如《汉书·艺文志》"不歌而诵谓之赋"。《毛诗序》把"赋"作为《诗经》"六义"之一，解作铺的意思，指铺陈言志的手法。战国后期赵人荀卿《赋篇》，最早以

"赋"名篇，"赋"开始被用作文体的名称。汉人把屈原、宋玉的辞和荀卿的赋统称为辞赋，并把屈原看作辞赋之祖。汉初，逐渐形成一种特定的体制。它继承《楚辞》形式上一些特点，讲究文采、韵律和节奏，又吸收了战国纵横家铺张的手法，内容上着力"体物"，也注意到"写志"，即通过摹写事物来抒发情志。

范仲淹有近40篇赋作，他的赋除了具备传统赋的铺陈、华丽特点外，一个突出的个性依然是赋中体现的鲜明的思想：

景祐三年，范仲淹上《百官图》，被宰相吕夷简以"越职言事、荐引朋党、离间君臣"的罪名反诉，结果落职知饶州。梅尧臣作《灵乌赋》对范仲淹委婉地提出指责和劝阻，范仲淹以《灵乌赋》的同名回应梅尧臣，在这篇赋里，他旗帜鲜明地表示自己"宁鸣而死，不默而生"的战斗决心。另有一首《答梅圣俞灵乌赋》诗，对梅的观点提出反对意见："危言迁谪向江湖，放意云山道岂孤。忠信平生心自许，吉凶何恤赋灵乌。"

提点屯田巨鹿公魏侯在自己住处附近高地上，建了一座亭子，亭子周围栽植许多菊花，并以养菊为乐，因此取名为"秋香亭"，当时范仲淹正在谪守鄱阳，因此作《秋香亭赋》。在这篇赋里，范公借菊"气骄松筠，香灭兰蕙"的品质，赞赏亭的主人，实则也是宣展了自己的人格理想。

除此之外，还有《晚堂赋》《蒙以养正赋》《礼义为器赋》《金在镕赋》《临川羡鱼赋》《水车赋》等，或者向统治者提出建议，或者表达自己的理想、信念、追求，文采与思想并存，成为我国文学史上不可多得的赋体佳作。

好名，这是反对范仲淹的人给他扣的一个罪名。范仲淹不反对"近名"与"好名"之说。景祐党争之时，他曾经一气写下四论《帝王好尚论》《近名论》《选贤任能论》《推委臣下论》，一一加以反驳。

范仲淹一生写下了大量的政治军事论著。政治方面主要有《奏上时务书》《上张右丞书》《上执政书》《上资政晏侍郎书》《上时相议制举书》《答手诏条陈十事》《再上前所陈十事》等；军事方面主要有《上攻守二策状》《议攻》《议守》《奏陕西河北攻守等策》《奏论陕西兵马利害》《论西事劄子》，等等。这些军事论著和政论文，思想性高于艺术性，它闪烁着作者的真知灼见和雄才大略，表现作者忠君爱国的思想和人品、人格，文章明白晓畅，有理有据，透彻精辟。而且逻辑性也较强，虽是公文，但很有文采。在唐宋古文中，也称得上是较好的作品。

三
作品要有真性情

"长江天下险，涉者利名驱。二公访贫交，过之如坦途。"在范仲淹的作品中，有不少是与朋友、同事的交流、唱和及怀念追思之作，在这些作品的字里行间，展现的是深厚的友谊，同时，也从一个侧面反映了范仲淹无私的品格、包容的心态。

《岳阳楼记》的背后书写着范仲淹与滕子京二人的深厚友谊，而范公的很多作品均是与朋友和同事唱和交游之作，还有大量的祭文，同样表达了对故人的思念之情。这些作品的字里行间，展现的是深厚的友谊，同时，也从一个侧面反映了范仲淹无私的品格、包容的心态。

韩琦当年知定州之时，曾经建有"阅古堂"，他精选前代贤守良将六十人绘于堂壁，当时，这个阅古堂在定州名声很大，很多人都慕名前去参观。

作为西北抗战的两元大帅，范仲淹、韩琦交往至多。在战争期间，二人联名写下了大量的奏章、论议，二人的书信往来也不断，范仲淹在他的作品中，提到次数最多的人当属韩琦。

庆历八年（1048），应韩琦的邀请，范仲淹写了《阅古堂诗》：

中山天下重，韩公兹镇临。

堂上缋昔贤，阅古以儆今。

牧师六十人，冠剑竦若林。

既瞻古人像，必求古人心。

彼或所存远，我将所得深。

仁与智可尚，忠与义可钦。

吾爱古贤守，馨德神祇歆。

典法曾弗泥，劝沮良自斟。

跻民在春台，熙熙乐不淫。

耕夫与樵子，饱暖相讴吟。

王道自此始，然后张薰琴。

吾爱古名将，毅若武库森。

其重如山安，其静如渊沉。

有令凛如霜，有谋密如阴。

敌城一朝拔，戎首万里擒。

虎豹卷韬略，鲸鲵投釜鬵。

皇威彻西海，天马来骎骎。

留侯武侯者，将相俱能任。

决胜神所启，受托天所谌。

披开日月光，振起雷霆音。

九关支一柱，万宇覆重衾。

前人何赫赫，后人岂愔愔。

所以作此堂，公意同坚金。

仆思宝元初，叛羌弄千镡。

王师生太平，苦战诚未禁。

赤子馁犬彘，塞翁泪涔涔。

中原固为辱，天子动宸襟。

乃命公与仆，联使御外侵。

历历革前弊，拳拳扫妖祲。

二十四万兵，抚之若青衿。

惟以人占天，不问昂与参。

相彼形胜地，指掌而蹄踯。

复我横山疆，限尔长河浔。

此得喉可扼，彼宜肉就椹。

上前同定策，奸谋俄献琛。

枭巢不忍覆，异日生凶禽。

仆已白发翁，量力欲投簪。

公方青春期，抱道当作霖。

四夷气须夺，百代病可铖。

河湟议始行，汉唐功必寻。

复令千载下，景仰如高岑。

因赋阅古篇，为公廊庙箴。

在诗中，范仲淹对古代英雄豪杰表达了一种由衷的景慕之情。他爱慕古代贤守良吏清正廉明、勤政爱民的品德，尤其爱慕古代名将那种重如山安、静如渊沉的风度以及令凛如霜、谋密如阴、攻城拔地、万里擒敌的英雄气概，特别推崇留侯张良、武侯诸葛亮出将入相的雄才大略。在诗中，他还回顾了自己和韩琦联手抗敌的历史。他虽然觉得自己是个白发老翁，但仍表示要驰骋疆场，希望能和韩琦一道带领雄兵征服西夏，收复失地，像古代英雄那样彪炳史册。

这首诗具有宋人以文为诗、主议论的特点。全诗偏向于散文化和讲道理，发议论，夹叙夹议，亦诗亦史。这和他的边塞词一样，充满了爱国主义精神，抒发了一片以英雄自许、为国不惜鞠躬尽瘁的豪情壮志，流露出一种既深沉雄健又慷慨悲壮的情调。这类诗词，忧国忧民，充分体现出诗人和国家民族休戚与共的情感。

范仲淹的诗中有大量的交游之作。如《赠余杭唐异处士》《寄西湖林处士》《送李纮殿院赴阙》《和章岷从事斗茶歌》《赠方秀才》，等等，这些诗仿佛是一曲曲轻音乐，在范仲淹忙碌、忧国忧民的一生中，留下

273

了些许的轻松与愉悦，也让人们从这里管窥这位贤者丰富的人生经历的另外一面。

然而，最让人感动的是范仲淹饱含真情写下的悼念故人的文章，据不完全统计，景祐元年，太子宾客谢涛病故，第二年，范仲淹为谢涛写下祭文，自那时起，人到中年的范仲淹为18个故人写过祭文，这些人包括支持他进行捍海堤工程的胡令仪，数次为自己张目的石曼卿、尹洙，在西北与自己并肩战斗过的种世衡，自己的亲家公王质，同窗滕子京、谢绛，庆历新政中自己的支持者、老臣杜衍等。其中，特别值得一提的是，范仲淹还为他的政敌吕夷简写了祭文，在这篇祭文里，范仲淹给予吕夷简以宽容和理解，对他执政期间所作的贡献也给予客观的评价，展现了范公大公无私的一面：

富贵之位，进退惟艰。君臣之际，始终尤难。公觐昌辰，宰于庶揆。保辅两宫，訏谋二纪。云龙协心，股肱同体。万国久宁，雍容道行。四鄙多故，忧劳疾生。辞去台衡，命登公衮。以养高年，如处嘉遁……

除了祭文之外，还为故人写了17篇墓志、5篇墓表、4篇神道碑，不少墓志如《东染院使种君墓志铭》不仅情真意切，读之令人潸然泪下，而且，本身就是一篇内容丰富的人物传记，为研究这些人物生平提供了相对真实的史料。

四

诗文革新运动的领袖

范仲淹是北宋古诗文运动的积极倡导者，坚决反对晚唐、五代日沦浅俗的文风，并对以西昆体为代表的时文进行了猛烈抨击，大力提倡改革文风，主张从内容到形式都进行复古革新，是北宋诗文革新运动的领袖

范仲淹对文风改革的想法由来已久，大体上可分三个阶段：

第一个阶段是在天圣三年（1025），标志是范仲淹在《奏上时务书》 中，建议皇太后及仁宗皇帝救文弊而厚风化。

盛唐时期，韩愈和柳宗元发起古文运动，对后世产生了深远的影响，但到晚唐、五代，雕靡绮丽的文风又死灰复燃。宋初，士子多不读书，文多浅薄刻露。到了景德年间，博学雄文的杨亿站出来反对这种浅薄文风，以李商隐的骈文作指导，"在两禁中变文章之体"，其他文学词臣刘筠、钱惟演等人和他唱酬，一时形成文坛最有势力的流派。后来，杨亿把这些酬唱篇什编成《西昆酬唱集》。由于具有较高的艺术成就，一经问世，"后进学者争效之，风雅一变，谓之'西昆体'"。

然而，他们的作品仍有一个严重弊病，那就是继续因袭晚唐、五代文风，谨守四六，仿拟前人，浮华淫丽，颇伤雕摘，多是消遣、粉饰太平之作。而且，在他们的倡导下，这种华而不实的文风弥漫着整个文坛，又对文风产生了消极影响。

范仲淹虽然对杨亿的人格十分赞赏，但是，对杨亿"西昆体"极力反对，他在上书中说："国之文章，应于风化。风化厚薄，见乎文章。

是故观虞夏之书，足以明帝王之道；览南朝之文，足以知衰靡之化。"范仲淹指出，古时圣人治理天下，"文弊则救之以质，质弊则救之以文。质弊而不救，则晦而不彰；文弊而不救，则华而将落"。

他从前代兴亡中看到文章之薄，会引起风化之坏，要是不救，则会引起天下大乱。他认为这决不可等闲视之。因此，建议朝廷"议文章之道，师虞夏之风"，并"敦谕词臣兴复古道，更延博雅之士，布于台阁，以救斯文之薄，而厚其风化也"。

这个时候，被后来认定为北宋古文运动重要成员的尹洙刚刚进士及第，又过了五年，到了天圣八年，欧阳修才进士及第。次年（1031），梅尧臣以恩荫调任河南县主簿。这个时候，他们还没有诗文革新的要求，更没有行动。而此时，范仲淹已提出改革文风的系统主张。

不独如此，他还用实际行动支持不与"西昆体"站在一条道上的文人，为唐异处士诗集写序就是一例。此后不久，他还利用在应天书院当山长的机会，亲自为改变文风而努力。这也是范仲淹改革文风的第二个阶段。

天圣四年（1026），范仲淹为唐异处士诗集作序时强调，诗歌必须反映现实，要有真实感情，同时，还要为政教服务。诗人生活环境不同、性格不同，其诗歌的风格也迥然不同，他指出：

> 诗之为意也，范围乎一气，出入乎万物，卷舒变化，其体甚大。故夫喜焉如春，悲焉如秋，徘徊如云，峥嵘如山，高乎如日星，远乎如神仙，森如武库，锵如乐府，羽翰乎教化声，酬酢乎仁义之醇，上以德于君，下以风于民。不然，何以动天地而感鬼神哉！

> 而诗家者流，厥情非一。失志之人其辞苦，得意之人其辞逸，乐天之人其辞达，觐闵之人其辞怒。如孟东野之清苦，薛许昌之英逸，白乐天之明达，罗江东之愤怒，此皆与时消息，不失其正者也。

接着，范仲淹对时文进行了极为猛烈的抨击——

　　五代以还，斯文大剥，悲哀为主，风流不归。皇朝龙兴，颂声来复，大雅君子，当抗心于三代。然九州之广，庠序未振，四始之奥，讲议盖寡。其或不知而作，影响前辈，因人之尚，忘己之实，吟咏性情而不顾其分，风赋比兴而不观其时。故有非穷途而悲，非乱世而怨，华车有寒苦之述，白社为骄奢之语。学步不至，效颦则多。以至靡靡增华，惉惉相滥，仰不主乎规谏。俯不主乎劝诫，抱郑卫之奏，责夔旷之赏，游西北之流，望江海之宗者有矣。

　　不仅如此，范仲淹还批评宋初那种学步效颦、模拟失真、无病呻吟的恶劣文风，认为它脱离现实，不利于规谏和劝诫。他不满这种文风，以继承孔子、孟子、韩愈、柳宗元的道统和古文为己任，继柳开、王禹偁之后，首开诗文革新运动之先河。

　　在范仲淹等进步士大夫的请求和推动下，天圣七年（1029）、明道二年（1033），朝廷两次下诏申诫浮华文弊，提倡散文。

　　庆历七年（1047），范仲淹为亡友尹洙文集作序，又一次对西昆体华而不实的文风进行猛烈的抨击，力主改革，提倡恢复古道，标志着范仲淹诗文革新的实践进入第三个重要阶段。

　　北宋诗文革新运动的兴起，与统治阶级内部不断酝酿的自上而下的政治改革，有着极为密切的联系。范仲淹提出革除弊政，其中就包括救文弊而厚风化。作为一位政治领袖，范仲淹积极提倡改革文风，他有意识地把文体改革同政治上的改革结合起来，从而把诗文革新运动更加引向自觉和深入。他在北宋诗文革新运动中，起到了其他学者不可替代的杰出作用。

　　尹洙是北宋诗文革新运动的一员健将。关于尹洙在北宋文学史上的地位和作用，范仲淹在《尹师鲁河南集序》作了极为公允的评价：

　　唐贞元、元和之间，韩退之主盟于文，而古道最盛。懿、僖以降，寝及五代，其体薄弱。皇朝柳仲涂起而麾之，髦俊率从焉。仲涂门人能师经探道，有文于天下者多矣。洎杨大年以应用之才，独步当世。学者刻辞镂意，有希仿佛，未暇及古也。其间甚者专事藻饰，破碎大雅，反谓古道不适于用，废而弗学者久之。洛阳尹师鲁，少有高识，不逐时辈，从穆伯长游，力为古文。而师鲁深于《春秋》，故其文谨严，辞约而理精，章奏疏议，大见风采，士林方耸慕焉。遽得欧阳永叔，从而大振之，由是天下之文一变而古，而其深有功于道欤！

范仲淹的《尹师鲁河南集序》把锋芒对准了以杨亿为代表的西昆体，并指出这种华而不实的文体的危害性。范仲淹认为尹洙"深于《春秋》，故其文谨严，辞约而理精，章奏疏议，大见风采"，因而受到士林的广泛推崇。正因为尹洙在北宋古文运动中起着承上启下的作用，所以范仲淹异常重视收集整理这位亡友的著作，并亲自撰写序言，以便让它传之久远。

宋代诗文复古革新运动始于柳开、王禹偁，他们主要反对"五代体"，中间范仲淹、穆修、石介、尹洙、苏舜钦诸人，主要反对以杨亿为首的"西昆体"，欧阳修等也反对"西昆体"，但主要是打击"太学体"，反对复古运动中求深务奇的不良风气。欧阳修是宋代古文运动的盟主，他在理论和创作上均作出了重大贡献，因而范仲淹称赞他"使天下之文为之一变"。

五

宋代六大家，半数受范仲淹影响

明人选用韩愈、柳宗元、苏轼等人文为《八先生文集》，"唐宋八大家"之名几经传承得以传世。范仲淹虽然不是"唐宋八大家"之一，但是入选"唐宋八大家"的宋人中，有半数以上受过范仲淹的影响。

范仲淹既然是北宋古文运动的先驱，为什么没有入选"唐宋八大家"呢？这要从明人选编文集说起。明朝初年，朱右最早选编韩、柳等人文章为《八先生文集》，这是"唐宋八大家"之名的开始。明朝中叶，唐顺之纂《文编》，也收录这八家。明朝末年，茅坤在二人的基础上选辑了《唐宋八大家文钞》，共164卷，流传甚广，"唐宋八大家"之名，因此得以深入人心，在文学史上留下重要席位。

但是，应该看到，"唐宋八大家"的入选标准有一定的局限性。虽然如此，入选"唐宋八大家"的六位宋人，半数以上受过范仲淹的影响。

欧阳修与范仲淹志同道合，患难与共，是莫逆之交。欧阳修虽然是北宋文坛盟主，但在政治上唯范仲淹马首是瞻，是范仲淹坚定的政治盟友，在文学上也深受范仲淹宗经崇术的影响。

范仲淹对"三苏"，特别是苏轼影响也是很深的。苏轼八岁时就听到范仲淹庆历新政的事迹，他为自己不能一见范仲淹而深感遗憾。在苏轼撰写的《范文正公文集叙》中，他对这位政坛、文坛前辈表达了由衷的敬慕之情。"公之功德，盖不待文而显，其文亦不待叙而传"，"故天下信其诚，争师尊之"。他为能为范文集作序，"获挂名其文字中，以自托于门下士之末"而感到荣幸。

在后学门生中，范仲淹很赏识李觏，曾三次推荐他入朝为官。范仲淹精通《六经》，长于《易学》，是宋经术派的开山祖师，李觏文章"得之经术"，表明他受范仲淹影响较深。而"三苏"为欧阳修所喜，可见他们文学主张相近。欧阳修与"三苏"除"小处起议论"相近之外，在宗经复古方面，则与范仲淹是一致的。至于和李觏均系深交的曾巩、王安石，范仲淹慧眼识珠，大力扶持提携。曾巩、王安石其文皆受范仲淹、李觏的影响。他们政治主张相同，都提倡崇经尚术，主张变革。

除了"唐宋八大家"中的知名文人，很多受范仲淹影响外，范仲淹还发挥政坛首领和一代宗师的作用，团结、扶持和培养大批文化精英俊彦。尹洙、苏舜钦、苏舜元、石曼卿、余靖、蔡襄、王洙等一班进步文士，都受过他的重要影响。

在范仲淹的团结、组织、扶持、培养和影响下，这批文化精英顺应历史潮流，顺乎民心，忧国忧民，维护国家、民族利益，以大局为重，求同存异，真诚合作，抨击时文，力为古文，极力主张政治改革，以达到富国强兵的目的。在文学理论和创作上，他们则宗经复古，互相促进，给北宋文坛带来了一股清新空气，一扫过去浮华不实、浅薄刻露的不良文风。

此外，范仲淹还是宋学的开山之祖，宋初著名教育家胡瑗、孙复、石介、李觏，著名的理学家、思想家张载，都是范仲淹的门人。范仲淹曾推荐胡瑗、孙复、李觏教授太学，对推动兴学复古，起到重大作用。石介大胆疑古，一生尊崇孔子儒学为根本之道。他不遗余力地抨击西昆体，反佛老、斥时文。范仲淹觉得石介性格过于偏激，因此多次劝他急流勇退，以免招祸。李觏、张载是范仲淹的得意门生，深受器重和赏识。李觏对"以文学名家，以公忠许国"的范仲淹赞赏有加。李觏、张载在人生关键时刻，都曾得到范仲淹的帮助和荐举（详见第九章）。

范仲淹与上述三方面文士学者关系密切，在复兴古诗文方面志同道合。改革国家积贫积弱弊病，富国强兵，宗经复古，救文弊而厚风化，这是他们的共同愿望，也是他们团结合作，反对浮华不实、浅薄刻露文风的基石。

由于范仲淹的特殊地位和崇高威望，使得欧阳修等一班进步文士集结其麾下，范仲淹提出政治、经济和文学改革的主张，指出发展的方向，欧阳修等人则大力配合，摇旗呐喊，擂鼓助威。他们疑古创新，大力推动了北宋古诗文运动的复兴，开拓了北宋文学新的风气。

第十一章

不朽丰碑

— BUXIUFENGBEI —

如果用一个字来概括范仲淹的品格，非"忠"莫属。如果用一个字来表达范仲淹尽"忠"的表现，非"忧"不可。"先天下之忧而忧，后天下之乐而乐"这两句充满正能量的名言，范仲淹毕生践行。最终，在邓州一隅，在某个阳光暖暖的下午，在《岳阳楼记》中，到达自己思想的巅峰。

一

滕子京来信求记

每定交而不杂，必推义而为上，这是范仲淹的交友原则。大中祥符八年，范仲淹与滕子京同科进士。从那时起，一直到庆历七年滕子京去世，二人结下了三十多年生死之谊。

庆历六年秋的一天，秋高气爽，艳阳高照。经过几个月的连续奋战，岳阳楼修缮工程终于完工。糟烂的木料被换上了上好的材料，依照史书及资料中的记载，重新雕刻上花纹。因年久失修已经斑驳的雕梁画栋，经过重新粉刷后光彩照人。滕子京命人摘取唐朝韩愈、柳宗元、刘禹锡、白居易等大家关于岳阳楼的诗词歌赋，以及当今朝廷中著名人物的相关文字，雕刻在新修建的岳阳楼上，给这座古老而装饰一新的楼阁增添了浓郁的文化色彩。

按照惯例，如此有影响的工程完工应该搞一个隆重的剪彩仪式。"滕大人，岳阳楼工程完工，远近瞩目，可喜可贺，我们应该好好庆祝一下才是！"臣属们向滕子京建议。

"有什么好庆祝的？此时此刻，我真想站在这里，凭栏大哭一场！"

站在重新修缮的岳阳楼上，俯视烟波浩渺的洞庭湖，岳州知州滕子京感慨万千："自己一心一意想着百姓，西北御敌，岳阳兴学、治水，可是有谁会记着自己的好？到现在，不是还背着贪污公款的污名吗？"

湖水连天天连水，秋来分外澄清。君山自是小蓬瀛。气蒸云梦泽，波撼岳阳城。□□□□帝子有灵能鼓瑟，凄然依旧伤情。微闻兰芷动芳馨。曲终人不见，江上数峰青。

滕子京情不自禁吟咏出这首词。

到岳阳的几年，滕子京没少发牢骚。不过，牢骚归牢骚，岳阳楼不仅是岳阳的标志性建筑，而且也是岳阳古老文化的象征，它如果能够行之久远，不仅是岳阳之福，也是大宋之福。名楼配名记，才能流芳千古。

"这样一件盛事，如果不让人写点文字记述，实在是遗憾啊！"早在决定重新修建岳阳楼的庆历五年六月，滕子京就开始琢磨这个问题。找谁来写呢？谁的文笔、才思、学识和品格能够与这样一座底蕴深厚的历史文化名楼相配呢？"非范兄范希文莫属！"滕子京想到了范仲淹这位位高德重的同窗兼师友。

回到府衙，滕子京立即修书一封，专门向范仲淹介绍自己到岳州后的情况，特别是重修岳阳楼的事，描述了岳阳楼的构造、设想等，为了更直观地表现岳阳楼的形胜，还特意在信中附上了一幅《洞庭秋晚图》。他在《上范经略求岳阳楼记书》中写道：

六月十五日，尚书祠部员外郎、天章阁待制、知岳州军州事滕宗谅，谨驰介致书，恭投于邠州四路经略安抚、资政谏议节下：

窃以为天下郡国，非有山水环异者不为胜，山水非有楼观登览者不为显，楼观非有文字称记者不为久，文字非出雄才巨卿者不为著。今东南郡邑，富山水者比比是焉，因山水作楼观者又处处有焉。莫不兴于仁智之心，废于愚俗之手。其不可废而名与天壤齐固者，则有豫章之滕阁、九江之庾楼、吴兴之消暑、宣城之叠嶂，此外不过二三所而已。虽浸历于岁月，挠剥于风雨，潜灭于兵火，圮毁于艰屯，必须崇复而不使坠斩者，盖由韩吏部、白宫傅而下，当时名辈，各有记述，而取重于千古者也。

巴陵郡西跨城埵，揭飞观，署之曰"岳阳楼"。不知做落于何人何代。自有唐以来，文士编集中无不载其声诗赋咏，与洞庭、君山率相表里。宗谅初诵其言而疑且未信，心谓作者之夸汰过矣。去秋以罪得守兹郡，入境而疑与信俱释。及登楼，而恨向之作者所得仅毛发尔，惟吕衡州诗云："襟带三千里，尽在岳阳楼"，此初标其大致。自是日思以宏大隆显之，亦欲使久而不可废，则莫于文字之垂信。乃分命僚属，于韩、柳、刘、白、二张、二杜逮诸大人集中，摘其登临寄咏，或古或律，歌诗并赋七十八首，暨本朝大笔如太师吕公、侍中丁公、尚书夏公之众作，榜于梁栋间。又明年春，鸠材僝工，稍增于旧制。然古今诸公于篇咏外，率无文字称记。所谓岳阳楼者，徒见夫屹然而踞，岈然而负，轩然而竦，伛然而顾，曾不若人具肢体而精神未见也，宁堪乎久焉？

恭惟执事，文章器业凛凛然为天下之特望，又雅志有山水之好，每观送行怀远之作，未尝不神游物外而心与景接。矧兹洞庭、君山杰杰为天下之特胜，切度风旨，岂不欲摅遐想于素尚，寄大名于清赏哉？伏冀戎务鲜退，经略暇日，少吐金石之论，发挥此景之美，庶俾漱芳润于异代者，知我朝高位辅臣，有能淡味而远托思于湖山数千里之外，不其胜欤？谨以《洞庭晚秋图》一本，随书赘献，涉毫之际，或有所助。干冒钧严，伏惟惶灼。

滕子京的求记书送到邠州时，范仲淹已经改调邓州。

辗转接到滕子京的《求记书》，已是庆历六年。这一天，范仲淹正在花洲书院里读书，忽然有客人求见，原来是滕子京的信使到了。读着老朋友的来信，范仲淹一时感慨万千——

康定元年九月，元昊大举兴兵侵宋。滕子京升官刑部员外郎、职直集贤院，任泾州知州，开始了长达四年的军旅生活。庆历二年（1042）闰九月，元昊举兵进犯泾原，渭州（今甘肃平凉市）马步军都部署、经略安抚招讨使王沿命副都部署葛怀敏率军抗击，葛怀敏不听都监赵询的建议，命诸军分四路向定川寨进攻，结果在定川寨被西夏军包围，水源也被切断，葛怀敏等战死，近万人被西夏军俘虏。

葛怀敏兵败，沿边郡县十分惊忧。西夏军攻打的渭州，距滕子京驻守的泾州只有120里，当时，守城将士仅有数百人。滕子京沉着应战，为了麻痹敌人，他动员数千百姓化装成兵士模样共同守城；又招募勇士深入敌后侦探敌情，檄报邻郡使之做好防备。在这危急时刻，范仲淹率一万五千人解泾州之危。滕子京张罗供应柴粮，确保战争所需的一切物资充足，终于将西夏军击退。战争结束后，滕子京大设牛酒宴，犒劳羌族首领和士兵，又按当时边疆风俗，在佛寺里为在定川寨之战中阵亡的士卒祭神祈祷，并安抚死者亲属。

范仲淹亲自领略了滕子京的军事指挥才能，在他的举荐下，滕子京被提拔为管理宫廷中藏书的高级文官天章阁待制，任环庆路都部署，接任范仲淹庆州知州职位。庆历三年，范仲淹调京不久，驻扎在泾州的陕西四路马步军都部署、经略安抚招讨使、范仲淹的连襟郑戬告发，说滕子京在泾州滥用官府钱财，监察御史梁坚对其进行弹劾，指控他在泾州费公使钱十六万贯，随即遣中使检视。滕子京恐株连诸多无辜者，将被宴请、安抚者的姓名、职务等材料全部烧光。其实，所谓十六万贯公使钱是诸军月供给费，用在犒劳羌族首领及将士的费用只有三千贯。

事情发生后，时任参知政事的范仲淹及谏官欧阳修等极力为其辩白，范仲淹曾连上三书为滕子京、张亢辩护，后滕子京被官降一级，贬知凤翔府（今陕西宝鸡市境），后又贬虢州（今河南灵宝市境）。御史中丞王拱辰是庆历新政的反对者之一，他抓住滕子京这件事不放，认为滕子京"盗用公使钱止削一官，所坐太轻"，以辞职相要挟，逼皇上加重对滕子京的处罚。庆历四年春，滕子京被贬到岳州（即巴陵郡）。

范仲淹与这位比自己小一岁的同年交情非比寻常。

滕子京信使的到来，让范仲淹陷入了回忆之中。"滕子京负大才，为众忌疾。自庆帅谪巴陵，愤郁颇见辞色。"这是为官者大忌，范仲淹担心滕子京会因为这种性格吃亏，因此便有了借滕子京求记之机婉言相劝之意。

老朋友来信求记，岂有不答应之理？但是如何写、写什么，不能不费思量……

二

千古美文《岳阳楼记》横空出世

　　滕子京从韩、柳、刘、白、二张、二杜等人集中及本朝的吕夷简、丁度、夏竦的作品中，选取登临岳阳楼的歌诗并赋七十八首，在岳阳楼的雕梁画栋间展示。接到滕子京的《求记书》，范仲淹认真地阅览了"唐贤今人"的相关诗赋，结合自己的思想、经历，千古美文《岳阳楼记》横空出世。

　　范仲淹对湖水风光并不陌生，虽然"少长北地"，但是，在苏州、杭州、睦州、润州这些江南水乡长期任职的经历，让他对湖光山色有了切身的体验。

　　其《太湖》诗写太湖水是这样的："有浪即山高，无风还练静。秋宵谁与期，月华三万顷。"

　　其《和僧长吉湖居五题》诗：

湖山满清气，赏心甲吴越。

晴岚起片云，晚水连初月。

渔父得意归，歌声等闲发。

——《湖山》

千寻月脚寒，湖影净于天。

忽如常娥宫，俯仰见婵娟。

更约中秋夕，长津无寸烟。

——《水月》

为爱碧鲜亭，入夏叩叩至。

台榭竞生烟，独有清凉意。

高岗凤不来，幽人此沉醉。

——《筠亭》

风引湖边笛，焉知非隐沦。

一声裂云去，明月生精神。

无为落梅调，留寄陇头人。

——《风笛》

武陵谁家子，波面双双渡。

空积心中丝，未成机上素。

似共织女期，秋宵苦霜露。

——《渚莲》

写景、状物、达情，无所不至，读来令人心动。

他笔下的《射阳湖》："渺渺指平湖，烟波极望初。纵横皆钓者，何处得嘉鱼。"泛舟湖中，"平湖万顷碧，谢客一颜开。待得临清夜，徘徊载月还"。

洞庭湖是一个有着深刻文学意蕴和思想内涵的地理标志。范仲淹在诗作中曾多次提及洞庭湖——

《送韩渎殿院出守岳阳》："仕宦自飘然，君恩岂欲偏。才归剑门道，忽上洞庭船。坠絮伤春目，春涛废夜眠。岳阳楼上月，清赏浩无边。"

《新定感兴五首》之一："去国三千里，风波岂不赊？回思洞庭险，无限胜长沙。"

滕子京谪守岳州不久，庞籍有诗寄给滕子京，范仲淹依庞籍的诗韵也写了一首《和延安庞龙图寄岳阳滕同年》："优游滕太守，郡枕洞庭边。几处云藏寺，千家月在船。疏鸿秋浦外，长笛晚楼前。旋拨醅头酒，新烹缩项鳊。宦情须淡薄，诗意定连绵。迥是偷安地，仍当饱事年。只应天下乐，无出日高眠。岂信忧边处，胡兵隔一川。"

岳阳楼是中国四大名楼之一，正如滕子京介绍的那样，早在唐代，很多大诗人都有"绝唱"，当朝中的大臣也留下不少诗赋。范仲淹对此同样也不陌生。不过，在唐代众多的歌咏岳阳楼的诗歌中，范仲淹对孟浩然、杜甫的作品自然高看一眼。

孟浩然有《望洞庭湖赠张丞相》诗："八月湖水平，涵虚混太清。气蒸云梦泽，波撼岳阳城。欲济无舟楫，端居耻圣明。坐观垂钓者，徒有羡鱼情。"

孟浩然和很多有志青年一样，希望在盛世出仕，有所作为，但是，事实并未如他所愿。后期，他倾情于田园生活，成为著名的田园诗人。诗的前四句写景，状写盛唐之势，暗藏强烈的出仕愿望；后四句表意，希望得到张丞相的援引。唐开元二十一年（733），孟浩然西游长安，写了这道诗赠给当时的宰相张九龄，希望得到张丞相的引荐，但是，文人特有的高傲气质又让孟浩然不得不采取这种委婉的方式表达。

"圣代无隐者"，对于孟浩然的这种举动，范仲淹深表理解。他自己早年也曾上书当朝重臣，颇为自负地推荐自己。虽然，在"乡曲无知己，朝端乏亲故"的背景下，单纯靠才华和热情很难真正找到"伯乐"，但是，这种举动无可厚非。

不过，范仲淹更欣赏孟浩然诗对洞庭湖的描写，"八月湖水平，涵虚混太清"，一个"混"字，写出了八月洞庭湖的"汪洋浩阔"，水天相接，天地一体，何其壮哉！"气蒸云梦泽"，一个"蒸"字，让洞庭湖的水汽升腾、云蒸霞蔚，与传说中的云梦大泽相接，何等"大气"！"波撼岳阳城"，一个"撼"字，写出洞庭湖波涛汹涌，岳阳城都为之震动，何其迅猛！

"平湖万顷碧"，这是范仲淹自己写的。"上下天光，一碧万顷"，范仲淹在《岳阳楼记》中用自己的诗句入文。不过，要写出洞庭湖之"势"，这是范仲淹读孟浩然诗时就已明确的。洞庭湖之"势"在哪里——

予观夫巴陵胜状，在洞庭一湖。衔远山，吞长江，浩浩汤汤，横无际涯，朝晖夕阴，气象万千。

这就是岳阳楼之大观，是洞庭湖之"势"。然而，范仲淹并没有否认前贤对岳阳楼及洞庭湖描写的功绩，更没打算把可能产生极大影响的《岳阳楼记》功劳独占。他说："此则岳阳楼之大观也，前人之述备矣。"

然而，孟诗的思想意境与范仲淹要表现的相距甚远。而杜甫的《登岳阳楼》却弥补了孟诗的点点缺憾："昔闻洞庭水，今上岳阳楼。吴楚东南坼，乾坤日夜浮。亲朋无一字，老病有孤舟。戎马关山北，凭轩涕泗流。"

孟浩然之诗，已经把洞庭湖的浩荡情势写得撼动人心，杜甫的诗又表现出更令人为之叫绝的力量。"吴楚东南坼"，吴、楚是江南两大古国，地域辽阔，人口众多，却被洞庭湖一分为二。一个"坼"字，不说洞庭湖之大，而其大自显；"乾坤日夜浮"，乾坤，天地，也可以说是日月，宇宙洪荒，天地为可见之最大，一个"浮"字，不说洞庭之广，而其广自现。这两句与孟浩然诗前两句正所谓各有所长，不相上下。范仲淹看到此处，频频点头。

但范仲淹更看好的是杜诗的后四句。没有高谈阔论，没有豪言壮语，"亲朋无一字，老病有孤舟"，个人境遇何其悲惨；"戎马关山北，凭轩涕泗流"，是谁让自己的命运如此多舛？是国家的危难。大历三年（768），北方少数民族吐蕃举兵十余万人进攻唐朝边塞，京师长安高度戒备。家国之忧，合二为一，杜甫在诗中所表现的胸襟，令人叹服！"这才是诗的生命力之所在！"范仲淹掩卷深思，心中已经有了写作《岳阳楼记》的冲动。

"去秋以罪得守兹郡，入境而疑与信俱释。及登楼，而恨向之作者所得仅毛发尔，惟吕衡州诗云'襟带三千里，尽在岳阳楼'，此初标其大致。"滕子京在《求记书》中表达自己的看法，他认为吕衡州的登岳阳楼诗比较贴切地反映出岳阳楼之势。

吕衡州，即吕温，字光化，唐贞元末进士及第。当时的名流柳宗元、刘禹锡对他十分赞赏。因为他最后一个外任在衡州，所以人们也称其为"吕衡州"。他的诗中有"襟带三千里，尽在岳阳楼"之句，写出了岳阳楼的独特之处。而他的《虢州三堂记》据说为范仲淹提供了可资借鉴之处。

虢州三堂记
吕　温

应龙乘风云，作雷雨，退必蟠蛰，以全其力；君子役智慧，统机剧，退必晏息，以全其性。力全则神化无穷，性全则精用不竭。深山大泽，其所以蟠蛰乎；高斋清池，其所以晏息乎。

虢州三堂者，君子晏息之境也。开元初，天子思二南之风，并选宗英，共持理柄。虢大而近，匪亲不居。时惟五王，出入相授，承平易理，逸政多暇，考卜惟胜，作为三堂。三者，明臣子在三之节；堂者，励宗室克构之义。岂徒造适，实以垂训。居德乐善，何其盛哉。然当时汉同家人，鲁用王礼，栋宇制度，非诸侯居。后刺史马君锡，因其颓圮，始革基构，丰而不侈，约而不陋，以琴竹诗书之幽素，易绮纨钟鼓之繁喧。惟林池烟景，不让他日。观其广逾百亩，深入重局，回塘屈盘，杳岛交映，溟渤转于环堵，蓬壶起于中庭，浩然天成，孰曰人智。

及春之日，众木花坼，岸铺岛织，沉浮照耀，其水五色，于是乎袭馨撷奇，方舟逶迤，乐鱼时翻，飘蕊雪飞，溯沿回环，隐映差池，咫尺迷路，不知所归，此则武陵桃源，未足以极幽绝也。

夏之日，石寒水清，松密竹深，大柳起风，甘棠垂阴，于是乎濯缨涟漪，解带升堂，晨景火云，隔林无光，虚甍沉沉，皓壁如霜，羽扇不摇，南轩清凉，此则楚襄兰台，未足以涤炎郁也。

秋之日，金飙扫林，蓊郁洞开，太华爽气，出关而来，于是乎弦琴端居，景物廓如，月委皓素，水涵空虚，鸟惊寒沙，露滴高梧，境随夜深，疑与世殊，此则庾公西楼，未足以淡神虑也。

冬之日，同云千里，大雪盈尺，四眺无路，三堂虚白，于是乎置酒褰帷，凭轩倚楹，瑶阶如真，玉树罗生，日暮天霁，云开月明，冰泉潺潺，终夜有声，此则子猷山阴，未足以畅吟啸也。

于戏！不离轩冕而践夷旷之域，不出户庭而获江海之心。趣近悬解，迹同大隐。序阅四时之胜，节宣六气之和。贵而居之，可曰厚矣。若知其身既安而思所以安人，其性既适而思所以适物，不以自乐而忽鳏寡之苦，不以自逸而忘稼穑之勤，能推是心以惠境内，则良二千石也。方今人亦劳止，上思又息，州郡之选，重如庭臣。由是南阳张公，辍挥翰之任，受剖符之寄，游刃而理此焉。坐啸静政，令若水木闲人，民若鱼鸟驯致，其道暗然日章。大人以公挚友也，小子奉命，幸来祗谒，以通家之爱，获拜床下，且齿诸子，侍坐于三堂，见知惟文，不敢无述，捧笔避席，请书堂阴，俾后之人，知此堂非止燕游，亦可以观清静为政之道云。

在邓州官署，范仲淹读罢此文，若有所思。"不离轩冕而践夷旷之地，不出户庭而获江海之心！""此堂非止燕游，亦可以观清静为政之道。"范仲淹对吕温之言深表赞同。

放下唐人的诗文，范仲淹又拿起时人的文章。丁度、吕夷简、夏竦，这些人的作品还是算了吧。正待放下书卷，突然，范仲淹想起一个人来，这个人虽然名气不大，三十七岁就死了，却在皇上那里挂了号，而且，他曾经出使巴陵，专门写了一篇《洞庭赋》，现在，自己要为滕子京写《岳阳楼记》，此人的文章不可不读。

这个人叫夏侯嘉正，字会之，江陵人，史书中称其"少有俊才"。宋太宗太平兴国年间进士，官至著作佐郎。他一生有两大爱好，一个是烧银子，一个是爱摆弄文字。他曾经对人说："我这一辈子如果能亲眼见到自己烧成的水银一钱，当一天知制诰，就没有什么可遗憾的了。"烧银子可以理解，知制诰则是清要大雅之职。穿着带有黄金、悬金鱼的官服，头前有两个朱衣人牵马，那是何等的荣耀。夏侯嘉正凭他的才华想当知制诰，还真不一定不行。可惜，他才高命短，三十七岁就死了。银子没烧成，知制诰也落了空，徒然令人悲伤。然而，他的赋写得确实不错。

夏侯嘉正《洞庭赋》开头这样写道：

楚之南有水曰洞庭，环带五郡，淼不知其几百里。臣乙酉夏使岳阳，抵湖上，思构赋。明日披襟而观之，则翼然动，促然跂，慄然骇，愕然眙。恍若驾春云而轼霓，浩若浮汗漫而朝跻。退若据泰山之安，进若履千仞之危。懵若无识，智若通微。跛若不倚，跄若将驰。耳不及掩，目不暇逃，情悸心嬉。二三日而后，神始宅，气始正，若此不敢以赋为事者二年，然眷眷不已。

这个赋写得着实怪异，夏侯先生竟然被洞庭湖的气势吓得大惊失色，甚至两年都不敢再提写赋之事。当然，这是夸张之语。可是，读之却让人感受到洞庭湖令人震撼的力量。

两年后的一天，夏侯嘉正才敢写：

一日登崇丘，望大泽，有云崒兮兴，欻兮止。兴止未霁，忽若有遇。由是渍阳辉，沐芳泽，睹一异人于岩之际，霞为裾，云为袂，冰肤雪肌，金玦玉佩，浮丘、羡门，斯实其对。

夏侯嘉正在洞庭湖上遇到了"神人"，于是，一场与"神人"的对话展开。"神人"讲述了大禹治水前后，洞庭湖的不同情况。经过巨人之作，洞庭湖开始"有升有降，有动有静"。

"神人"进而解释洞庭水的"升降动静"之态。提到洞庭湖之水势，彭蠡、震泽，那都不值得一提了。在这样的大泽之中，水族是如何生存的呢？夏侯先生疑惑不解，"神人"做出了回答：

大道变易，或文或质。沉潜自遂，其类非一。或被甲而遭，或曳尾而圆。或秃而跋，或角而蜿。或吞而呀，或呿而牙。或心以之蟹，或目以之虾。或修臂而立，或横鹜而疾。或发于首，或髯于肘。或俨而庄，或毅而黝。彪彪玢玢，若大虚之含万汇，各循其生而合乎群者也。

夏侯先生接着发问："一般的水族是这样的，那么神仙应该是什么样的呢?"

神曰："清矣静矣，丽矣至矣，邈难知矣。肇于古，古有所未达；形于今，今有所未察。非希夷合其心于自然，然后上天入地，把三根六。况水居陆处，夫何不烛。彼鞔鲤之贤，蜷龙之仙，乃吾之肩也。其余海若、天吴、阳侯、神胥，龇龇而游，曾不我俦。"

海若，庄子说的东海的海神的名字。天吴，《山海经》中的水神名。阳侯，传说中楚国的大波之神。神胥，波涛之神。在与夏侯先生对话的"神人"眼里，这些神个个都谨小慎微，不和他是一类。"神人"视为同类的是"鞔鲤之贤，蜷龙之仙"。传说中战国时赵人琴高，入涿水取龙子，与诸弟相约，当某日回来，到了那一天，琴高果然乘赤鲤而出。"鞔鲤之贤"显然是指仙人。"群仙常驾龙乘鹤，游戏期间。""蜷龙之仙"自然也是指得道仙人。

《易经》上说"王公设险"，也就是说"泽之险可以为固"，可是从历朝历代的历史来看，同样有"泽之险"，为什么会有兴有衰呢? 夏侯嘉正继续提问。

"神人"借洞庭之险，告诫执政者行王道，施仁义，惠民生，这才是长久之道。"神人"讲完这些道理之后，突然隐身而去，夏侯先生的《洞庭赋》也完美收官。

范仲淹认真地阅读夏侯嘉正的《洞庭赋》，心有所动。

交代写作缘由，描写眼前之景，升华写作意境，这是写记常规路数。之所以写出的文章有高有低，归根结底还在于表现手法、语言功底特别是思想境界的差异。

对于洞庭湖气势的描写以及由此引发的思考，前人说得已经很多了。但是，正像"气象万千"的洞庭湖中的"水族"一样，每个人面对洞庭湖，都会有不同的体验，面对复杂的生活与政治生态，每个人都会有不同的生存方式。范仲淹想到了这样的不同，他借用春、秋两个季节的不同景象，展示"迁客"览物之情的差异：或以物喜，或以己悲。

触景生情，或喜或悲，乃人之常情。但是，对于古仁人来说，却不是这样。古仁人是什么样的呢？

不以物喜，不以己悲。居庙堂之高，则忧其民；处江湖之远，则忧其君：是进亦忧，退亦忧。然则何时而乐耶？其必曰：先天下之忧而忧，后天下之乐而乐乎！

在范仲淹看来，古仁人的悲和喜不决定于环境的好坏和个人的得失。他们的悲和喜始终与君与民的境遇相牵，个人不论是进退、升降还是荣辱、得失，都不改变一个"忧"字，这个忧是国家之忧、黎民之忧。那么，等到什么时候才能"乐"呢？"后天下之乐而乐"——只有天下的人都乐了，自己才会乐。这是何等的境界！在《岳阳楼记》中，范仲淹达到了自己的思想巅峰，树立了不朽的丰碑。

三

尹洙的评价：《岳阳楼记》是一篇传奇

尹洙说，《岳阳楼记》是传奇体，范仲淹并不反对。《岳阳楼记》确实具有唐宋传奇的某些特点，可是，范仲淹结合自己的人生经历与一贯追求，应用诗文革新运动的新成果，形之于《岳阳楼记》，最终成就了千古绝唱。

接到同年好友滕子京的《求记书》，范仲淹经过深思熟虑，写下了著名的《岳阳楼记》，遂成千古绝唱。这部作品在当时得到了怎样的评价，史焉不详，但是，他的好友尹师鲁读过《岳阳楼记》之后，给出了这样的评价："这个记，是用传奇的手法写的！"这个有明确的记载，是北宋人陈师道说的。

另外，南宋人陈振孙也记载了这件事，但是，他对尹师鲁的话又有新的理解。他说，第一，范仲淹的《岳阳楼记》是用对语说时景，世以为奇。第二，尹师鲁读后的评价说《岳阳楼记》是传奇体。第三，尹师鲁说的"传奇体"就是指唐代裴铏创立的传奇小说。

陈振孙的理解可以归纳为三个要点：第一，尹师鲁的评价似有贬意，用以评价《岳阳楼记》不当。第二，《岳阳楼记》以说"理"取胜，并不是"用对语写时景"。第三，尹师鲁的评价可能只是一句玩笑话。

应该如何理解尹师鲁对《岳阳楼记》的评价？尹师鲁为什么说《岳阳楼记》是传奇体？他这样评价是否有贬意呢？尹师鲁这个评论是通过陈师道的记载流传下来的，那么，陈师道是否真正理解了尹师鲁的原意？陈振孙的理解又有多少道理？

尹师鲁的原意到底是什么？陈师道评论已经接近于实际，更接近尹师鲁的原意——尹师鲁对《岳阳楼记》的评论既没有"惊叹"，也没有贬低之意，他只是说了一个事实而已——《岳阳楼记》是传奇体。但是，陈师道说，尹师鲁所说的"传奇体尔"与唐代盛行的传奇体是一个概念，这又忽略了唐代始有的传奇发展到宋代时所发生的变化，因而，也是不十分准确的。

要弄明白尹师鲁说的是否是事实，首先得梳理一下唐代传奇的由来及演变过程。第一个核心问题，传奇是一种文体，而且整个唐朝，它的发展已相当成熟。既然是一种成熟的文体，肯定有其成长的"土壤"，也就不应该有褒贬之意。

传奇，本来是一部作品的名称。唐代中晚期有一位作家名叫裴铏，他做了一部小说集，取名就叫《传奇》，后来，这部书没有流传下来，但是，其中的部分作品如《昆仑奴》《聂隐娘》《裴航》等却凭借宋代的一部作品集《太平广记》保存下来。随着时间的推移，由裴铏始创的传奇类的作品越来越多，越来越盛行，渐渐形成了一种文体。

当然，人们对传奇一定有一个由认识到认可再到大规模模仿、习作的过程。从裴铏的《传奇》问世到传奇发展的最初阶段，谁的作品被目以为"传奇"，从某种意义上说，确实含有部分贬义在内。这一点，鲁迅先生有过明确的说明："此类文字，当时或为丛集，或为单篇，大率篇幅曼长，记叙委曲，时亦近于俳谐，故论者每訾其卑下，贬之曰'传奇'，以别于韩柳辈之高文。"

然而，当传奇发展到后期，逐渐变成了一种有一定地位、有相当规模的名篇、有相当规模的作者群的文体时，人们对传奇作品所抱有的贬义自然也不复存在。历史的车轮驶进北宋时代，唐代传奇的地位更加明确，这是毫无疑问的。

宋朝太平兴国二年（977）三月，李昉奉诏撰集《太平广记》，用书三百四十四种，采集自汉晋至五代的小说家言，虽然这部书已经散佚，但是，通过后人考证仍然辑得五十五部，其中不乏唐代传奇之作。《太平广记》的同修者、扬州人徐铉（916—991）早在唐朝时就已经作志怪，历经二十年写成《稽神录》六卷，后来收入《太平广记》中。《太平广记》的另一位同修者、徐铉的女婿吴淑著有《江淮异人录》三卷，皆传当时侠客术士及道流，行事大率诡异怪诞。

第二个核心问题，要明白唐代传奇有什么特点。宋人洪迈在《容斋随笔》中说，唐代的传奇故事性强，而且善于打动人心，当然，其中少不了有神怪之事，借以强大的外力相助，以达到惩戒劝世的目的；明人胡应麟的《少室山房笔丛》里说，唐传奇作者有意在"奇"上做文章，借以寄托作者的好恶情思。

鲁迅先生强调，唐代传奇虽然源于六朝志怪，但是又与六朝志怪有很大的不同，其中，最大的区别在于，唐传奇更加突出"文采与意想"。

此外，唐代传奇之所以与六朝志怪出现重大差异，与唐代古文运动也不无关系。唐代的古文运动是当时改进文体、文风的一种运动，所谓"古文"，其实是由习用已久的骈体文改变为比较接近当时口语、句法，适宜于自由表达思想的一种散文。古文运动的重要作家韩愈、柳宗元的《毛颖传》《河间传》等，就是为一般评论家认为十分接近传奇体的古文。

到了宋代，社会环境发生了重大变化，"既失六朝志怪之古质，复无唐人传奇之缠绵"，明明不是事实，偏偏要以"可信"为目标，所以，宋代传奇没有得到新的发展，渐渐式微。但是，宋传奇也有一些佳作，如《流红记》《谭意哥传》《梅妃传》《李师师外传》等。

也就是说，写传奇体的作品并不是小门小户的专利，大家也有涉及，且不乏名篇力作。

那么，范仲淹的《岳阳楼记》是否有传奇的特点呢？尹师鲁说《岳阳楼记》是传奇体，主要指哪个方面呢？

多用对语，多用想象，极尽夸张，这是传奇的一般性特征。而在《岳阳楼记》里，这些特征表现得十分突出。

"予观夫巴陵胜状，在洞庭一湖"，作者"观"到了什么？观到了"阴风怒号"，观到了"春和景明"，从秋观到春，这自然不是现实之事，而是想象之景。二者的对比又是如此强烈，如此分明，这自然也不是现实之景，而是有意"创设"。陈师道言《岳阳楼记》"用对语说时景"，这个当然更是显而易见。这一切，终究是为了表现"不以物喜，不以己悲""先天下之忧而忧，后天下之乐而乐"这个主题服务的。

从《岳阳楼记》的表现形式看，确实符合传奇的某些特质。所以，尹洙说《岳阳楼记》是"传奇体尔"，正是表达了这样一个事实。当然，尹洙并不一定赞赏范仲淹用这种写法写《岳阳楼记》，可是，一直倡导诗文革新运动的范仲淹，自觉地把北宋初年诗文革新运动的成果运用到《岳阳楼记》的写作中，从而让传奇这一色彩有了新的内涵，在思想与艺术上同时达到时代的高峰。因此，洞庭湖成了天下的洞庭湖，岳阳楼成了天下的岳阳楼。

❦

尾声

❦

皇祐四年（1052）正月的一天，六十四岁的范仲淹带着家人和为数不多的几个随从，依依不舍地离开他工作尚不到一年的青州府，一路沿官道向徐州方向进发。此行，他是要到颍州（今安徽阜阳市）赴任的。可是，身患重病的范仲淹最清楚，自己的身体恐怕很难坚持到那个时候了。

时值正月，天气乍暖还寒，青、徐之间并没有什么风景可言。一路上，不时可见逃荒的人，脸上带着菜青色，拖儿带女，艰难地行走。

为了节省开支，刚从青州出发时，范仲淹还能勉强骑马而行，可是没过几日病情加重，他再也无法承受马背上的颠簸，不得不在一家驿站里停下来休息几日，待身体稍有好转，便急着起程。虽然他知道，皇上会体谅自己的病情，不会对自己赴任路上的行程过于严格要求，但是，还是不要给皇上添麻烦的好。随行人员看他身体每况愈下，便提议要向驿站申请多派点驿马。可是范仲淹坚决不同意，"朝廷对驿马使用有严格的规定，我决不能破例……"

按照朝廷的规定，官员赴任时可以乘坐由驿站提供的驿马作为交通工具，天圣元年（1023）五月，仁宗下诏："自今内臣出外，止给驿马，仍无得过三匹。"宋代官员出乘驿马是根据官职高低来配给数量的，在规定的数量以外使用的，叫作"增乘"，当时法律规定严禁增乘、借乘驿马或驿驴，否则都要受到不同程度的处罚直至判刑。宋代之所以对驿马管理如此严格，一个重要原因是马匹是重要的军用物资和交通工具，宋代内陆地区马匹资源匮乏。另外，还有一个原因是，五代宋初，许多官僚利用执行公务或者赴任之机贩易货物，牟取暴利，不仅侵犯了国家资源，而且也形成了奢侈、僭越礼仪的风气。五代的时候，有官僚自己养马，多的达上千匹，有童仆上千人。北宋开国功臣中，也有数十人堪比五代。宋太祖以此为患，但是，并未从实质上解决这个问题。太平兴国二年（977）正月，宋太宗下诏："中外臣僚，自今不得因乘传出入赍轻货、邀厚利，并不得令人于诸处回图，与民争利。"

宋代不仅对驿马的使用数量、使用级别有明确规定，而且对官员使用驿马行走的路线、骑乘驿马时携带的物品种类、重量等都有明确约束。范仲淹深知朝廷的规定，他怎能自己去破这个例呢？

家人看他急切的样子，便商量着雇了几个脚力和一台肩舆，也就是一台轿子。这种叫作肩舆的轿子起初不过是两个长竿，中间放上一把椅子，人坐在椅子上，上面也没有任何遮盖，因为原本这是在山路上行走时的代步工具，路途一般较近，加上山上树阴较多，不必怕晒，同时还有利于观光和显示主人的身份，因此十分"简陋"。后来，这种肩舆渐渐地"豪华"起来，人们把椅子上下及四周封闭起来，好像一个车厢，因此也叫肩舆，再加上一些软一点的坐垫，坐起来舒服多了。就这样，换下驿马坐上轿子的范仲淹和一行人，缓缓地向目的地走去。

然而，轿子虽然舒服，可是价钱也不菲。川资有限，范仲淹在行走一段时间后，便差人打发走了轿夫，让人想办法弄来一辆有两个轮子的简易车子，套上驿站里提供的一匹瘦马，艰难地朝着颍州方向前行。

坐在简陋的马车中，范仲淹表情出奇的平静，他的内心却如潮水般涌动，"咳咳咳……"一阵急促的咳嗽声传来，家人立即让车夫停下来，迅速跑过来，一边为范仲淹捶背，一边关切地询问。范仲淹摆了摆手，示意人们退下。走了大半天了，一行人正好借此机会休息片刻，范仲淹在家人的搀扶下，走下马车，一个人向不远处的一个地势稍高点的山丘走去。站在山丘上，范仲淹望着远处的荒原，一时心潮起伏，思绪万千……

他想到了自己凄凉的身世——

两岁的时候，范仲淹没有了父亲，母亲背负着人前身后的流言蜚语，带着他改嫁他乡。母亲和继父让他有了良好的教育，从小供他读书，让他成才，成为一个于国于民有用的人。可是，他对不起含辛茹苦把自己带大的母亲，刚刚学有所成，步入仕途，还没有来得及孝敬母亲，母亲就过早地告别了人世。而继父仅仅是在自己步入政坛多年之后，才有机会"享受"自己的回报，惭愧啊，为人子！

他想到了刚刚过去的庆历新政风波——

改革功败垂成。"皇上啊，这是一场势在必行的改革，可是，我大宋积贫积弱的日子太长了，那么多人害怕改革，害怕改革触犯自己的利益；改革岂是一朝一夕就能见功效的啊，一时看不到成果，他们就说我迂阔不堪；改革需要人才支持呀，我举贤任能，他们却说我树立朋党；改革这些措施是治本之策呀，他们却说我哗众取宠、图取虚名。你要明鉴啊，皇上！"

他想到了在西北边疆抗击西夏的日子——

虽然自己是一介文人，没有过人的武功，没有高明的谋略，可是，自己身怀一颗赤诚之心，积极防御，灵活进攻，最终使元昊入侵大宋的计划破产，实现了边防的长治久安。这真是一段值得回忆的日子，足慰平生！

他想到了刚刚离开的青州——

青州不仅是州府所在地，而且是京东东路安抚司的驻地，管辖着青州、兖州、淄州、潍州等九个州军事务，人口众多，经济繁荣，是宋朝的一个十分重要的行政区，自己以户部侍郎的官阶担任青州知州，兼任京东东路安抚使。刚刚到任时，青州严重的旱灾，西部近邻河朔地区则发生水灾，大批灾民由水灾地逃难至青州，无异于让受干旱之苦的青州雪上加霜，自己把全部的心思都用在了救济灾民上。

"在青州工作不到一年，虽然尽心尽力，拯救灾民，但还有很多工作未做，灾情还没有解除，老百姓还处在水深火热之中，可是，自己这不争气的病啊……"

他想到了自己写给朝廷的《陈乞颍亳一郡状》——

自己平生三次因为私事向皇上求情。第一次是请求自己由朱姓复归范姓。第二次因为西夏与宋讲和，边疆警报降级，自己身体不适宜高寒的气候环境，请求由邠州调到邓州，在那里度过了自己一生最快乐的时光。这一次应该是第三次了，请求由青州调往颍州任职。颍州地处偏远，公务较少，工作节奏也较慢，不过，这个地方历来是即将退居二线的官员首选之地，看来自己真的不能再为国家、为百姓出力了。要感谢皇上，虽然自己有私心，皇上还是这么快就批准了自己的请求。

"青州是东齐重镇，除了本州的事务要打理外，京东东路九个州军的兵马公事，各郡县的大事小情，甚至包括乡间的寇盗事等，都要向我汇报，可是自己的病一天比一天重，很多事只能靠副手去办，长此以往怎么了得，再继续在青州重镇工作，恐怕上对不起朝廷，下对不起黎民，皇上应该理解我的心思吧。"

看着范仲淹完全沉浸在思考中的样子，家人远远地站着，连说话的声音都很小，生怕打扰了他。不觉已是黄昏时分，在随从的提醒下，范仲淹慢慢地回到车上，"恐怕自己的日子不多了，不能就这样走，还是要做一些力所能及的事……"

因为范仲淹身体极度虚弱，一家人不敢快走。有时候赶上病情加重，在驿站里一住就是三四天，有好心人知道范仲淹路过此地，还送上草药和偏方。

一路上走走停停，经过两个多月的旅途奔波终于到达青州南部的徐州，可是，此时的范仲淹已是奄奄一息了。

在这里，他有幸遇到了他的老朋友——任徐州知州的孙沔。

得知范仲淹途经徐州的消息后，孙沔立即前去探望，看到老朋友范仲淹病得如此严重，不禁老泪纵横。他一面安排好范仲淹一行的食宿，请州里的名医给他治疗，一面紧急派人向朝廷报告范仲淹病重的消息。

孙沔是越州（今浙江绍兴）人，史书上说他"跌荡自放，不守士节，然材猛过人"。景祐元年，孙沔升职任天章阁待制，成了皇上的顾问。范仲淹平时就深知孙沔的为人，得知这个消息，正在谪守睦州的他当即写信祝贺，同时勉励孙沔为国珍重，履行好自己的职责，二人始有往来。

而孙沔也确实没有辜负范仲淹的信任，同安县尉李安世上书指责朝政的缺失，结果惹怒了皇上，要加罪于他。孙沔上书劝谏说："李安世这样做完全是为了朝廷，如果因此得罪，恐怕以后天下的人都不敢建言献策了。"结果，孙沔因为"多嘴"，天章阁待制干不成了，被贬知衡山县。诏书已下，可是还未传达到孙沔的手中，上次上书意犹未尽，孙沔仍然不安分，又上书言事，结果，县令也干不成了，又被贬到永州负责监督造酒事务。

宝元二年（1039），范仲淹到孙沔的老家越州当知州，而孙沔则在楚州做知州。有一次，孙沔回乡扫墓，请范仲淹为他的曾祖孙鹗写墓表，以彰显曾祖的声誉。孙鹗官终于太府少监，享年八十岁，有"奇文远策"。收到孙沔之请，范仲淹欣然命笔，在墓表里，他也没有忘记赞扬两句孙沔这位同僚，说他"在御史府，无所回避，有声朝廷"。

庆历初年（1041），孙沔任陕西都转运使，负责军需物资的筹集、转运，他尽心竭力保障西线战事的军需供应。庆历三年（1043），范仲淹、韩琦这两位战友一同上奏疏，请求让孙沔负责措置灾伤、赈济饥民。也就是在这一年，宰相吕夷简因病提出回家休养的请求，仁宗皇帝不同意，耿直的孙沔再次上书皇上，直言不讳地指出吕夷简自从当上宰相后，屡次贬废忠言敢谏的人，阻塞皇上纳谏的路，这个人不思为国选拔能人贤士，而只是任用那些才能不如自己的人，以便稳固自己的地位。这样的人留他做甚？被说者面红耳赤，如坐针毡；听到的人不禁为孙沔不畏权贵、正直敢言的举动叫好。

庆历元年二月二十日，宋仁宗的次子——寿国公赵昕去世。仁宗痛失爱子，悲痛万分，决定厚葬他，没有人对此提出异议，可是知谏院孙沔却不管这些，他上书说，“启土砻山，不是一时半会儿就能完成的，再说，现在正是与西夏交战的特殊时期，军费紧张，国库空虚，如今一品官员的葬礼太过奢侈，没有五十万缗根本下不来，这是在边费之外又增加一‘边费’，还是等边事消停了再说吧！”这就是正直敢言的孙沔。

同样正直敢言的范仲淹自然对这位知己厚爱一分。

皇祐三年（1051），孙沔丁忧期满，朝廷授他为陕西都转运使，孙沔请求到明州任职，但当时京东地区农民起义风起云涌，朝廷因此让孙沔改知徐州，以保一方平安。也许这就是上天的安排，孙沔到徐州任职还不到半年，就在这里遇到了自己的老朋友，一个令人肃然起敬的贤者——范仲淹。

在徐州，孙沔把公事托付给副手，自己则亲自在范仲淹这位老朋友的身边照顾，陪他说话，安排好他的饮食。一个病危的老人，扶病旅途，能够遇到自己的故交，实乃幸事。

范公对生死有着十分达观的态度，他认为："千古圣贤，不能免生死，不能管后事，一生从无中来，却归无中去，谁是亲疏，谁能主宰？"一切顺其自然而已。一天下午，范仲淹看着为自己操劳了数日的孙沔，道出了自己的心里话："元规（孙沔的字）兄，我自知不久于人世，人固有一死，你不要太难过，只是我一生贫困，手头没有余财，如今，一大家人客居徐州，给你添了不少麻烦，恐怕我的后事，还要你来料理，此情我只能来生再报了！"说罢此言，范仲淹艰难地站起身，要向孙沔行礼表示谢意。孙沔连忙上前制止，两位老朋友的手紧紧地握在一起，此时，孙沔早已泪如泉涌，无语凝噎，只是不住地点头。

范仲淹病重徐州的消息传到京城，已经有五六年没有见到范仲淹的仁宗皇帝心情特别复杂。他特意安排侍臣，携带名贵中药材前往徐州探视，韩琦等朝中重臣、范公好友们也纷纷派人前来探望。皇上的恩泽，朝中朋友的牵挂，孙沔的无微不至的照顾，让范仲淹十分欣慰。在弥留之际，重新梳理了自己的思绪，写下了一生中最后一段情真意切、令人动容的文字——《遗表》。

《遗表》是宋朝官府的一种通用文书，官员临终前所写，类似遗书，死后由其家属上报给朝廷。这是大臣们最后一次向皇帝表情达意的机会，按照惯例，在《遗表》中向皇上提出一些诸如关怀一下子女等要求，是不为过的，也是很能得到大家同情和理解的，可是，范仲淹在这封《遗表》中，对私事只字未提。

他回想起自己风风雨雨的一生，念念不忘的是大宋王朝的命运、黎民百姓的疾苦——

伏望陛下，调和六气，会聚百祥。上承天心，下徇人欲。明慎刑赏，而使之精当；精审号令，而期于必行。尊崇贤良，裁抑侥幸。制治于未乱，纳民于大中。如此，则不独微臣甘从于异物，庶令率土永浸于淳风……

《遗表》之声犹在，斯人已然远去。

皇祐四年五月二十日，范仲淹静静地走完他光辉的一生。朝中失去了一位顶梁柱，人民失去了一位好官长。噩耗传出，徐州城哭了，京城哭了，范仲淹曾经工作的地方哭了。西北边境地区的"羌酋数百人，哭之如父，斋三日而去"。朝廷也给范仲淹国葬之礼，特命辍朝一日。因为范仲淹没有在《遗表》中提到任何个人要求，仁宗皇帝特别派人到范仲淹家中慰问家属，询问他们有什么事情需要解决。朝中大臣，范仲淹生前好友欧阳修、韩琦、蔡襄等人纷纷拿起笔追思故人。富弼当时守蔡州，无法脱身前去吊唁，便派遣左教练使陈节到徐州参加范仲淹的丧礼，在随后的祭文中，富弼追思范仲淹，赞扬范仲淹："相勖以忠，相劝以义。报主之心，死而后已。"最后伤感地表示："公今死矣，忠义已矣。万不伸一，齎恨多矣。世无哲人，吾道穷矣。我虽苟活，与死均矣。"

这年十二月一日，范仲淹家人遵照遗嘱将范公灵柩安葬在河南洛阳尹樊里的万安山下，仁宗皇帝亲自为其撰写了"褒贤之碑"的墓碑，封赠兵部尚书，赐谥号"文正"。

参考书目

1. （元）脱脱等撰：《宋史》，北京：中华书局，1977

2. （宋）李涛撰：《续资治通鉴长编》，北京：中华书局，1992

3. 李勇先，王蓉贵校点：《范仲淹全集》，成都：四川大学出版社，2007

4. 周勋初主编：《宋人轶事汇编》，上海：上海古籍出版社，2015年

5. 范国强主编：《范仲淹研究文集》卷一、二，北京：人民出版社，2013

6. 洪本健校笺：《欧阳修诗文集校笺》，上海：上海古籍出版社，2009

7. 高华平，王齐洲，张三夕译注：《韩非子》，北京：中华书局，2010

8. 张大可编著：《史记全本新注》，西安：三秦出版社，1990

9. 王莹译注：《东京梦华录译注》，北京：北京联合出版公司，2015年

10. 李裕民点校：《东轩笔录》，北京：中华书局，1983

11. 刘德权，李剑雄点校：《邵氏闻见后录》，北京：中华书局，1983

12. 郑世刚，杨立扬点校：《湘山野录》，北京：中华书局，1984

13. 陈晓芬，徐儒宗译注：《论语大学中庸》，北京：中华书局，2011

14. 郭丹，程晓青，李彬源译注：《左传》，北京：中华书局，2012

15. 《汉书》，二十四史简体字本，北京：中华书局，1991

16. 《鲁迅全集》第九卷，北京：人民文学出版社，2005

17. 张友鹤选注：《唐宋传奇选》，北京：人民文学出版社，1964

18. 毛礼锐等编：《中国古代教育史》，北京：人民教育出版社，1983

19. 张希清，范国强主编：《范仲淹研究文集》，北京：北京大学出版社，2009

20. 张希清著：《中国科举制度通史·宋代卷》，上海：上海人民出版社，2015

21. 师晟，郑民轩著：《范仲淹经营学》，台湾：序曲文化，2008

22. 王瑞来著：《天地间气》，太原：山西教育出版社，2015

23. 曲延庆著：《范仲淹幼年流寓考辩》，北京：中国文史出版社，2016

后记

孔子说:"予欲无言。"

司马迁在《史记》中引用谚语说:"桃李不言,下自成蹊。"

二者说的大致是一个意思。圣人教导很明白,有很多事,不用多说,其意自明。因此,拙作《为官师表范仲淹》一书付梓之际,我们本不想写这个后记,可是,写作的点点滴滴汇聚成河,滔滔成诵,不写不足以表达内心的澎湃。

1. 说说我与范仲淹的渊源

很多人都不明白,我既非范氏后裔,又不是专业学者,为什么二十年如一日,心里想范仲淹,嘴上说范仲淹,笔下写范仲淹,就连微信昵称都与范仲淹有关?中国历史的长河中,历史的、政治的、文学的,各种大家层出不穷,数不胜数,我为啥偏偏对范仲淹如此痴迷?

和很多范学研究者一样,我是在中学时从课文《岳阳楼记》中了解范仲淹的,彼时,"先忧后乐"那两句名言已深入吾心。1990年,我到山东省青州市当兵,有机会到市内的名胜古迹去逛逛。那里的"范公亭公园"一下子吸引了我。原来,这里是范仲淹最后工作过的地方。爱好历史的我开始搜寻,我惊异地发现,青州是一个被历史文化浸染得如此深沉的地方。不独范仲淹在此留下最后的德政,而且寇准、欧阳修、富弼等北宋名臣以及李清照这样的才女都在此工作、生活过，北宋名相王曾，则是土生土长的青州人士。历史更唤醒了我对范仲淹《岳阳楼记》的记忆，我决心好好了解一下这位贤臣。随着阅读的深入，我发现了不一样的范仲淹，暗下决心有朝一日一定要为范仲淹写一部传记⋯⋯

　　参加了工作，成了一名新闻记者，让我有了更多的机会读书、写作。同时，在这些年里，我先后加入了中国范仲淹研究会、中国传记文学学会、中国史记研究会，多次参加三大学术团体的学术交流活动，受益良多。为了寻找历史与现实的碰撞点，我一个人驾车沿着范仲淹的足迹实地踏访，取得大量鲜活的资料，同时，也更近地感受到范仲淹这位千古大贤的忧国之思、爱民情怀、人格魅力。特别是加入中国范仲淹研究会后，我与十几位宋史专家、范仲淹研究学者相识，亲耳聆听他们对范仲淹的真知灼见，对范仲淹的认识愈发深刻。中国范仲淹研究会会长范国强教授，他严谨的治学态度，支持后学的孜孜情怀，对范仲淹忧患意识、担当精神不倦的传播，令我们备受启迪，深受鼓舞。他对我们的写作给予了细致入微的指导，他唯一的愿望是，我们能够把范仲淹的传记写好，经得起时代和历史的检验，让更多的人了解范仲淹的道德、功业与文章。这次第三稿出版之际，范国强先生倾情推荐，并题写书名，对我们的写作给予莫大支持，成为我们继续推进范学研究的不竭动力。

在此，我还要特别鸣谢中国传记文学学会会长王丽博士、中国史记研究会会长张大可教授、上海师范大学古籍研究所顾吉辰教授、辽东学院毕庶春教授，他们不仅对我的写作细心指导，书稿完成之际，他们还认真地阅读了书稿的部分章节并热情地向读者推荐，令我诚惶诚恐。

2. 说说这部书稿的写作

历史人物传记既是文学，更是历史，不能信马由缰。要想真正写好它，除了必要的文学功底外，必须扎实地做学生，认真地研读传主原著、相关历史、时人作品等。为此，我们有这样一个原则——要尽可能让书中展现的事实有依据、有出处。为此，我们用两年多时间阅读了《宋史》《续资治通鉴长编》《范仲淹全集》及十几部宋人笔记。当然，也参阅了很多今人的传记及范仲淹研究的最新成果。

为了表明自己的"严谨"，起初的时候，书稿保留了很多引文，而且所有的引文都有页下注。参阅的论文，也都标明了出处。但是考虑到书的篇幅及读者阅读通俗化的要求，在最后，不得不删除了绝大部分引文和页下注，只在书后记录了主要的参考书目。在此，我们要感谢众多的范仲淹研究学者。正如范国强会长所说："《为官师表范仲淹》是范仲淹研究的一个阶段性成果。"不过，从某种意义上说，这个成果，是大家的。

我还要特别感谢本书的责任编辑艾明秋女士。她从专业编辑的角度对书稿提出了很多建设性意见，从而让这部书稿的读者定位更加精准，书稿的内容更加通畅，也为我下一步人物传记写作提供了可贵的指引。

3. 说说书稿的几个特点

一个人物离不开他生存的时代、他脚下的土地、他身边的人们。在北宋恢弘的社会背景下展开传主的人生，这是本书写作时我们第一个注重的要点。范仲淹主要生活在宋仁宗朝，但是，北宋的历史发展到那个时代，离不开宋太祖的开国、宋太宗的征伐和宋真宗的守成。如何找到历史与现实的联系，把重大历史事件简明地融入其中，颇费思量。比如，刘太后为啥坚持让仁宗皇上率领百官给她上寿？她为啥紧握权力之柄不放？一个太监发动的未遂的宫廷政变，可以成为众多谜团的一解。

第二个方面，我们注重在字里行间适量地传播知识。宋代开国至今已经有一千多年历史，当时的社会是什么样子、有哪些风俗，恐怕大家不了解，也很想知道。如果把这些知识巧妙地融入作品中，既可以增加作品的可读性，又可以丰富作品的内容。比如在古装影视作品中，经常会看到这样的情景：皇上到某地巡游，过道两侧楼上楼下挤满了看热闹的人们。但是，在宋代这样的情形是不能出现的。因为宋朝的仪卫规定，皇上所到之处，看热闹的人们不能在二楼以上的房间里露头。在宋真宗到应天府一节，我们就把这个知识加入其中。

第三个方面，我们注重梳理、澄清、解决一些有争议的问题。比如说范仲淹是不是到过岳阳，范仲淹为什么安葬在河南洛阳伊川，范仲淹庆朔堂前真的喜欢过一个女子吗，梅尧臣为什么与范仲淹交恶，范仲淹之子范纯仁为什么不满欧阳修写的墓志铭，滕子京是贪污犯吗，如是等等，这些有争议的话题，如何客观、真实地加以再现，我们也做了大胆的尝试。

学无止境，范仲淹研究亦然。《为官师表范仲淹》完稿之际，匆匆写就上边这些话。至于作品如何，还有待读者评说。

作　者

2017年3月30日于来修斋